Bernd W. Klöckner

Verkaufstraining für Finanzdienstleister

Bernd W. Klöckner

Verkaufstraining für Finanzdienstleister

Der direkte Weg zu mehr Kunden, Umsatz und Empfehlungen

GABLER

Bibliografische Information Der Deutschen Bibliothek
Die Deutsche Bibliothek verzeichnet diese Publikation in der Deutschen Nationalbibliografie; detaillierte bibliografische Daten sind im Internet über <http://dnb.ddb.de> abrufbar.

1. Auflage September 2003

Lektorat: Manuela Eckstein

Der Gabler Verlag ist ein Unternehmen der Fachverlagsgruppe BertelsmannSpringer.
www.gabler.de

Umschlaggestaltung: Nina Faber de.sign, Wiesbaden
Satz: ITS Text und Satz Anne Fuchs, Pfofeld-Langlau
Druck und buchbinderische Verarbeitung: Wilhelm & Adam, Heusenstamm
Gedruckt auf säurefreiem und chlorfrei gebleichtem Papier
Printed in Germany

ISBN 3-409-12461-6

Meinen wundervollen drei Frauen zu Hause, als Quelle unerschöpflichen Glücks, herrlicher wie ehrlichster Liebe, wundervoller Freiheit sowie immer wieder neuem Erstaunen. Von Euch Dreien lerne ich jeden Tag aufs Neue die Geheimnisse, die Bedeutung der Kommunikation, der unwiderstehlichen Schmeichelei.

Insbesondere Eure Hartnäckigkeit, Anna und Johanna (ich erahne es auch bereits für N.N.), ein hin und wieder ausgesprochenes Nein seitens der Erwachsenen bei einem der vielen Eurer immer wieder neuen Wünsche nicht zu akzeptieren, ist faszinierende Verkaufsschule pur. Ein Nein scheint für Euch immer nur ein unbedeutendes Hindernis zu einem späteren Ja. Ihr beweist jeden Tag auf verblüffende Weise, wie erfolgreich Verkäufer sein können, wenn sie sich den Willen der Kinder, etwas um jeden Preis erreichen zu wollen, immer bewahren!

Einleitung

Ein Mensch mit einer festen Überzeugung
ist stärker als 99 Menschen mit Interessen.
John Stuart Mill, englischer Philosoph

In kurzer Zeit sind es bereits rund zwei Jahrzehnte, die ich aktiv und dabei erfolgreich in der Finanzbranche tätig bin. Über zehn Jahre dieser Zeit gehörten dem eigenen, aktiven Vertrieb. Die ersten Schritte im Vertrieb machte ich als Strukturmitarbeiter der HMI-Organisation. Hier packte mich der Virus des Finanzverkaufs. Es folgte das Studium der Betriebswirtschaftslehre sowie der Aufbau meiner eigenen Vertriebsgesellschaft während des zweiten Semesters. Nach sechsjähriger Vertriebszeit folgten die Jahre mit dem Tätigkeitsschwerpunkt als Seminarreferent, Kongressredner, Trainer. Heute ist ein wesentlicher Schwerpunkt das Bernd W. Klöckner Vertriebs- und Rechen-Training. Ein in Intervallen aufgebautes, einzigartiges Vertriebs-Training für mehr Kunden, mehr Umsatz je Kunde und mehr Empfehlungen. Verblüffend wirkungsvoll, sofort umsetzbar! Aus der Praxis für die Praxis. Besonders wichtig ist mir dabei: Ich verkaufe bis heute aktiv und mit großem Erfolg. Das betone ich, weil es keine Selbstverständlichkeit ist. Da gibt es große Unternehmen, die geben Millionen aus, um ihre Leute im Verkauf von „Verkaufstrainern" trainieren zu lassen, die in den letzten Jahren überhaupt keinen Kunden gesehen haben. Es klingt unglaublich, ist aber wahr: Es gibt Verkaufstrainer in Organisationen wie auch freiberufliche Verkaufstrainer, die haben noch *nie* einen Kunden gesehen.

☛ ***Für Sie gilt also:***
Die wichtigste und grundlegende Voraussetzung überhaupt dafür, dass Ihnen jemand etwas über Verkaufen erzählen darf, ist, dass diese Person selbst verkauft hat! Und immer noch mit Erfolg verkauft!

Zurück zu diesem Buch und den einleitenden Worten zu meiner Person: Etwa 30 000 Finanzdienstleister in Deutschland, Österreich, der Schweiz und in Frankreich haben das Bernd W. Klöckner Vertriebs- und Rechen-Training mit Begeisterung absolviert. Alle diese Teilnehmer wenden die Methode und die im Training gewonnenen Erkenntnisse mit sehr großem, teils mit überragendem Erfolg in der Praxis an. Teilnehmer berichten immer wieder über Umsatzsteigerungen von mehr als 30 Prozent in wenigen Monaten. Während der letzten Jahre als Trainer stellte ich mir zunehmend eine Frage: Was ist das Geheimnis der Verkaufsgenies? Was machen geniale Verkäufer besser als mittelmäßige? Was machen die Siegertypen anders? Um diese Fragen möglichst zuverlässig beantworten zu können, sprach ich im Lauf der letzten Jahre mit zahlreichen Spitzenverkäufern, machte mir mehrere hundert von Seiten Aufzeichnungen, legte unzählige Skripte an, interviewte überdurchschnittliche, durchschnittliche und sehr erfolglose Typen.

Eine Erkenntnis dieser Jahre war: Ganz gleich, welche Branche man betrachtet, sei es die Autobranche, die Textilbranche, die Finanzbranche: meistens findet sich dieselbe Einteilung. Einige wenige Typen sind absolute Verkaufskanonen. Sind wirkliche Gewinner, echte Verkaufsprofis. Dann kommen die so genannten Gutverdiener. Ihnen geht es bereits sehr gut, auch wenn sie nicht das Letzte aus sich herausholen. Dann folgt das breite Mittelfeld und ebenso die Masse derjenigen, die sich mehr schlecht als recht über Wasser halten.

Weiter fiel mir bei meinen Studien der wahren Verkaufsgenies auf: Die Erfolgreichen, die echten Verkaufsgenies waren sichtlich, spürbar von ihrem Beruf, ihren Produkten fasziniert! Schlichtweg begeistert! Übten ihren Beruf mit Leidenschaft, ja geradezu mit Besessenheit aus. Verkaufsgenies geben sich nicht mit zehn Prozent Umsatzsteigerung zufrieden. Verkaufsgenies sprechen von Verdoppelung, sprechen von 200 oder gar 300 Prozent Plus in einem bestimmten, fest vorgegebenem Zeitraum. Verkaufsgenies sprechen „eine" Sprache, setzen mit nahezu hundertprozentiger Sicherheit auf die richtige Strategie. Verkaufsgenies erzielen sehr, sehr häufig Abschlussquoten auf der Basis 1:1. Das bedeutet: ein Gespräch, ein Abschluss. Auf den Punkt gebracht heißt das, Verkaufsgenies erzielen phänomenale Erfolge. Immer und immer wieder. Verkaufsgenies verfügen – deutlich spürbar – über die notwendige Kompetenz, erweitern ständig ihr Wissen, beherrschen die Kunst des richtigen Verkaufsgesprächs. Sind eine Marke für sich. Zum Thema Marke später mehr.

Hand aufs Herz: Wir alle lieben die Perfektion. Wir alle lieben Siegertypen, herausragende Persönlichkeiten. – In diesem Buch will ich Ihnen einige der Dinge verraten, die Spitzenverkäufer anders machen. Besser machen! Es geht um bewährte Verkaufsmethoden und -strategien. Es geht um neue Erkenntnisse als Ergebnis der Gespräche mit den wirklich Erfolgreichen. Ich werde Ihnen zeigen, wie Höchstleistungen noch leichter möglich sind. In erster Linie geht es um die Einstellung. Um die Motivation, ein genialer Verkäufer sein zu wollen. Es geht ebenso um das rhetorische, didaktische Geschick eines Spitzenverkäufers. Kombiniert mit den wichtigsten Kenntnissen der Kunst des Überzeugens, der Psychologie des Verkaufs. Immer wieder fragten mich Teilnehmer meiner Trainings und Seminare nach dem über das fachorientierte Vertriebs- und Rechen-Training hinaus gehende didaktische Know-how für Spitzenverkäufer. Dieses Buch liefert die oft gewünschten Antworten. Liefert das immer wieder verlangte Know-how. Das erklärte Ziel dieses Buches ist: Ihnen noch leichter, schneller, effizienter und überzeugender Verkaufserfolge zu ermöglichen.

Es geht einzig und allein um ein Ziel: den Zustand des Erfolgs! Den Zustand *Ihres* Erfolgs! Es geht um den Zustand des optimalen Verkaufserfolgs und die Gesetzmäßigkeiten, die Sie bei der Verbesserung bis hin zur Perfektion beachten müssen! Das ist alles. Lesen Sie dieses Buch immer und immer wieder. Arbeiten Sie mit diesem Buch. Wenden Sie die in diesem Buch beschriebenen Gesetzmäßigkeiten an. Das ist alles!

Wichtiger Hinweis

Die in diesem Buch genannten Strategien, Methoden und rhetorischen Kniffe sind allesamt in gutem Sinne gemeint. Das möchte ich hier ausdrücklich betonen, denn sie wirken wie eine Waffe. Nicht umsonst meinte einmal ein sehr erfahrener Freund und Kollege zu mir: „Das, was Sie trainieren, Herr Klöckner, ist waffenscheinpflichtig!“. Möglicherweise eignet sich auch so manches „schwarze Schaf“ die hier beschriebenen Strategien und Methoden an. Ein solches schwarzes Schaf kann – versehen mit dem notwendigen didaktischen Know-how – zur üblen und teuren Waffe gegenüber Geldanlegern und Verbrauchern werden. Davor ist niemand gefeit, der Wissen vermittelt. So kann auch ein akademischer Titel dazu eingesetzt werden, unbedarfte Kunden und geldinteressierte Menschen über den Tisch zu ziehen. Übers Ohr zu hauen. Kein Autor kann diesem Missbrauch seiner Ideen oder seines Know-how vorbeugen.

☛ ***Meine Botschaft lautet:***
Verkaufsdruck ist gut! Zu dieser Aussage stehe ich. Verkaufsdruck ist gut! Zumindest, wenn er von charaktervollen Verkäufern ausgeübt wird. Manchmal ist es sogar sehr, sehr gut, Kunden – zu deren eigenem Vorteil – zum Abschluss zu „führen". Rhetorisch geschickt zu führen. In einem guten Verkaufsgespräch hat der Kunde keine Chance. Was ebenfalls in Ordnung ist. Denn: Zwangssparen ist die einzige Chance der breiten Masse, um der für viele drohenden Armut im Alter zu entgehen.

☛ ***Die alles entscheidende Botschaft lautet:***
Zuviel gespart hat noch keiner, einverstanden!
(Hierzu im Übrigen später mehr.)

Die meisten Menschen unterschätzen die Notwendigkeit der privaten Vorsorge. Die heute Jungen werden von der gesetzlichen Rentenversicherung quasi zwangsweise enteignet. Die Auszahlungen im Verhältnis zu den Einzahlungen sind ungewiss. Die Sozialsysteme stehen vor dem Kollaps. Das alles bedeutet: Verkäufer, die wissen, was sie wollen, sind wichtig für Verbraucher. Kein Verbraucher, kein Geldanleger hat etwas von einem Gespräch mit so einem Wischi-Waschi-Verkaufs-Typen, der, schlecht ausgebildet, fachlich wie didaktisch unsicher, nicht auf den Punkt kommt. Ich appelliere an Sie als Verkäufer: Arbeiten Sie sauber! Machen Sie sich einen Namen! Dann kommt das Geld von ganz alleine.

Viele Verkäufer machen es anders: Wollen erst das Geld machen, um endlich mal jemand zu sein. Um endlich einen Namen zu haben, um bedeutend zu sein. Sie meinen, dann käme das weitere Geld, das große Geld auf Dauer von ganz alleine. Irrtum! Gefährlicher Irrtum! Diese Verkäufer-Typen riskieren jeden Erfolg! Jeden dauerhaften Erfolg! Im Gegenteil: Auf Dauer sind diese Verkäufer – gleich, in welcher Branche – erledigt!

! *Machen wir es anders! Machen* ***Sie*** *es anders: Perfektionieren Sie Ihren Auftritt, Ihr Verkaufswissen zum Wohle Ihrer Kunden! Perfektionieren Sie die Kunst des Überzeugens, die Kunst der Beeinflussung zum Wohle Ihrer Kunden! Bringen Sie Ihre Kunden zum Sparen. Zum Investieren!*

Empfehlen Sie geprüfte und ordentliche Produkte. Produkte von Unternehmen mit langjähriger, positiver Referenz. Denken Sie bei jedem Kunden, den Sie überzeugen, daran: *Zuviel gespart hat noch keiner!* Verstehen Sie das!

Es gibt keine Kunden, die Sie in 20 Jahren anrufen und jammern: „Oh, wir haben durch Sie zu viel Geld. Wir müssen jetzt viermal im Jahr auf Kreuzfahrt mit der MS Europa (die im Übrigen wunderschön und empfehlenswert ist), müssen Jaguar statt einen Kleinwagen fahren und in einem Schloss wohnen!" Begreifen wir das! Begreifen Sie das! Trainieren Sie die Kunst des 1:1-Abschlusses. Zu Ihrem Wohl. Zum finanziellen Wohl Ihrer Kunden. Werden Sie zum Gewinner! Das ist alles, was Sie tun müssen! Diesen Anspruch müssen Sie haben. Dann sind Sie als Finanzverkäufer in einer goldenen Branche.

Ein persönlicher Hinweis zur Anrede in diesem Buch

In diesem Buch spreche ich überwiegend von „Verkäufer", „Berater", „Finanzdienstleister". Selbstverständlich wende ich mich auch ausdrücklich an alle Verkäuferinnen, Beraterinnen, Finanzdienstleisterinnen. Die Entscheidung für eine Form der Anrede geschieht, damit das Lesen Spaß bereitet. Meine persönliche Meinung ist: Frauen sind die besten Vertriebsleute, die es gibt. Frauen sind die besten Vertriebspartner, die sich eine Führungskraft wünschen kann. Ein alter Spruch lautet: „Rock akquiriert besser als Hose!". Die Kombination weiblicher Fähigkeiten mit typisch weiblichen Eigenschaften führt zu einer sehr erfolgreichen und für den Vertrieb bestens geeigneten Mischung. Ich behaupte seit Jahren: Ein reiner Strukturvertrieb aus Frauen wird gigantische Umsätze schreiben können – zum Wohl der Kunden. Sollten Sie diese Zeilen also als Vorstand oder verantwortliche Führungskraft irgendeines Finanzunternehmens lesen, freue ich mich über einen Kontakt und eine Diskussion zu diesem Thema.

Viel Erfolg!

Braubach, im Juli 2003

BERND W. KLÖCKNER
www.berndwkloeckner.com

Hinweise zum Urheber- und Markenschutz

Der Inhalt dieses Buchs ist vollständig urheberrechtlich geschützt. Neben den Rechten des Gabler Verlags gilt: Eine Wiedergabe, Aufführung, Sendung, Darbietung und Verwertung in Seminaren, Trainings, Präsentationen oder Vorträgen sowie die Verwendung im Rahmen von Software-Produkten ist nur nach vorheriger, schriftlicher Genehmigung durch den Autor gestattet. Die Darbietung, ganz oder teilweise Verwertung und Wiedergabe in Seminaren, Trainings oder Vorträgen gleich welcher Art ist ausschließlich den Lizenz- Trainern der Bernd W. Klöckner Akademie vorbehalten. Neben dem Urheberrecht, das für den gesamten Buchinhalt ohnehin gilt, sind zudem verschiedene Worte, Bezeichnungen, Begriffe und Vorgehensweisen markenrechtlich geschützt. Zu den urheber- wie markenrechtlich geschützten Worten, Bezeichnungen, Begriffen zählen im Einzelnen:

7-Schritte-Verkaufs-Strategie©®
7-Schritte-Vorsorge-Check©
JOERS©®
FinanzRater©
EEE-Methode©®
HEEK-Methode©®
Das BWK-Dreieck des Erfolgs©®
PAFR© – Persönliche Aus- und Fortbildungsrendite
PEP© – Philosophie, Erscheinen, Passion
EGT Erfolgs-Gedanken-Training©
Einstellungs-Annuität©
ZAFAA©® – ZAFAA-Methode

Wichtiger Hinweis: Die 7-Schritte-Verkaufs-Strategie beziehungsweise der 7-Schritte-Vorsorge-Check unterliegen hinsichtlich der Fragenfolge wie ausdrücklich auch der Formulierung der Fragen dem Urheber- und Markenrecht. Die Fragen wie der Inhalt sind exakt aufeinander abgestimmt. Das Urheberrecht dieser 7-Schritte-Verkaufs-Strategie beziehungsweise des 7-Schritte-Vorsorge-Checks ist seit Jahren dokumentiert. Mehrere zehntausend Teilnehmer meiner Seminare, Trainings und Vorträge sprechen Zeugnis. Wer diese 7-Schritte-Verkaufs-Strategie oder den 7-Schritte-Vorsorge-Check hinsichtlich der Fragen wie der Formulierung – gleich in welcher Form der Darbietung und Verwendung – ganz oder teilweise verwendet, wird auf Schadensersatz verklagt.

Inhalt

Teil I

Ihre Chancen als Finanzdienstleister

Die Finanzbranche, der Beruf des Finanzverkäufers bietet enorme, bietet sehr, sehr gute Verdienstmöglichkeiten. Im Folgenden begründe ich Ihnen diese gigantischen Chancen mit einigen Fakten, mit einigen Informationen. Ich will Sie anstecken: Kommen Sie in die Finanzbranche! Wenn Sie bereits in der Branche sind: Erkennen Sie, nutzen Sie diese großartigen Möglichkeiten. Finanzverkäufer sein ist der wohl wundervollste, lukrativste Beruf, den Sie wählen können!

Kapitel 1

Die grundlegenden Gesetzmäßigkeiten auf dem Weg zu Vermögen und Wohlstand

Die mir gesetzten Grenzen sind Bilder in meinem Kopf.
K. Walter, amerikanischer Erfolgspsychologe

Die folgenden Ausführungen klingen banal, sind jedoch äußerst wirkungsvoll. Finanzverkäufer wissen, dass es zur Vermögensbildung nur zwei, drei klassische Gesetzmäßigkeiten gibt (überraschende Erbschaften, Schenkungen Dritter oder den Sechser im Lotto außen vorgelassen): Entweder:

Viel Zeit × wenig Geld

oder

Wenig Zeit × viel Geld

Das ist alles, was Sie wissen müssen. Sie müssen wissen, Sie müssen glauben und felsenfest davon überzeugt sein, dass jeder Tag, den Ihre Kunden früher investieren, zählt. In der Literatur zum Thema Motivation findet man stets den Hinweis auf die 72-Stunden-Regel. Soll heißen: Vorsätze, die nicht innerhalb von 72 Stunden nach einem Seminar, nach einem Verkaufsgespräch oder was auch immer in die Tat umgesetzt werden, werden später nicht mehr umgesetzt. Übertragen auf die beiden oben genannten Gesetzmäßigkeiten (also „Viel Zeit × wenig Geld“ oder „Wenig Zeit × viel Geld“) bedeutet das Folgendes: Ihre Kunden haben ein Recht auf Information darüber, was der verschobene Abschluss sie kostet. Das ist es, was Sie dokumentieren müssen. Im Folgenden erhalten Sie hierfür nützliche und wichtige Informationen.

Was die „Morgen fange ich an zu investieren"-Einstellung Ihre Kunden kostet

Die Aussage der folgenden Tabelle hatte auf die *Einstellung* so manchen Verkäufers, den ich in den letzten Jahren trainierte, extreme Wirkung.

Kapitalanlage 200 Euro monatlich – 6 Prozent effektiver Zins			
	Verlust bei ... weniger		
Laufzeit	1 Monat	2 Monate	3 Monate
20 Jahre	438	873	1 306
25 Jahre	654	1 304	1 950
30 Jahre	943	1 881	2 813
35 Jahre	1 330	2 652	3 967
40 Jahre	1 847	3 684	5 512

© Bernd W. Klöckner

Tabelle 1: Was die Abschlussverzögerung Ihre Kunden kostet

So lesen Sie die Tabelle: Zum Erreichen der privaten Vorsorgewünsche muss ein Kunde 30 Jahre investieren. Überlegt er einen Monat – die Spardauer beträgt dann 29 Jahre und 11 Monate –, investiert er einmalig 200 Euro weniger, verliert dafür im Vergleich zum Sparplan mit 30 Jahren Dauer 943 Euro an Ablaufleistung (die gleichbleibende Wertentwicklung von 6 Prozent effektiv unterstellt, Ablaufdifferenz minus gesparte Eigenleistung).

Wer nun ganz kritisch behauptet, die in der Tabelle 1 genannten Zahlen entsprechen dem künftigen Geldwert, der Barwert sei entsprechend geringer, findet die Barwert-Angaben in Tabelle 2.

Verlust am Ende abgezinst mit 3 Prozent = realer Geldwertverlust heute			
	Verlust bei ... weniger		
Laufzeit	1 Monat	2 Monate	3 Monate
20 Jahre	243	486	728
25 Jahre	313	626	938
30 Jahre	389	779	1 168
35 Jahre	474	947	1 420
40 Jahre	568	1 135	1 702

© Bernd W. Klöckner

Tabelle 2: Wer zögert, verliert – Barwert als Abschlussargument

So lesen Sie die Tabelle: Wer beispielsweise 30 Jahre jung ist, bis zum 60. Lebensjahr sparen will (30 Jahre), dann jedoch zwei Monate ins Land gehen lässt, bevor er wirklich zu sparen beginnt (Spardauer nun noch 29 Jahre und 10 Monate, wenn das gewünschte Rentenalter mit 60 Jahren gehalten werden soll), verzichtet auf 779 Euro an Barwert. Dadurch, dass er eben nicht sofort Ja zum Abschluss sagt!

☛ ***Die Botschaft lautet:***
Ihre Kunden haben ein Recht auf einen Finanzverkäufer, der sich seiner Sache sicher ist! Ihre Kunden haben ein Recht auf einen Finanzverkäufer, der den Wert des Faktors ***Zeit*** *bezogen auf das Ziel* ***Vermögen*** *kennt. Und ausspricht! Ihre Kunden haben ein Recht auf Finanzverkäufer, die auf die Frage: „Erwarten Sie, dass ich sofort unterschreibe?“ aus Überzeugung und mit allem Ausdruck schlichtweg „Ja!“ sagen. Die über die Bedeutung des Faktors Zeit exakt informieren und Zögerer eines Besseren belehren. Daher sage ich: Ihre Kunden haben ein Recht auf Abschluss! Sie sind der Profi! Es ist Ihre Aufgabe, Ihren Kunden dieses Recht auf Abschluss zu gewähren. Nicht mehr! Nicht weniger!*

Die etwas andere Visitenkarte

Aus der Praxis für die Praxis der folgende Gedanke: Lassen Sie auf die Rückseite Ihrer Visitenkarten den Spruch „Meine Kunden haben ein Recht auf Abschluss!“ drucken. Dazu Tabelle 1 oder Tabelle 2 (bitte mit Copyright © www.berndwkloeckner.com). Machen Sie auf diese Weise unmissverständlich klar, dass Sie sich Ihrer Mission sicher sind! Dokumentieren Sie so, dass Sie an sich und Ihre Botschaft glauben. Denken Sie daran: Die Gedankenkette Ihrer Kunden lautet: „Er glaubt an sich“ = „Ich glaube an ihn!“. Diesen Klick müssen Sie im Kopf Ihrer Kunden auslösen. Das ist alles! Das ist die Voraussetzung für den Zustand *Erfolg*.

Alle professionellen Verkäufer tragen die gleiche „Meine Kunden haben ein Recht auf Abschluss“-*Einstellung* im Herzen. Aus unterschiedlicher Überzeugung, aus unterschiedlichen Gründen. Ein Abschluss ist die zwingende Konsequenz einer vorab gegebenen, präsentierten, überzeugenden Information. Ein Verkaufsgespräch wird mit dem Abschluss gekrönt, keineswegs mit dem Abschluss gewonnen. Gewonnen oder verloren wird ein Verkaufsgespräch in der Zeit ab Beginn des Gesprächs.

Die alles entscheidende Botschaft lautet:
Trainieren Sie selbst Ihre „Meine Kunden haben ein Recht auf Abschluss"-Einstellung. Trainieren Sie Ihre Leute, die Leute in Ihrer Organisation, damit diese die „Meine Kunden haben ein Recht auf Abschluss"-Einstellung beherrschen. Trainieren Sie die Macht der Zahlen!

Sorgen Sie auf diese Weise für zusätzliche innere Überzeugung und Sicherheit. Sorgen Sie auf diese Weise dafür, dass Ihre Kunden spüren: „Er glaubt an sich!" Sagen Sie sich ab heute immer und immer wieder: Meine Kunden haben ein Recht auf Abschluss! Sagen Sie sich vor jedem neuen Kundenbesuch: „Ja! Dieser Kunde hat ein Recht auf Abschluss!" Viel Erfolg!

Auf den Punkt gebracht:

- *Für den Abschluss eines Verkaufs-/Beratungsgesprächs gibt es nur einen richtigen Zeitpunkt: **Sofort!***
- *Als Finanzberater/Finanzverkäufer müssen Sie die Dringlichkeit des Abschlusses kennen, müssen daran glauben. Denken Sie an die Gedanken Ihrer Kunden: „Er glaubt an sich" = „Ich glaube ihm!"*
- *Nutzen Sie die Macht der Zahlen! Zeigen Sie Ihren Kunden die Zahlen des entgangenen Gewinns bei der „Ich will noch überlegen"- Einstellung! Nochmals: Überzeugen Sie Ihre Kunden von der Dringlichkeit des Abschlusses! Das muss Ihre Botschaft sein!*

Kapitel 2

Armut im Alter – Gigantische Chancen für Verkaufsprofis

Spare in der Zeit, dann hast du in der Not.
Wer das nicht beachtet, für den gilt:
Spare in der Not, dann hast du dafür Zeit.
K. Walter, amerikanischer Erfolgspsychologe

Was würden Sie sagen, wenn jemand auf Sie zukäme und Ihnen den Einstieg in ein wie folgt beschriebenes Geschäft anbietet:

> *„Sie verkaufen ein Produkt, einige wenige Produkte, die jeder dringend, sehr, sehr dringend nötig hat. Niemand kann es sich leisten, Ihr Produkt, Ihre Produkte* ***später*** *einzukaufen. Jeder* ***muss*** *es* ***sofort*** *haben, wenn Sie Ihre Botschaft glaubhaft, wirkungsvoll vermitteln. Niemand kann es sich leisten, auf ein Geschäft mit Ihnen zu verzichten. Wer kein Geschäft mit Ihnen macht, verliert! Verliert jeden Tag, an dem er sich nicht entscheidet, bares Geld. Das Geschäft besteht aus einer Dienstleistung, die dringender und wichtiger sein wird als jedes andere Geschäft. Empfehlungen sind – bei Einsatz der richtigen Vorgehensweise – kein Problem. Die Zielgruppe Ihres Geschäfts sind Millionen von Menschen im Alter zwischen 18 und 65 Jahren. Auch mit den Älteren machen Sie mühelos Geschäfte. Dazu kommt: Jeden Tag liefert die Presse Ihnen und Ihren potenziellen Kunden neue und schlagkräftige Argumente für noch bessere Verkaufsgespräche für noch höhere Abschlüsse. Alles, was Sie tun müssen, ist: Fachwissen, Information und Wissen perfekt kombinieren!“*

Klingt das nicht fantastisch? Ein Markt mit Millionen potenzieller Kunden. Und diese Kunden müssen letztlich sofort ja sagen. – Na, haben Sie's erraten? Richtig! Es ist die Finanzbranche! Die so verlockend klingenden Aussichten bietet die Finanzbranche. Wer in den kommenden Tagen, Wochen, Monaten, Jahren und Jahrzehnten in der Finanzbranche kein Geld verdient, den Umsatz nicht steigert, hat schlichtweg den falschen Beruf oder wendet die falschen Strategien an. Wendet Misserfolgs-Strategien statt Erfolgs-Strategien an. Mehr als jemals zuvor gilt angesichts der desolaten Situation der Sozialsysteme:

Finanzplanung ist Lebensplanung!

Nun ein Beispiel, das vielen, die mich kennen, bereits bekannt sein dürfte. Es geht um einen authentischen Fall aus der Praxis.

Dirk S. arbeitet in sehr guter Position und verdient 4 000 Euro netto. Bislang ging er gefühlsmäßig stets davon aus, dass er etwa die Hälfte seines Nettoeinkommens als gesetzliche Rente bekommen wird. Dirk S. ist 38 Jahre jung, verheiratet, hat soeben – nach der Geburt der ersten Tochter – gebaut. Der größte Teil seines Nettoeinkommens geht für die Finanzierung drauf. Diese ist so ausgerechnet, dass er in 27 Jahren, also im Alter von 65, dem lange Zeit gültigen gesetzlichen Rentenalter, schuldenfrei ist. Dirk S., der monatlich bereits – neben dem Abtrag des Annuitätendarlehens – regelmäßig 200 Euro aufgeteilt auf zwei Anlageprodukte investiert, bekommt nun von der BfA seinen Rentenbescheid. Die Zahlen sehen wie folgt aus:

Monatliche Rente mit 65 Jahren laut BfA-Hochrechnung	
1 600 Euro	0 % Rentenanpassung
2 390 Euro	1,5 % Rentenanpassung
4 050 Euro	3,5 % Rentenanpassung

Die Zahlen, insbesondere bei unterstellter Rentenanpassung, klingen gut! So schlecht scheint es auf den ersten Blick für Dirk S., der sich immer so ungefähr 2 000 Euro vorstellte, nicht auszusehen. Allerdings sprechen einige Fakten gegen die Annahme einer 1,5- oder gar 3,5-prozentigen Rentenanpassung. Die 3,5 Prozent gab es bereits lange, lange nicht mehr regelmäßig. Die 1,5 Prozent sind beim Blick in die Statistik ebenfalls eher selten. Bleiben die 1 600 Euro übrig – zumindest für alle, die sich nicht reich rechnen wollen. Für alle, die realistisch rechnen. Nochmals das Zwischenergebnis:

1 600 Euro	0 % Rentenanpassung
~~2 390 Euro~~	~~1,5 % Rentenanpassung~~
~~4 050 Euro~~	~~3,5 % Rentenanpassung~~

Damit nicht genug. Betrachten wir den so genannten Zahlungsstrom. Wann stehen Dirk S. diese 1 600 Euro zu? In 27 Jahren. Die Frage lautet also: Welcher Kaufkraft heute entsprechen diese 1 600 Euro, die Dirk S. als gesetzliche Rente genannt (bitte beachten Sie: genannt, nicht zugesagt!) bekommt? Gerechnet mit einer dreiprozentigen Inflation sind diese 1 600 Euro dann – nach heutigem Stand – erheblich weniger wert.

Magere gesetzliche Renten nach Inflation

Das bedeutet: Dirk S. wird eines Tages mit sehr, sehr großer Wahrscheinlichkeit eine gesetzliche Rente in Höhe einer Kaufkraft von heutigen 720 Euro erhalten. Vielleicht fällt die Inflation, der Kaufkraftschwund, ja geringer aus. Dann sind es – bei angenommen 2 Prozent Inflation pro Jahr – rund 940 Euro. Nehmen wir diesen optimistischen Fall einmal an. Dirk S. fehlen aus heutiger Sicht – seine Wunschrente betrug die genannten 2 000 Euro heutige Kaufkraft – rund 1 060 Euro. Diese Rentenlücke von 1 060 Euro plus die oben errechneten, optimistischen 940 Euro ergeben zumindest die 2 000 Euro stand heutiger Kaufkraft. Nun folgen drei Schritte. Bei allen drei Schritten gilt die Annahme, dass Dirk S. die Entnahmezeit aus seiner Zusatzrente (1 060 Euro heutige Kaufkraft) mit 20 Jahren kalkuliert haben möchte. Die Wirkung der Inflation wurde mit drei Prozent berechnet. Für die Entnahmezeit wird mit einem effektiven Zins von 4 Prozent gerechnet. Für die Sparzeit gilt ein effektiver Anlagezins von 6 Prozent (Annahme).

1. Variante – Sympathisch, jedoch fachlich falsch

Berechnung ohne Inflation

Private Zusatzrente:	*1 060 Euro*
Notwendiges Vermögen zu Beginn der Rentenzeit:	*176 000 Euro*
Notwendige Investition pro Monat in der verbleibenden Sparzeit:	*224 Euro*

2. Variante – Symphatisch, fachlich besser, doch immer noch falsch!

Berechnung mit Berücksichtigung der Inflation bis zum Beginn der Rentenzeit

Private Zusatzrente:	*2 350 Euro*
Notwendiges Vermögen zu Beginn der Rentenzeit:	*391 000 Euro*
Notwendige Investition pro Monat in der verbleibenden Sparzeit:	*500 Euro (gerundet)*

Ergebnis: Umsatzsteigerung gegenüber Variante 1 um plus 123 Prozent

3. Variante – Möglicherweise unsympathisch, wahrscheinlich unangenehm, aber fachlich korrekt

Berücksichtigung der Inflation bis zur Rentenzeit und dann weiter über die gesamte Rentenzeit hinweg (somit also steigende Rentenzahlungen)

Private Zusatzrente (Durchschnitt):	*3 300 Euro*
Notwendiges Vermögen zu Beginn der Rentenzeit:	*548 000 Euro*
Notwendige Investition pro Monat in der verbleibenden Sparzeit:	*710 Euro*

Ergebnis: Umsatzsteigerung gegenüber Variante 1 um plus 217 Prozent

4. Schritt – Berücksichtigung der Inflation bis zur Rentenzeit und dann weiter über die gesamte Rentenzeit hinweg – Ermittlung der dynamischen Sparrate – 5 % Dynamik

Private Zusatzrente (Durchschnitt):	*3 300 Euro*
Notwendiges Vermögen zu Beginn der Rentenzeit:	*548 000 Euro*
Notwendige Investition pro Monat in der verbleibenden Sparzeit:	*710 Euro*
Anfängliche Investition bei 27 Jahren Laufzeit und fünf Prozent angenommener Dynamik:	*300 Euro (gerundet)*

Auf den Punkt gebracht: Dirk S. müsste, will er die 2 000 Euro stand heutiger Kaufkraft inflationsbereinigt als Rente erhalten, Monat für Monat 710 Euro gleichbleibend investieren. Oder er müsste mit 300 Euro beginnen, also seinen derzeitigen Investitionsbetrag um 50 Prozent erhöhen. Plus einer 5-prozentigen Dynamik, die in diesem Fall notwendig wäre. Die monatlich notwendige Investition, damit Dirk S. sein Vorsorgeziel inflationsgesichert erreicht, beträgt im Fall der Dynamik im letzten Jahr immerhin knapp 1 200 Euro. Für den Finanzverkäufer, der seinen Beruf beherrscht, der das notwendige Wissen hat, über die Information verfügt und die Fakten vermitteln kann, ist Dirk S. ein Kunde, bei dem 100 Euro notwendiger Investition je Monat „zu holen“ sind. Und wie an anderer Stelle in diesem Buch noch beschrieben, gilt:

Wenn du es nicht machst, macht's ein anderer, und der macht's richtig gut!

Und die Aufgabe an Sie lautet:

Mach dir ein paar schöne Stunden, mach Termine und erzähl's deinen Kunden!

Begreifen wir das! Begreifen *Sie* das! Wie Dirk S. geht es Millionen! Millionen von Arbeitnehmern, Beamten, Angestellten und alle anderen laufen – erhöhen sie nicht blitzartig die Höhe der privaten Vorsorge – in eine Altersarmut gigantischen Ausmaßes. Das sind keine Kassandra-Rufe nach dem Motto: „Mit Angst verkauft sich gut!“ Es ist die nackte Wahrheit! Nochmals: Millionen von Menschen laufen geradewegs in die Armut im Alter. Mit jedem Jahr, das ohne ausreichende Vorsorge vergeht, wird die Chance dabei geringer, dieser Altersarmut zu entkommen. Was wiederum das beste Abschlussargument für sofortige Abschlüsse ist.

Alles, was Finanzverkäufer in diesen Zeiten tun müssen, ist: ihren Job machen. Die alles entscheidende Frage lautet also: Beherrschen Ihre Leute ihren Beruf als Finanzverkäufer? Nehmen wir die im oben genannten Fall zur Argumentation herangezogene BfA-Rentenberechnung. Nehmen Sie diese Berechnungen als Grundlage für Ihre Kundengespräche. Wobei es nur ein Beispiel von vielen ist. Für wissbegierige Finanzverkäufer, die wirklich Erfolg wollen, liegt das Geld und jede Menge verkaufsfördernde Information im wahrsten Sinne auf der Straße.

! *Machen wir es also besser! Machen* **Sie** *es besser! Sorgen Sie als Führungskraft eines Verkäufer-Teams dafür, dass Ihre Leute es besser machen. Alles, was Sie brauchen, ist:* ***Wissen und Information****. Sorgen Sie für dieses Wissen. Sorgen Sie für die notwendige Information. Machen Sie sich wirklich fit für diesen Milliardenmarkt Finanzplanung, Vorsorge, Vermögensaufbau. Denken Sie immer wieder daran: Wenn Sie's nicht machen, macht's ein anderer, und der macht's richtig gut!*

Ich behaupte nochmals: Die Finanzbranche ist die auf absehbare Zeit lukrativste, aussichtsreichste und beste Branche, die es gibt. Finanzverkäufer sein bedeutet: Sie übernehmen eine extrem verantwortungsvolle und spannende Aufgabe. Ich verspreche Ihnen: In keiner Branche werden Sie – vorausgesetzt, Sie sind vom Herzen her ein Verkäufertyp und verfügen über grundsätzliche Leidenschaft und Motivation – derart viel verdienen wie in der Finanzbranche. Verkaufen ist dabei etwas, was dem Wohl Ihrer Kunden dient. Alles, was Sie tun müssen, ist, sich einen Namen machen. Sorgen Sie dafür, dass Sie die Nr. 1 für Ihre Kunden werden. Sorgen Sie auf diese Weise für finanziellen Erfolg. Die Finanzbranche bietet Ihnen ein hohes Maß an Selbstständigkeit und Unabhängigkeit. Bietet Ihnen die Chance auf ein sechsstelliges und noch höheres Einkommen.

Tatsache ist: Wenn Sie 2^{10}-Tausend-Euro-Kunden verlieren, verlieren Sie 1 024 Kunden mal 1 000 Euro. Macht zusammen einen Verlust in Form eines entgangenen Gewinns von stolzen 1 024 000 Euro. Eine wirklich sehr, sehr dumme Sache! Kein gutes Geschäft! Merken wir uns: Nur Verlierer verzichten auf diese Einkommenschance. Umgekehrt gilt die alles entscheidende Botschaft für alle Gewinner, für alle Sieger-Typen unter Ihnen: Wenn Sie 2^{10}-Tausend-Euro-Kunden gewinnen, gewinnen Sie 1 024 Kunden mal 1 000 Euro. Macht zusammen 1 024 000 Euro Ertrag! Gewinn! Verdienst! Ein gigantisches Potenzial! Einverstanden!

Ja, ich bin ein Finanzverkäufer!

Verstehen Sie das! Sie sind bereits Finanzverkäufer! Prima! Seien Sie stolz auf sich und Ihren Beruf. Sie haben einen wundervollen Beruf. Sie helfen Menschen bei ihrer Planung. Denn: Finanzplanung ist Lebensplanung. In vielen Fällen ist Finanzplanung regelrecht Lebenshilfe. Dabei ist der erste und wichtigste Schritt: Stehen Sie zu Ihrem Beruf. Sagen und schreiben Sie bei der Frage nach Ihrem Beruf: „Ich bin Verkäufer!" Nicht mehr, nicht weniger. Da gibt es einige, die auf uns Finanzverkäufer hochnäsig herabschauen. Sie bezeichnen sich als Agenturleiter, Financial Planner, Architekten und vieles andere mehr. Doch in erster Linie sind wir alle irgendwie Verkäufer. Jeder ist auf seine Art irgendwie Verkäufer, muss Verkäufer seiner Arbeit und Arbeitsleistung sein. Ob Arzt, Steuerberater, Arbeiter, Angestellter, Führungskraft, Vorstand. Richtig betrachtet, ist verkäuferisches Können eine wichtige Sache, eine universal gültige Sache. Ohne Verkauf gäbe es in unserem Leben Stillstand. Ohne Verkauf gäbe es kein Leben. Zumindest nur ein erschwertes.

! *Machen wir es anders! Machen* ***Sie*** *es anders! Betrachten Sie* ***Verkaufen*** *ab sofort als wesentliche und entscheidende Voraussetzung für den Zustand Erfolg.*

Ob Sie sich Agenturleiter, Architekt, Ingenieur, VIP-Kundenberater, Financial Planner oder sonst was nennen. Jeder ist in erster Linie Verkäufer der eigenen Person. Wer sich verkaufen kann, gewinnt. Wer sich nicht oder nur schlecht verkaufen kann, verliert!

☛ ***Die alles entscheidende Botschaft lautet:***
Sie müssen stolz sein auf Ihren Verkäufer-Beruf. Sie müssen stolz sein auf Ihre Karriere als Finanzverkäufer. Je größer der Stolz, desto größer bekanntlich die Motivation. Wobei immer gilt: Arbeiten Sie gut! Nochmals: Arbeiten Sie ***gut!*** *Ob Sie hart oder weniger hart arbeiten, interessiert niemanden. Sorgen Sie für Ergebnisse! Tun Sie das, haben Sie Erfolg und erzielen Abschlüsse. Arbeiten Sie gut und erzielen trotzdem keinen Abschluss, ist Ihre einzige Aufgabe die Fehlersuche. Finden Sie heraus, was fehlt. Machen Sie es besser! Das ist alles.*

Gigantische Verdienstchancen – Das „Eine-Million-Gesetz"

Ein Gedanke vorab: Es gibt einen einfachen „Trick", einen einfachen Motivations-Kick für Finanzverkäufer: Pappen Sie jedem Kunden imaginär ein Schild mit einem Tausend-Euro-Schein auf die Stirn. Oder ein Schild mit zwei 500er-Scheinen, wenn Ihnen das leichter fällt. Mit diesem Bild möchte ich im Folgenden arbeiten.

Gehen wir von folgender Zahl aus: $\mathbf{2^{10}}$. Diese Zahl bedeutet nichts anderes, als dass ein erfolgreicher Finanzverkäufer schlichtweg über zehn Stufen erfolgreich arbeiten muss. Betrachten wir die Kundenseite: Gewinnt ein Finanzverkäufer zwei Kunden, die wiederum zwei bringen, die wiederum zwei – nach erfolgreichem Abschluss – bringen. Dann sind das nach lediglich zehn Empfehlungsstufen 2^{10}, also 1 024 Kunden. Bereits nach 2^8 Stufen sind es schon 256 Kunden. Wenn jeder dieser angenommen 256 Kunden auch nur einmal einen Ertrag von 1 000 Euro Beratungshonorar oder Vermittlungsprovision bringt, sind es in diesem Fall 256 000 Euro an Ertrag. Merken Sie: Hier tauchen unsere imaginär auf die Stirn geklebten 1 000 Euro wieder auf. Tatsache ist: Wenn Sie 2^{10} Tausend-Euro-Kunden gewinnen, gewinnen Sie 1 024 Kunden mal 1 000 Euro. Macht zusammen 1 024 000 Erfolg! Gewinn! Verdienst! Ein gigantisches Potenzial!

Kapitel 3

Erfolgsfaktoren Wissen & Information – Die persönliche Aus- und Fortbildungsrendite PAFR©

Wer meint, Kompetenz im Verkauf zu trainieren, sei teuer, sollte es einmal mit Inkompetenz versuchen!
K. Walter, amerikanischer Erfolgspsychologe

Es gibt keine bessere „Kapitalanlage" als eine gezielt ausgewählte Fortbildung, denn hier winken zweistellige Renditen. Gezielte Trainingsmaßnahmen sind die klügste kaufmännische Entscheidung, die Sie als Vorstand, als Führungskraft eines Unternehmens treffen können. Ich werde es Ihnen im Folgenden beweisen.

Dennoch: In Zeiten sinkender Umsätze werden Trainings, Seminare sowie sonstige Fortbildung schnell gestrichen. „Dafür haben wir kein Geld", „Wir müssen sparen", „Derzeit haben wir keine Budgets". So oder ähnlich lauten die Begründungen vieler Unternehmen. Auch einzelne Finanzdienstleister, unter der Börsenflaute und den Einbrüchen bei den Fondskursen leidend, sagen: „Oh, das ist aber teuer", „Sie wissen ja, wie es im Moment aussieht ...". Trainings-, Aus- und Fortbildungsangebote werden als unnützer Ballast betrachtet. Dabei handelt es sich bei dem Gedanken „Aus- und Fortbildung ist zu teuer" um ein Fehlurteil in einer Branche, die es – bei richtigem Umgang mit Zahlen – eigentlich besser wissen müsste. Man kann sogar noch weiter gehen: Wer – egal, in welchen Zeiten – Aus- und Fortbildungsaktivitäten zusammenstreicht oder gänzlich unter den Tisch fallen lässt, dokumentiert damit auf eindrucksvolle Weise, dass er vom Umgang mit Geld keine Ahnung hat. Enttarnt sich – ohne es zu wissen – als FinanzRater.

Zweistellige Renditen – Die Sicht eines Finanzverkäufers

Ein erstes Beispiel. Ein Finanzdienstleister nimmt an einer Fortbildungsmaßnahme teil. Drei Jahre lang investiert er Zeit und Geld in Form von angenommen 20 000 Euro. Nach erfolgreichem Abschluss verdient er – aufgrund erweiterter Kenntnisse und höherer Reputation – jährlich angenommen 3 000 Euro mehr. Das entspricht in etwa zwei guten Abschlüssen einer durchschnittlich verprovisionierten Kapitalanlage, der Vermittlung von zwei Fondspolicen mit etwas höherer Beitragssumme oder Ähnliches. Angenommen ferner, er ist nach seiner Ausbildung noch 20 weitere Jahre tätig. Seine persönliche Aus- und Fortbildungs-Rendite (PAFR) liegt somit bei knapp 14 Prozent.

Wäre in unserem Beispiel der betreffende Berater noch 15 Jahre tätig, läge die PAFR immerhin noch bei 12,40 Prozent. Nochmals: Diese zweistelligen Renditen erzielt bereits, wer nach dem zusätzlich verdienten Titel nur wenige Geschäfte mehr pro Jahr macht.

Zweistellige Renditen – Die Sicht für Unternehmen und Organisationen

Angenommen, eine Führungskraft in einem Unternehmen kauft ein Training ein. Wohlgemerkt: ein praxisorientiertes Training. Ein Training, das alle Teilnehmer sofort wirkungsvoll umsetzen können. Angenommen, die Führungskraft investiert für zwei Tage Training 12 000 Euro. Hierin enthalten sind das Trainer-Honorar, die Raumkosten im Hotel und die Verpflegung der Teilnehmer. Angenommen ferner, es sind 60 Teilnehmer. Gehen wir nun davon aus, dass diese 60 Teilnehmer lediglich in den kommenden sechs Jahren nach diesem Training quartalsweise einen zusätzlichen Ertrag für die Führungskraft von 900 Euro bringen – was bei 60 intensiv über zwei Tage hinweg trainierten Teilnehmern keine hohe Hürde darstellt. In diesem Fall liegt die Investitionsrendite der Führungskraft bei effektiv über 23 Prozent! Das bedeutet: Diese Führungskraft hat die Investition von 12 000 Euro wieder raus und erzielt sogar eine Rendite von 23 Prozent!

Sicherheit

Angesichts der Turbulenzen an den Börsenmärkten ist Sicherheit ein wichtiges Kriterium für so manchen Anleger geworden. Angenommen – Steuervorteile außen vorgelassen – die Sicherheit steht im Mittelpunkt. Investiert unser Finanzdienstleister die zur Disposition stehenden 20 000 Euro beispielsweise in eine Fondsanlage – verzichtet also auf Aus- und Fortbildung „... zu teuer ...“ – und will über 20 Jahre auf einen effektiven Zins von 7 Prozent kommen, müsste das Vermögen – Gebühren und Steuern unberücksichtigt – auf gut 77 000 Euro anwachsen. Bei einem Zins-Ziel von effektiv 10 Prozent wären es gut 134 000 Euro. Die entscheidende Frage lautet nun: Wie hoch muss bei 20 Jahren Verdienstzeit nach der Ausbildung der monatliche Zusatzverdienst sein, um letztlich mit der Kapitalanlage zu sieben oder zehn Prozent gleich zu ziehen? Schätzen Sie einmal selbst! Nochmals: Wie hoch muss der monatliche Zusatzverdienst sein, um letztlich über die Ausbildung – über folgende zusätzliche Einnahmen – einen Zins zu erzielen, der einer vergleichbaren Anlage des Geldes – keine Investition in eine Aus- oder Fortbildung – von sieben beziehungsweise zehn Prozent entspricht?

monatlicher notwendiger Zusatzverdienst
für effektiv 7 Prozent Investitions-Rendite

____

(Ihre Schätzung lautet ...)

monatlicher notwendiger Zusatzverdienst
für effektiv 10 Prozent Investitions-Rendite

____

(Ihre Schätzung lautet ...)

Die Antwort: Lediglich 187 Euro bei zehn Prozent, lediglich 152 Euro bei sieben Prozent. Korrekt aufs Jahr gerechnet, sind es bei zehn Prozent rund 2 400 Euro und bei sieben Prozent rund 1 900 Euro. Auf den Punkt gebracht: Ein einziges, zusätzliches wirklich gutes Geschäft mit einem guten Kunden im Jahr über insgesamt 20 Jahre, und die Entscheidung, die 20 000 Euro in eine Aus- oder Fortbildung zu investieren, erweist sich als sehr, sehr kluge Entscheidung.

„Kapitalanlage" mit einer Rendite von 1 000 Prozent

Keine Bange! Es geht weder um Kapitalanlagebetrug noch sonst was. Es geht um ein Beispiel aus der Praxis. So berichtet ein Teilnehmer eines Trainings, das ihn 490 Euro kostete, bereits nach wenigen Monaten über 600 000 Euro mehr Umsatz. Nehmen wir also vorsichtig an, er erzielt nach einem Jahr 5 500 Euro zusätzliches Honorar, zusätzliche Provision aufgrund von Geschäften, die er durch die im Training erworbenen Fähigkeiten abgeschlossen hat. Seine Rendite liegt damit, leicht rechenbar, bei über 1 000 Prozent.

PAFR-Tabelle

Die folgende Tabelle zeigt für eine Investition von 10 000 Euro für unterschiedliche Laufzeiten und unterschiedliche zusätzliche monatliche Einnahmen die jeweilige PAFR-Kennzahl.

Investition 10 000 Euro		
Jahre nach Investition	Höhe des monatlichen zusätzlichen Ertrags ... (Angaben in Euro)	
	100	**250**
10	3,74	28,14
15	8,76	29,63
20	**10,52**	29,92
25	11,27	30,00

© Bernd W. Klöckner

Tabelle 3: Persönliche Aus- und Fortbildungs-Rendite (PAFR)

So lesen Sie die Tabelle: Wer 10 000 Euro investiert und anschließend dadurch – besseres Renommee, mehr Selbstbewusstsein, mehr Vertrauen auf Kundenseite – über 20 Jahre monatlich zusätzlich 100 Euro an Ertrag über zusätzliche Abschlüsse erwirtschaftet, kassiert damit auf seine Investition einen effektiven Zins von 10,52 Prozent.

! *Machen wir es anders! Machen **Sie** es anders! Investieren Sie immer, in guten und gerade auch in vermeintlich schlechten Zeiten in Ihre persönliche Fortbildung. Für alle Unternehmer gilt: Investieren Sie in die Fortbildung Ihrer Mitarbeiter. Das ist alles. Sorgen Sie auf diese Weise – als Einzelperson wie als Unternehmer – für die nahezu bestmögliche Kapitalanlage. Sie führen Mitarbeiter. Gut! Sagen Sie Ihren Leuten: „Investiert in Bildung!"*

Die alles entscheidende Botschaft lautet:
Wer an der Bildung, wer an Aus- und Fortbildung spart, verzichtet aufs Geschäft. Basta! Wer auf Aus- und Fortbildung verzichtet, lässt eine sichere, rentable und – je nachdem steuerlich begünstigte – Kapitalanlage der etwas anderen Art unberücksichtigt.

Für alle Finanzverkäufer gilt: Tragen Sie das Thema PAFR zu Ihren Kunden. Nutzen Sie PAFR als zusätzliches, sehr wirkungsvolles Verkaufsargument zum Thema Ausbildungssparen und Ausbildungsversicherung. Nehmen Sie diese Seiten, dieses Buch oder Kopien der Seiten zu Kundengesprächen mit. Zeigen Sie Ihren Kunden die PAFR-Tabelle.

! *Auf den Punkt gebracht:*

- *Wer auf Aus- und Fortbildung verzichtet, hat keine Ahnung vom Geschäft. Ist ein FinanzRater.*
- *Investieren Sie in Ihre Aus- und Fortbildung! Je früher, desto höher Ihre persönliche Aus- und Fortbildungs-Rendite PAFR.*
- *Investieren Sie nach absolvierter Ausbildung in Fort- und Weiterbildung!*
- *Setzen Sie als Unternehmen der Finanz-Branche auf Dream-Team-Typen. Dann investieren Sie in Aus- und Fortbildung. Und Sie haben Erfolg!*
- *Gezielte Fortbildung bringt, wenn das Erlernte umgesetzt und angewendet wird, dem Einzelnen wie dem Unternehmen zweistellige Renditen.*
- *Informieren Sie Ihre Kunden frühzeitig über diese Kapitalanlage „Aus- und Fortbildung".*
- *Benutzen Sie PAFR als Verkaufsargument für Ausbildungs-Sparpläne.*

Teil II

Persönliche Erfolgsfaktoren und Motivation

Geniale Verkäufer werden niemals geboren. Das Wort Genie bedeutet soviel wie *Geist*. In der freien Übersetzung bedeutet es Persönlichkeit, Originalität. Jeder von Ihnen, jeder von uns kann ein genialer Verkäufer werden. Die erste Voraussetzung lautet: Mehr tun als nötig! Und das immer! Die weiteren Voraussetzungen sind Wissbegierde, Gründlichkeit, Leidenschaft. Niemand außer uns selbst ist verantwortlich für unsere eigene Genialität. Die alles entscheidende Voraussetzung für den persönlichen und beruflichen Super-Erfolg als Finanzverkäufer ist die Einstellung, ist die innere Motivation. Der innere Funke muss entzündet werden. Das ist alles. Um diese Einstellung, Motivation, geht es in diesem Teil dieses Buches.

Kapitel 4

Selbstanalyse – Die grundlegende Voraussetzung für persönlichen und beruflichen Erfolg

Mit einem Beinahe darf man sich nie zufrieden geben.
Patrick Harmuth, Frankreich, Lizenz-Trainer

Zu Beginn jeder Veränderung, jedes Wachstums steht die Selbstanalyse. Es geht um das größte Abenteuer Ihres Lebens. Das Abenteuer mit dem Namen *Ich*. Das ist alles. „Pah!", sagen manche Typen, „was soll ich an mir analysieren? Ich will wissen, wie ich mehr verkaufen kann!" Wer so denkt, wird niemals den größtmöglichen persönlichen Erfolg erreichen. Auch ohne Selbstanalyse gibt es Wachstum. Das ist richtig. Doch ohne Selbstanalyse gibt es keinen wirklichen Super-Erfolg. Das jedoch ist es, was Sie erreichen müssen. Ihren persönlichen und beruflichen Super-Erfolg. Verstehen Sie das! Sie haben nur dieses eine Leben. Es wird Sie nur ein einziges Mal auf dieser Erde geben. Sie sind die Keimzelle jeder Veränderung. Sie allein bestimmen die Größe Ihres Wachstum. Da gibt es Verkäufer, die von einem Verkaufsförderungs-Seminar zum nächsten rennen. Die sich Fachwissen und Motivation reinziehen. Sie können gar nicht genug bekommen von den Erfolgsstorys und dem Wissen Duzender von Trainern und Referenten. Doch diese Typen tun nichts. Sie reden, reden, reden, hören ein Leben lang zu und tun nichts dabei. Böse Zungen nennen diese Typen „Seminar-Junkies".

! *Begreifen wir das! Begreifen* ***Sie*** *das! Selbstanalyse ist der Beginn von Veränderung, Wachstum und damit der Beginn von persönlichem und finanziellem Erfolg.*

> *Nehmen wir ein Beispiel: Sie wollen Ihre Finanzen in Ordnung bringen. Eine wirklich gute Idee! Sie beginnen mit der Analyse Ihrer finanziellen Situation. Dann können Sie handeln. Dabei gilt: Selbstanalyse ist immer ein Abenteuer. Sehr, sehr selten ist bei schonungsloser Selbstanalyse klar, was Sie erwartet. Sie werden sich wie bei einem Abenteuer in mancher Situation ziemlich unbehag-*

lich fühlen. Dann wiederum werden Sie blitzartig von der einen trübsinnigen Stimmung in die euphorische Stimmung wechseln. Wichtig ist, wie bei jedem Abenteuer: Sie müssen immer weiter gehen! Verstehen Sie! Gehen Sie einfach immer weiter! Das ist alles. Akzeptieren Sie Aufregung, unbehagliche Empfindungen, Glück, Freude und wiederum größte Unsicherheit. Bis hin zu Angst. Gehen Sie einfach weiter und weiter! Das ist alles. Wenn Sie sich auf das Abenteuer Selbstanalyse mit dem Namen Ich einlassen, werden Sie eines Tages – das Ganze ist nur eine Frage der Zeit – ankommen. „Wann werde ich wissen, dass ich angekommen bin?", fragen manche Leute. Sie werden es wissen, indem Sie spüren, dass Sie plötzlich sehr, sehr viel mehr von sich wissen als früher. Das ist gleichzeitig der Lohn jeder Selbstanalyse. Sie kommen sich sehr nahe. Sie kommen Ihrer ureigensten Bestimmung sehr nahe.

Übertragen wir es auf die Branche der Finanzberatung, auf Ihren Beruf als Finanzverkäufer. Diesen Beruf werden Sie mit großer Wahrscheinlichkeit ausüben, wenn Sie dieses Buch gekauft haben. Vielleicht sind Sie jedoch auch Verkäufer irgendeiner anderen Sache. Nun, es kann passieren, dass Selbstanalyse, dass dieses Buch Sie sehr beunruhigt, durcheinander bringt, sehr zweifeln lässt. Überlegen Sie dann gut, ob *Verkaufen*, ob *Verkäufer sein* Ihrer Berufung entspricht. Nur dann werden Sie diesen Beruf mit Begeisterung, Leidenschaft und Überzeugung ausüben. Stellen Sie fest, ob *Verkaufen*, ob *Verkäufer sein* Ihre Zukunft ist. Kommen Sie zu einem deutlichen Nein, beenden Sie die Sache sofort! Das müssen Sie tun! Suchen Sie sich eine neue Sache, einen neuen Beruf. Kommen Sie zu einem klaren Ja, gratuliere ich Ihnen! *Verkäufer sein* ist der wundervollste Beruf, den es gibt. Jeden Tag lernen Sie – wenn Sie Ihren Beruf ernst nehmen – etwas Neues, jeden Tag verändern Sie sich. Sie haben mit Menschen zu tun, haben als Verkäufer immer eine gewisse Freiheit. Alles, was Sie jetzt noch brauchen, ist eine Sache, die Sie begeistert, die Sie leidenschaftlich verkaufen *wollen*. Begreifen Sie das!

Da gibt es Typen, die stets jammern: „Oh, ich muss verkaufen!" Sicherlich: Manchmal gibt es Verkaufsvorgaben, die unerreichbar scheinen. Doch für wahre Verkäufertypen sind Verkaufsvorgaben schlichtweg eine spannende Sache. Wahre Verkäufer sagen: „Gut! Legen wir los ...!" Das ist alles. Dann legen diese Sieger-Typen los. Verkaufen, verkaufen, verkaufen. Das glauben Sie nicht? Dann sage ich Ihnen: Ich kenne viele Verkäufer – beiderlei Geschlechts – die Monat für Monat fünfstellige, viele von ihnen sogar sechsstellige Beträge verdienen! Alle diese Menschen haben eines gemeinsam: Sie verkaufen mit Leidenschaft, Begeisterung und einer ansteckenden Überzeugung!

Im Folgenden will ich Sie nachdenklich machen. Ich werde vier Fragen zu einer Sache wiederholen. Immer und immer wieder! Nutzen Sie die Chance zur persönlichen Selbstanalyse!

Test

Selbstanalyse	
Bin ich ein Verkäufer?	❑
Verkaufe ich leidenschaftlich?	❑
Bin ich begeistert von meiner Sache?	❑
Glaube ich an mich und meine Sache?	❑
Bin ich ein Verkäufer?	❑
Verkaufe ich leidenschaftlich?	❑
Bin ich begeistert von meiner Sache?	❑
Glaube ich an mich und meine Sache?	❑
Bin ich ein Verkäufer?	❑
Verkaufe ich leidenschaftlich?	❑
Bin ich begeistert von meiner Sache?	❑
Glaube ich an mich und meine Sache?	❑
Bin ich ein Verkäufer?	❑
Verkaufe ich leidenschaftlich?	❑
Bin ich begeistert von meiner Sache?	❑
Glaube ich an mich und meine Sache?	❑
Bin ich ein Verkäufer?	❑
Verkaufe ich leidenschaftlich?	❑
Bin ich begeistert von meiner Sache?	❑
Glaube ich an mich und meine Sache?	❑

Die Wiederholung der Fragen dient dazu, dass Sie sich die Fragen im wahrsten Sinne des Wortes immer wieder und wieder stellen. Wird eine Frage nur einmal gestellt, neigen wir gerne dazu, mit einem Ja (im Sinne: Lass mich in

Ruhe) zu antworten. Die Wiederholung dieser Fragen soll Sie *nach-denklich* machen. Sie sollen tatsächlich einmal *nach-denken.* Also denken, denken und nochmals denken.

Lesen Sie, wenn Sie die letzte Seite zu schnell übergangen haben, diese Fragen noch einmal. Dann schreiben Sie in die folgenden Zeilen Ihre ehrlichen, wahren Gedanken. Gehen Sie in die Tiefe Ihres Glaubens, Ihrer Überzeugung. An was denken Sie, wenn Sie die Fragen dieser Selbstanalyse immer und immer wieder lesen? Sie müssen jetzt absolut ehrlich sein. Niemand wird Ihre Zeilen je lesen. Denken Sie daran: Es geht um das Abenteuer *Ich.* Sie lernen, Sie wachsen, indem Sie sich angenehmen wie unangenehmen Empfindungen in Verbindung mit dieser Selbstanalyse stellen. Schreiben Sie jetzt ...

Übung

Bilder, Gedanken, die ich bei dieser Selbstanalyse empfinde ...

____

____

____

____

____

____

Vielen Dank! Sie haben die letzten Seiten gelesen? Sie haben die Fragen der Selbstanalyse immer und immer wieder gelesen? Sie haben Ihre Bilder und Gedanken zu dieser Selbstanalyse niedergeschrieben? Nun die letzte kleine Übung. Nehmen wir an, das Abenteuer *Ich* reicht für uns alle von Null bis Hundert. Null steht für: „Ich habe mich bislang nicht oder nur sehr, sehr wenig auf das Abenteuer *Ich* eingelassen!“ Hundert bedeutet im Gegenteil: „Ich habe mich bereits seit langer Zeit und in jeder Hinsicht auf das Abenteuer *Ich* eingelassen.“ Gleich, wie jung oder alt Sie sind: Wo stehen Sie beim Abenteuer *Ich,* – dem wirklichen, wahren und größten Abenteuer Ihres Lebens? Kreuzen Sie jetzt Ihre Position an. Ihre Position beim Abenteuer *Ich:*

Übung

Das Abenteuer *Ich*

0 → 100

Sie haben Ihre Position festgelegt. Gut! Überprüfen Sie jetzt ganz genau, ob Sie sich besser, mutiger gemacht haben, als Sie in Wirklichkeit sind. Die meisten Menschen geben sich gerne so 10, 20 Punkte auf der Skala mehr. Bedenken Sie: Selbstanalyse ist die wichtigste Voraussetzung auf dem Weg zu persönlichem und finanziellem Erfolg. Selbstanalyse ist die alles entscheidende und grundlegende Voraussetzung. Die einzige Bedingung ist: Sie müssen ehrlich sein. Akzeptieren Sie, wenn Sie sich unbehaglich fühlen. Sehen Sie es als ersten Schritt für Wachstum! Das ist alles.

Also: Die meisten Menschen – nach meinen Interviews und Untersuchungen neun von zehn Personen – geben sich 10, 20 Punkte mehr auf der Skala. Sollten Sie die eine der zehn Personen sein, gratuliere ich Ihnen. Sollten Sie zu den neun gehören, die manchmal der unbehaglichen Ehrlichkeit entkommen wollen, reagieren Sie jetzt! Korrigieren Sie jetzt Ihre Zahl! – Sie haben es getan! Sehen Sie: Die Geschichte der eigenen Untersuchungen, denen zu Folge neun von zehn Personen ihre Selbstanalyse in Sache Abenteuer *Ich* korrigieren, war nur eine kleine Erfindung. Sie haben Ihre Zahl korrigiert! Dann hat diese kleine Analyse bereits ihr erstes Ziel erreicht.

Betrachten Sie nun die Zahl Ihrer persönlichen Einschätzung auf der Skala. Nehmen wir an, Sie haben sich 30 Punkte gegeben. Dann machen Sie sich auf den Weg und erledigen Sie die restlichen 70 Punkte. Das Abenteuer *Ich* ist die wohl wundervollste Entdeckungsreise, die es gibt. Bringen Sie in Erfahrung, wer die Person in Ihnen ihrem tiefsten Wesen nach wirklich ist.

☛ ***Die alles entscheidende Botschaft lautet:***
Erreichen Sie 100 Prozent! Erreichen Sie 100 Punkte! Legen Sie die restlichen, fehlenden Punkte Ihres Abenteuers Ich zurück. Machen Sie sich blitzartig auf den Weg. Entdecken Sie das Abenteuer Ich.

Kommen wir damit zurück zum Thema dieses Buches. Wiederholen wir die alles entscheidenden Fragen.

Test

Selbstanalyse	
Bin ich ein Verkäufer?	❑
Verkaufe ich leidenschaftlich?	❑
Bin ich begeistert von meiner Sache?	❑
Glaube ich an mich und meine Sache?	❑

Akzeptieren Sie den Stand, den Sie heute haben. Machen Sie sich auf den Weg hin zu einem genialen Verkäufer. Werden Sie selbst ein genialer Verkäufer. Ein Sieger-Typ. Das zu erreichen, muss Ihr Ziel sein. Sagen Sie Ja zu den Veränderungen, die mit diesem Weg hin zum genialen Verkäufer verbunden sind. Bereits die Griechen wussten um die Wahrheit des Spruchs: „Erkenne dich selbst!“ Eine schonungslose Selbstanalyse – also „Bin ich Verkäufer oder bin ich es nicht? Will ich ein genialer Verkäufer sein oder will ich es nicht sein?“ – ist die erste und wichtigste Voraussetzung für den Zustand größtmöglichen persönlichen und beruflichen Erfolgs. Sind Sie Verkäufer? Wollen Sie ein genialer Verkäufer sein, schenke ich Ihnen mit diesem Buch sehr viel an Information und Wissen, damit Sie besser und besser werden. Sind Sie kein Verkäufer und woll(t)en im Grunde Ihres Herzens nie einer werden oder sein, dann verschenken Sie dieses Buch an einen Freund, der im Verkauf, speziell im Finanzverkauf oder der in der Finanzberatung tätig ist.

Noch eines zum Ende dieses Kapitels: Gewinner-Typen unter den Verkäufern, wirklich geniale Verkäufer spielen das Spiel *Verkaufen*, um zu gewinnen. Nicht, um nicht zu verlieren. Das ist ein entscheidender und grundlegender Unterschied.

Was aber tut eine Person, deren Ziel nach reiflicher Prüfung *Verkaufen* ist, die jedoch die letzten Male immer wieder gescheitert ist? Diese Person wird von Mal zu Mal weniger an sich glauben. Diese Person wird eines Tages denken: „Bei den letzten beiden Gesprächen kam ich nicht zum Abschluss. Nun, dann wird wohl das nächste Gespräch auch nichts werden.“ So oder ähnlich. Diese

Person irrt. Jede Person, die Verkäufer/in sein will, irrt, wenn sie so denkt. Wer auf der Erfolgsskala negative Erfolge – manche sagen auch Misserfolge – verzeichnet, wird unsicher, vorsichtig und verliert sein Selbstvertrauen. Je weiter der letzte Erfolg in die Ferne rückt, desto größer werden Unsicherheit und Vorsicht, desto mehr nimmt das Selbstvertrauen ab. Wer in letzter Zeit häufig verloren hat, wer in letzter Zeit keinen Abschluss auf die Reihe bekam, ist irritiert. Doch dieses Denken ist irrational.

Nehmen wir an, es gibt eine Person, die zweimal auf der Straße angegriffen wurde. Diese Person irrt ebenso, wenn sie nun glaubt, sie würde unweigerlich ein drittes Mal angegriffen. Zwei Angriffe bedeuten keineswegs zwangsläufig einen dritten oder gar einen vierten Angriff. Die einzige Gefahr ist: Diese Person wird sich derart unsicher und vorsichtig bewegen, dass sie von einem Täter schneller als potenzielles Opfer identifiziert wird.

Begreifen wir das: Eine oder zwei Niederlagen bedeuten keineswegs zwangsläufig eine dritte Niederlage. Geben Sie nie auf! Dann werden Sie niemals scheitern! Das ist alles! Verstehen Sie das! Machen wir uns sehr, sehr deutlich klar, dass immer und ausnahmslos das Ziel ist, zu gewinnen! Machen Sie sich sehr, sehr deutlich klar: *Gewinnen* ist Ihr Ziel! Das muss Ihr Ziel sein! Träume, Hoffnungen, Wünsche werden zu keinem Zeitpunkt unerreichbar. Rücken Träume, Hoffnungen und Wünsche in die Ferne, ist das niemals die Wirklichkeit. In Wirklichkeit bleibt das Erreichen von Träumen stets gleich nah. Sagen Sie sich das immer und immer wieder, wenn Sie wegen negativer Erfolge möglicherweise verwirrt sind. Wenn Sie oft verloren haben, rückt das Ziel *Gewinnen* nur scheinbar in weite Ferne. Tatsächlich jedoch gilt: *Gewinnen* ist beim nächsten Kundenbesuch genau so nah wie immer! Die Chance, mit dem nächsten Kunden einen alles entscheidenden Schritt hin zu einem genialen Verkäufer zu machen, ist möglich. Nicht mehr. Nicht weniger. Vergessen wir also negative Erfolge der Vergangenheit. Schauen wir nach vorne. Schauen Sie nach vorne. Ihre Träume und Ziele sind erreichbar. Sie erreichen vollen Gewinn, persönlichen und finanziellen Erfolg dann, wenn Sie sich immer wieder sagen: *„Gewinnen ist das Ziel"*.

Eine letzte kleine Übung soll dieses Kapitel abschließen. Trainieren Sie mit dieser Übung Ihre Fähigkeit, Erfolge zurückzurufen. Gleich, wo Sie heute beruflich stehen, gleich, wie gut Sie als Verkäufer sind, diese Übung wird Ihnen Spaß machen und Sie in einen guten Zustand versetzen.

EGT© Erfolgs-Gedanken-Training

Erinnern Sie sich bei der folgenden Übung mit allen Sinnen! Sie müssen die Erinnerung riechen. Sie müssen Bilder sehen, Dinge hören, den Raum oder den Ort sehen, in dem sich die Erinnerung abspielt, sich selber sehen. Wie haben Sie sich in der Situation, an die Sie sich erinnern, bewegt? Was haben die anderen Personen, die in der jeweiligen Erinnerung eine Rolle spielen, getan, gesagt? Wie haben diese Personen sich bewegt? Beginnen wir nun. Erlauben Sie mir bei dieser Übung das „Du" als Anrede.

Übung

Erinnere dich jetzt an eine Zeit, an Momente, an Minuten, Orte und Menschen, wo du als Verkäufer ...

1. sehr stolz auf dich warst!
2. sehr zufrieden mit dir warst!
3. zufriedene Kunden um dich sitzen hattest!
4. Begeisterung bei deinen Kunden ausgelöst hast!
5. voller Energie und Leidenschaft deinen Beruf ausübtest!
6. mit einem Kunden gemeinsam herzlich gelacht hast!
7. von einem Kunden mehrfach weiter empfohlen wurdest!
8. einen großen Scheck für einen wirklich großartigen Abschluss bekamst!
9. dich im Kundengespräch stark, sicher und selbstbewusst gefühlt hast!
10. das Gefühl spürtest, du willst gewinnen!
11. einem Kunden ein Geschenk machtest!
12. spürtest, wie du Kontrolle als Verkäufer hast!
13. voller Energie Kundengespräche geführt hast!
14. sicher und selbstbewusst nach Empfehlungen gefragt hast!
15. dich auf jeden Kunden gefreut hast!
16. in kürzester Zeit einen Abschluss erzielt hast!
17. seitens deiner Kunden Respekt gespürt hast!

18. jeden Tag gewachsen bist!
19. deinen Beruf geliebt hast!
20. besser warst als alle anderen!
21. dein Leben wundervoll gefunden hast!
22. in anderen Menschen ein Feuer der Begeisterung entfacht hast!
23. fröhlich und unbeschwert Erfolge erzielt hast!

Bitte: Lesen Sie erst weiter, wenn Sie diese Übung sehr, sehr sorgfältig durchgeführt haben.

Sie haben sich erinnert. Gut! Dann werden Sie, vorausgesetzt Sie haben sich intensiv mit den Erinnerungen beschäftigt, ein Lächeln in sich spüren. Möglicherweise waren manche Erinnerungen gesperrt. Dafür fielen Ihnen andere Erinnerungen umso leichter. Gehen Sie nochmals einen kurzen Moment zu den Erinnerungen zurück, die Sie sehr intensiv gespürt haben. Jetzt wissen Sie: Erfolg ist möglich. Sie hatten bereits Ihre Erfolge. Das bedeutet: Sie handelten so, dass Sie Erfolg hatten. Sie gewannen. Gut! Wiederholen Sie nun diese Erfolgshandlungen. Wiederholen Sie auf diese Weise Ihre Erfolge. Steigern Sie auf diese Weise Ihren Erfolg! Das müssen Sie tun! Immer und immer wieder.

☛ ***Die alles entscheidende Botschaft lautet:***
Sie müssen Verkäufer sein, weil Sie gewinnen wollen.
Weil Ihr Ziel Gewinnen lautet.

Kapitel 5

Trainieren Sie Ihr Gefühl für Dringlichkeit

Ich bin glücklich. Ich bin erfolgreich.
Denn ich selbst habe mich dazu entschlossen.
Raymond Hull, Buchautor

Während der letzten Jahre lernte ich unter meinen Seminarteilnehmern Tausende kennen, die bislang kaum daran gedacht hatten, aus ihren Wünschen, Träumen und Hoffnungen *dringende* Ziele zu machen. Viele Menschen denken: „Gut. Wenn dieses Seminar nicht den gewünschten Erfolg brachte, warte ich eben aufs nächste Seminar!" So geht es weiter. Tag für Tag, Woche für Woche, Monat für Monat, Jahr für Jahr. Und dann – peng – ist das ganze Verkäuferleben, ist überhaupt das ganze Leben vorbei. Das gilt für den beruflichen Erfolg, für persönlichen Erfolg wie für ganz banale andere Dinge.

So gibt es Kunden, die sagen: „Gut. Ich denke darüber nach. Kommen Sie in sechs Monaten wieder!" Finanzverkäufer, die darauf eingehen, sind in der falschen Branche oder es fehlt an den richtigen Informationen, an der richtigen Strategie. Kein Finanzberater, kein Finanzverkäufer, der die Wirkung von Zins- und Zinseszins wirklich verstanden hat und spielerisch, faszinierend vermitteln kann, akzeptiert ein solches Argument. Ich wiederhole also: Trainieren Sie Ihr Gefühl für die Dringlichkeit der Dinge. Trainieren Sie die Dringlichkeit für die Dinge in Ihrem Leben. Dabei gilt: Sie können bei aller Dringlichkeit, die Sie trainieren und entwickeln, dennoch ausreichend Zeit haben. Die wirklich erfolgreichen Verkäufer besitzen dieses Gefühl für Dringlichkeit.

Dringlichkeit und eine alles entscheidende Frage

Im Folgenden geht es um eine sehr einfache, jedoch sehr wirkungsvolle Frage. Für die Anregungen bedanke ich mich bei Jan Ruhe, deren wunderbares Buch

„Fire up" Sie lesen sollten. Die folgende, alles entscheidende Frage können Sie bei sehr vielen Gelegenheiten anwenden. Und Sie sollten es auch tun. Es geht um die Frage:

„Und wieso nicht sofort?"

Nehmen wir ein Beispiel. Da behauptet jemand: „Ich will der beste Verkäufer in meiner Organisation sein!" Die alles entscheidende Frage lautet: „Und wieso nicht sofort?" Da sagt ein anderer: „Ich will in Zukunft meine Umsatzzahlen verdoppeln!" Die alles entscheidende Frage lautet: „Und wieso nicht sofort?" Da gibt es immer wieder Leute, die mich anrufen oder mir E-Mails senden mit dem Wortlaut: „Ich will bei Ihnen ein Vertriebs- und Rechen-Training besuchen." Geht es dann konkret um einen Termin, gibt es immer wieder welche, die sagen: „Oh. Ich denke, ich werde das tun!" Die alles entscheidende Frage lautet auch hier: „Und wieso nicht sofort?"

Begreifen wir das! Begreifen ***Sie*** das! Sie allein besitzen die Macht. Setzen Sie die richtigen Dinge sofort in die Tat um. Legen Sie Ihre Ziele fest. Dann fragen Sie sich: „Und wieso nicht sofort?"

Der Erfolgs-Kobold

Ein sehr alter und erfahrener Trainer erzählte mir einmal die Geschichte des ganz persönlichen Erfolgs-Kobolds. Diese Geschichte, die ich später noch öfter von anderen Kollegen hörte, geht so: Stellen Sie sich einen kleinen Kobold vor, ungefähr zehn Zentimeter groß. Dieser kleine Kerl begleitet Sie ab heute – auf Schritt und Tritt. Dieser kleine Kobold sitzt auf Ihrer Schulter. Dort fühlt er sich am wohlsten. Sie sind in einer Situation, in der Sie wieder einmal warten, warten, warten. Nichts passiert. Gut. Jetzt kommt künftig Ihr persönlicher Erfolgs-Kobold ins Spiel. Auf Ihrer Schulter sitzend, flüstert er ab sofort bei jeder passenden Gelegenheit in Ihr Ohr: „Und wieso nicht sofort?" Trainieren Sie das Spiel mit diesem Erfolgs-Kobold. Ab sofort ist er – sobald Sie mit erfolgreichen Schritten zögern, statt zu handeln – mit bei der Sache und flüstert deutlich in eines Ihrer Ohren: „Und wieso nicht sofort?" Tun Sie die Dinge, Mensch! Tun Sie es einfach! „Ja, aber ich weiß nicht, was ich genau tun soll!", sagen manche Leute. Ich will Ihnen einige Beispiele nennen:

- Überzeugen Sie sich selbst und auch die Leute Ihrer Organisation von den eigenen Produkten. **Sofort!**
- Seien Sie als Finanzverkäufer für alle Ihre Leute ein Vorbild! **Sofort!**
- Setzen Sie sich tägliche und wöchentliche Ziele! Und zwar **sofort!**
- Setzen Sie sich ein Super-Ziel. Und zwar **sofort!**
- Begeistern, faszinieren Sie Ihre Kunden mit spannenden Geldgesprächen. Und zwar ab **sofort!**
- Übernehmen Sie die Verantwortung in Ihrem Leben, Verantwortung für Ihren Erfolg als Finanzverkäufer. Und zwar **sofort!**

☛ ***Die alles entscheidende Botschaft lautet:***
Leisten Sie immer mehr als nötig! Ab sofort! Das ist alles!

Kapitel 6

Wissen gewinnt! – Wie 25 Minuten am Tag Ihre ganze Welt verändern

Was ich mir in meiner Fantasie vorstelle,
leitet mein äußeres Universum.
Denis Waitley, amerikanischer Erfolgstrainer

Wie an anderer Stelle bereits ausgeführt, gilt: Information und Wissen sind eine der grundlegenden Voraussetzungen für den Zustand persönlichen und finanziellen Erfolgs. Sie wollen als Verkäufer den Super-Erfolg? Nun: Sorgen Sie für Wissen und Information. Jeden Tag aufs Neue. Lesen Sie, wann immer Sie lesen können. Werden Sie zum Spezialisten. Signalisieren Sie auf diese Weise, dass Sie ein Profi sind.

Wissenschaftler haben längst bewiesen: Unser ganzes Wissen wird in einer Art Netzwerk abgespeichert. Sie nehmen viel und immer wieder neue Information auf! Dann bauen Sie ein Netzwerk, das immer dichter und dichter wird. Es fällt Ihnen, je mehr Sie an Wissen aufnehmen, umso leichter, Ihr Wissen abzurufen. Gehen wir davon aus, Sie lesen lediglich 25 Minuten am Tag. Jeden Tag! Das sind 175 Minuten in der Woche, 700 Minuten im Monat, 8 400 Minuten jedes Jahr. Nach drei Jahren kommen Sie also bereits auf 25 200 Minuten. Das entspricht wiederum 17,5 Tagen, die Sie durchgehend Neues gelernt haben. Hierbei wurden 24 Stunden Lernzeit je Tag unterstellt. Ausgehend von einem 12-Stunden-Lerntag wären es somit 35 ganze Arbeitstage in drei Jahren. Jeder Tag mit jeweils 12 Stunden reiner Lernzeit. Wenn Sie jetzt noch jeden Tag neuen Lesestoff aufnehmen, optimieren Sie die Wirkung. Ihr ganz persönliches Wissens-Netzwerk verdichtet sich zunehmend. Die neu aufgenommene Information vernetzt sich – wenn Sie dabei bleiben – immer leichter mit bereits angesammeltem Wissen.

☛ ***Die alles entscheidende Botschaft lautet:***
25 Minuten pro Tag sind eine Investition, die sich lohnt und Sie zum Spezialisten macht. Nehmen Sie sich diese Zeit – und zwar täglich!

Kapitel 7

Pflegen Sie Ihr Erfolgs-Bewusstsein!

Nicht das, was wir beginnen, zählt,
sondern das, was wir fertig bringen.
Emil Oesch, Verlagsgründer und Buchautor

Meiden Sie jede Form von Verlierer-Clubs. Meiden Sie jede Form der Diskussion mit Kolleginnen und Kollegen, in denen immer wieder nur dummes Zeug geredet wird, etwa darüber, wie schlecht doch die aktuellen Aussichten sind und wie schlecht es doch der Branche geht. Wieso die Börse schuld ist, das schlechte Management eines Fonds, die zurückhaltenden Kunden. Sie müssen darauf achten, was Sie hören. Ist es gut? Ist es wahr? Ist es notwendig? Dann hören Sie zu. Treffen diese drei Kriterien nicht zu, beenden Sie das Gespräch. Begreifen wir das! Begreifen *Sie* das!

Tausende Finanzberater und Finanzverkäufer lesen jeden Tag durchschnittlich rund acht Sätze negative Information. Diese Menschen erzählen es dann durchschnittlich fünf anderen Menschen oder unterhalten sich darüber. Dann gibt es noch das ein oder andere Telefonat mit Kollegen, und selbst am Telefon lässt sich so wundervoll, so wehleidig klagen. Das alles ist Gift für jeden Menschen, der als Verkäufer wirklichen Super-Erfolg will.

Sagen Sie gegenüber Kolleginnen und Kollegen, die von den vermeintlichen Schwierigkeiten der Branche erzählen – die meisten tun es übrigens seit über 15 Jahren und sind zudem persönlich bei weitem nicht sehr erfolgreich – deutlich: *„Stop“*. Sagen Sie: „Das interessiert mich nicht. Gibt es keine sonstigen Themen, möchte ich gerne den Raum verlassen/die Diskussion verlassen ...“.

☛ ***Die alles entscheidende Botschaft lautet:***
Erfolg, persönlicher und finanzieller Erfolg als Verkäufer beginnt – wie jeder andere Erfolg – mit dem richtigen Erfolgs-Bewusstsein. Sie müssen bewusst auf das hören, was Sie denken, sehen und sagen. Meiden Sie negative Beeinflussung.

Kapitel 8

Sieben Gesetze, wie geniale Verkäufer immer wieder neue Verkaufsziele erreichen

Zu allem, was war, sage ich „Danke".
Zu allem, was kommt, sage ich „Ja".
Dag Hammerskšld, ehemaliger UN-Generalsekretär

Alle genialen Verkäufer, die ich kennen lernen durfte, besaßen die gleiche Eigenschaft: Sie setzten sich Ziele. Immer und immer wieder. Eine entscheidende Bedeutung kommt dabei der richtigen Zielformulierung zu. Im Folgenden geht es daher um sieben wichtige Gesetze, wie Sie Ihre Ziele künftig formulieren müssen, wenn Sie Ihren persönlichen und beruflichen Erfolg ernsthaft steigern wollen.

1. Gesetz: Formulieren Sie Ihr Verkaufsziel positiv!

Viele der unzufriedenen Menschen, der mit sich und ihrer Umwelt unzufriedenen Verkäufer, wissen exakt, was sie alles nicht wollen. Diese Typen können sogar stundenlang darüber sprechen, was sie alles nicht wollen. Das Dumme ist nur: Jedes Mal, wenn diese Menschen über die Dinge sprechen, die sie nicht wollen, verankern sich die negativen Bilder des Unerwünschten immer fester und fester in den Gedanken. Das ist an und für sich nichts Neues, soll jedoch an dieser Stelle bewusst und ausdrücklich wiederholt werden. Da gibt es eine Person, die sagt ständig Dinge wie

- „Ich will nicht immer so kleine Geschäfte abschließen ..."
- „Ich will nicht immer so oft anrufen ..."

Nicht kann man sich unmöglich vorstellen. Formulieren Sie Ihre Verkaufsziele deshalb positiv! Immer!

2. Gesetz: Meiden Sie Vergleiche!

Das bedeutet: Meiden Sie Formulierungen wie

- „Ich will besser werden als ..."
- „Ich will mehr verkaufen als letztes Jahr ..."
- „Ich will mehr Termine machen ..."
- „Ich will mehr Empfehlungen bekommen als bisher ..."

Wer Verkaufsziele mit Vergleichen formuliert, muss unweigerlich an den Zustand denken, der verbessert werden soll. Nehmen wir das Beispiel: „Ich will mehr Empfehlungen bekommen als bisher ...". Wer so denkt, muss in Bildern an Zeiten denken, in denen er zu wenig oder nicht die gewünschte Zahl an Empfehlungen bekam. Besser ist:

- „Ich werde je Kunde zwei Empfehlungen bekommen!"

Oder Ähnliches. Denken Sie daran: Meiden Sie Vergleiche!

3. Gesetz: Formulieren Sie Ihr Verkaufsziel realistisch!

Sicherlich haben Sie die folgende Aussage bereits in anderen Büchern gelesen: Die meisten Menschen überschätzen, was sie kurzfristig erreichen können, und unterschätzen, was langfristig möglich ist. Für Sie bedeutet das: Setzen Sie sich realistische Teilziele. Das müssen Sie tun. Das ist die optimale Vorgehensweise, um langfristig Super-Erfolge zu feiern.

4. Gesetz: Sie, niemand anderes als Sie allein, müssen das Ziel durch eigene Kontrolle und Energie erreichen können!

Immer wieder treffe ich Typen, die sagen Dinge wie: „Ich erreiche meine Ziele nicht. Auch wenn ich mich noch so sehr bemühe!" Fragt man bei diesen Menschen nach, so stellt man fest, es sind solche Menschen, die sich stets irgendwelche unrealistischen Ziele setzen. Die sich Dinge vornehmen, die ohnehin kaum oder gar nicht möglich sind. Nehmen wir an, da gibt es eine Person, die sich vornimmt, nach Osten zu laufen. Das Ziel: Einmal im Osten den Sonnenaufgang sehen! Oh, was für ein Traum. Was für ein wundervoller unsinniger Traum! Begreifen wir das! Begreifen *Sie* das!

Sie können sich alle Mühe geben, Sie können Ihr Bestes geben, Sie können der Mensch sein, der schneller läuft als alle anderen. Ihr Ziel werden Sie dennoch nie erreichen. Daher nenne ich solche Typen, die ständig irgendwelchen unrealistischen Zielen nachlaufen – um sich auf diese Weise eine Ausrede nach der anderen zu verschaffen – „Sonnenaufgang im Osten"-Sucher.

Meiden Sie die Mentalität dieser „Sonnenaufgang im Osten"-Sucher-Typen. Machen wir es anders. Machen *Sie* es anders. Setzen Sie sich Ziele, die Sie grundsätzlich erreichen können. Die Sie selbst beeinflussen können.

5. Gesetz: Formulieren Sie Ihr Verkaufsziel so, dass Sie es mit allen Sinnen fassen können!

Sie müssen Ihr Verkaufsziel quasi sehen, fühlen, empfinden. Je intensiver Sie das Ziel mit allen Sinnen erfassen, sich vorstellen, in Bildern ausmalen und so weiter, desto intensiver prägt sich Ihr Verkaufsziel ein.

6. Gesetz: Legen Sie fest, wo, wann und mit wem Sie ein Verkaufsziel erreichen wollen!

Wer dieses Gesetz anwendet, wird sich mit *Loslassen* beschäftigen müssen. *Loslassen* ist eine sehr, sehr schwierige Aufgabe. Zumindest für die meisten Menschen. *Loslassen* kann in vielen Variationen erfolgen: Loslassen von ...

- falschen Freunden,
- hemmenden Geschäftspartnern,
- faulen Geschäftskollegen,
- den bereits angesprochenen Verliererrunden,
- unsinnigen Produkten,
- unzuverlässigen Produktpartnern,
- komplizierten Anlagemodellen, die der Initiator, der Sie gewinnen will, auf Nachfrage nicht oder nur mit Wischi-Waschi erklären kann, u.a.m.

Legen Sie fest, wo, wann und mit wem Sie Ihr Ziel, Ihre Verkaufsziele erreichen wollen. Kreieren Sie Ihr ganz persönliches wie berufliches Dream-Team. Lassen Sie los von falschen Freunden, hemmenden Geschäftspartnern, unsinnigen Produkten. Das müssen Sie tun.

7. Gesetz: Legen Sie fest, welches übergeordnete persönliche Ziel Sie erreichen wollen!

Für die persönliche Motivation besonders wichtig ist das „übergeordnete" Ziel. „Ich will mehr verkaufen" ist niemals das übergeordnete Ziel. Die häufigsten Antworten in meinen Fragen hinsichtlich dieses übergeordneten Ziels waren Begriffe wie

- Freiheit
- persönliche Freiheit
- Wohlstand
- Glück
- Unabhängigkeit
- mehr Zeit für meine Familie

Wie auch immer: Legen Sie Ihr ganz persönliches, übergeordnetes Ziel fest. So handeln erfolgreiche Verkäufer. Handeln Sie ebenso!

Ihre selbst gesetzten Verkaufsziele erreichen Sie, indem Sie Ihre selbst gesetzten Verkaufsziele erreichen. Das ist alles, auch wenn es paradox klingt. Das ist das ganze Gesetz. Immer wieder treffe ich Personen, die sagen: „Ich werde mein Bestes geben!" Das meinen diese Menschen sehr ernst. Ich glaube ihnen diese Absicht. Dennoch gibt es einen grundlegenden Unterschied zwischen wirklichen Sieger-Typen und solchen, die gerne Sieger-Typen sein wollen, die gerne Sieger-Typen wären. Letztere sagen diesen Satz: „Ich werde mein Bestes geben!" So oder ähnlich. Sieger-Typen unter den Verkäufern, die ich im Lauf der Jahre interviewte, sagen dagegen immer und ausnahmslos: „Ich werde mein Bestes geben, bis ich mein Ziel erreicht habe! So lange, bis ich mein Ziel erreicht habe, werde ich mein Bestes geben!"

Begreifen Sie das! Das Beste zu geben oder das Beste so lange zu geben, bis ein gesetztes Ziel erreicht ist, ist der alles entscheidende, grundlegende Unterschied. Verpflichten Sie sich künftig bei all Ihren Zielen, so lange Ihr Bestes zu geben, bis Sie Ihr Ziel, Ihre Ziele zu 100 Prozent – und kein bisschen weniger – erreicht haben. Sie hören auf, wenn Sie am Ziel sind. Das müssen Sie tun!

☛ ***Die alles entscheidende Botschaft lautet:***
Nutzen Sie diese 7-Schritte-Zielstrategie beim Festlegen Ihrer Verkaufsziele. Je intensiver Sie Ihr Ziel aussuchen, festlegen, sich vorstellen, es sich in Einzelheiten „ausmalen", desto größer wird der Erfolg sein. Denken Sie dabei an das „große" übergeordnete Ziel.

Kapitel 9

Das Gesetz der Einstellungs-Annuität

Ich bin ein guter Schwamm, denn ich sauge Ideen auf und mache sie dann nutzbar. Die meisten meiner Ideen gehörten ursprünglich anderen Leuten, die sich nicht die Mühe gemacht haben, sie weiterzuentwickeln.
Thomas Alva Edison, amerikanischer Erfinder und Unternehmer

Sie wachsen, indem Sie alte Einstellungen nach und nach durch neue ersetzen. Immer und immer wieder. Ich nenne es das Gesetz der Einstellungs-Annuität. Als Finanzdienstleister, als Finanzverkäufer sind Sie mit dem Begriff *Annuität* vertraut. Annuität ist die gleichbleibende Zahlung an beispielsweise eine Bank im Rahmen eines Hypotheken-Darlehens. Jede Monatszahlung besteht aus Zins- und Tilgung. Zu Beginn ist der Zinsanteil sehr, sehr hoch, der Tilgungsanteil sehr, sehr gering. Im Lauf der Jahre verändert sich das Verhältnis zu Gunsten der Tilgung. Je höher die anfängliche Tilgung, desto schneller ist das Darlehen bezahlt. Dieses Prinzip des Annuitäten-Darlehens lässt sich hervorragend auf das Thema *Einstellung* und *Motivation* übertragen. Ich will es anhand einer Grafik veranschaulichen (siehe Seite 56).

Nochmals: Mit zunehmender Zeit steigt die Tilgung (der alten Einstellungen), und die Zinslast der alten Einstellung nimmt rapide ab. Sie allein bestimmen die anfängliche Tilgung. Es gilt: Wer wenig tut (geringe Tilgung), muss lange warten. Wer sich also nur um ein Prozent bewegt und ansonsten zu 99 Prozent behauptet „ich kann alles", „ich weiß alles", „ich muss nichts mehr lernen" und ähnlich dummes Zeug, wird nahezu ein Leben lang brauchen, um etwas zu bewegen. Vergessen wir diese Typen. Trennen Sie sich als Führungskraft eines Verkaufsteams, eines Unternehmens von diesen Typen. Das ist die einzig richtige Konsequenz. Legen Sie nun im Folgenden selbst fest, innerhalb welcher Zeit Sie etwas Entscheidendes ändern wollen. Bleiben Sie dabei realistisch!

© Bernd W. Klöckner

Einstellungs-Annuität

Übung

Ich will mich entscheidend verändern und entwickeln innerhalb der nächsten

- 3 Jahre ❑
- 5 Jahre ❑
- 8 Jahre ❑
- 10 Jahre ❑

Sie haben Ihre Entscheidung getroffen. Gut! Ich nenne Ihnen nun entsprechend des Gesetzes der Einstellungs-Annuität die notwendige anfängliche Tilgung!

Zeitraum, bis ich mein persönliches und berufliches Ziel erreiche	Notwendige Veränderung ab sofort
3 Jahre	31 Prozent
5 Jahre	18 Prozent
8 Jahre	10 Prozent
10 Jahre	8 Prozent

© Bernd W. Klöckner

Tabelle 4: Einstellungs-Annuität und Tilgung

So lesen Sie die Tabelle: Sie wollen in den kommenden drei Jahren Ihren persönlichen und beruflichen Erfolg drastisch steigern. Sie wollen spürbar wachsen, lernen und besser werden als jemals zuvor. Dann müssen Sie knapp dreißig Prozent Ihrer hemmenden, falschen Einstellungen pro Jahr über Bord werfen. Sie sagen „Oh, das traue ich mir nicht zu! Ich gehe langsam an meine Fehler heran. Ändere jedes Jahr so 10 Prozent. Tilge jedes Jahr so 10 Prozent meiner hemmenden, falschen Einstellungen." Gut! Wenn Sie das acht Jahre lang tun, tun, tun, werden Sie in acht Jahren ein weitaus erfolgreicherer Mensch, ein weitaus erfolgreicherer Verkäufer sein als heute.

☛ ***Die alles entscheidende Botschaft lautet:***
Sie allein bestimmen das Wachstum. Sie allein bestimmen, wann Sie den beruflichen und persönlichen Super-Erfolg erreichen. Wer wenig tut, muss sehr, sehr lange alte Einstellungen tilgen. Wer viel tut, wird in drei Jahren eine heute unvorstellbare Entwicklung genommen haben. Die grundlegende Frage lautet: Wie groß ist Ihre Neugierde, Neues zu lernen?

Kapitel 10

Geniale Verkäufer erwarten, dass etwas geschieht

Der erste Beweis, dass ein Finanzverkäufer klüger geworden ist, liegt darin, wenn dieser Mensch Dinge, die ihm immer ganz begreiflich erschienen und natürlich vorkamen, nicht mehr versteht! Verwirrung ist Wachstum!

K. Walter, amerikanischer Erfolgspsychologe

Machen Sie nun mit mir eine kleine Übung.

Übung

1. Stellen Sie sich eine Kundensituation vor. Optimal ist: Stellen Sie sich ein Kundengespräch vor, das Sie in den nächsten Tagen führen werden. Sie müssen das Szenario, also die Räumlichkeiten, die Personen, die eine Rolle spielen werden, richtig vor Ihrem geistigen Auge sehen.
2. Jetzt denken Sie ganz fest: „Ich hoffe, dass dieses Gespräch ein Erfolg wird!" Oder denken Sie: „Ich hoffe, dass dieses Gespräch mit einem Abschluss endet!"

Sie haben sich richtig in diese Situation hineinversetzt! Gut! Kommen wir dann zum dritten und entscheidenden Schritt:

3. Wiederum stellen Sie sich dieses kommende Kundengespräch vor. Sie denken daran, was Sie können. Sie denken an Ihre unschlagbare Kompetenz. Denken daran, dass Sie schlichtweg besser sind als der Großteil Ihrer Wettbewerber. Jetzt sagen Sie sich in Gedanken: „Ich erwarte einen Abschluss!" Oder: „Ich erwarte, dass mein Kunde entsprechend meinem Vorschlag den Antrag unterzeichnen wird!"

Sie haben diese kleine Übung durchgeführt! Gut! Sie werden bemerkt haben, dass beide Varianten völlig unterschiedlich wirken. Wer sagt oder denkt, „Ich hoffe, dass ...", schließt in diese Hoffnung gleichzeitig das Bild des Versagens ein, des möglichen Misserfolgs. Etwas zu (er)hoffen bedeutet immer ein bestimmtes unsicheres Gefühl. Auf den erfolgreichen Abschluss eines Verkaufsgesprächs zu hoffen, bedeutet immer eine gewisse innere Unruhe. Bedeutet immer ein unruhige Mischung aus Erfolgsdenken und Misserfolgs-Gedanken. Auf einen Abschluss hoffen bedeutet, dass zwangsläufig internale Bilder erzeugt werden, die damit zu tun haben, dass wir den Abschluss nicht bekommen.

Ich will Ihnen an dieser Stelle eine kleine persönliche Geschichte erzählen. Im Rahmen der verschiedenen Unternehmungen, die ich leite, kommen ständig neue Projekte, neue Produkte dazu. Am Ende geht es – wie immer – ums Verkaufen. Bianca, meine Frau, lacht schon immer, wenn ich von neuen Projekten und Produkten berichte, von der Zielgruppe und dann sage: „Die müssen das einfach kaufen!" Dieser Satz wurde in den letzten Jahren zu einer inneren Einstellung. „Die müssen das einfach kaufen!" Und wenn es jemand überraschenderweise mal nicht kauft, denke ich: „Dann kauft es eben ein anderer und der kauft richtig viel!" Was ich damit sagen will: Ich erwarte, dass meine Pläne aufgehen, dass meine Produkte und die Dienstleistungen meiner Unternehmungen gekauft werden. Das ist alles. Und so geschieht es.

Ich empfehle Ihnen: Eignen Sie sich diese Einstellung des „Die müssen das einfach kaufen!" an. Ob es immer gelingt oder nicht, spielt dabei keine Rolle. Entscheidend ist, dass, wer sagt oder denkt, „Die müssen das einfach kaufen!", erwartet, dass gekauft wird.

Nehmen wir nochmals eine kleine Übung. Sie können so beispielsweise sagen oder denken: „Ich hoffe, dass ich in den kommenden Monaten meinen Umsatz und meinen Ertrag verdoppele!" Gewinner-Typen werden sagen oder denken: „Ich erwarte, dass ich in den nächsten Monaten meinen Umsatz und Ertrag verdoppele!" Bei negativen Zielen gilt es umgekehrt. Hier heißt es aufgepasst! Beispiel: „Ich erwarte, dass ich wieder versagen werde!" – Auf den Punkt gebracht: Wer Dinge sagt oder denkt wie „Ich hoffe auf einen Abschluss" wird sich – meistens unbewusst – vor dem Teil der Hoffnung fürchten, die das Versagen bedeutet, den Misserfolg!

☛ ***Die alles entscheidende Botschaft lautet:***
Formulieren Sie alle Ihre Ziele, Ihre positiven Ziele künftig in der „Ich erwarte, dass ..."-Form. Machen Sie sich meinen Gedanken des „Die müssen das einfach kaufen" zur festen Angewohnheit. Trainieren Sie diese Technik. Immer und immer wieder. Verankern Sie auf diese Weise schöne, zufriedene und erfolgreiche Bilder!

Kapitel 11

Verkaufen funktioniert nur, wenn man tut, was man tun sollte

Mögen täten wir schon wollen,
aber dürfen haben wir uns nicht getraut.
Karl Valentin, Künstler

Sie brauchen das Rad im Verkauf nicht ständig neu zu erfinden. Es genügt, wenn Sie das tun, was Sie tun sollen. Was bedeutet das? Immer wieder erlebte und erlebe ich beim Aufbau von Sonderorganisationen für den Vertrieb, wie einige wenige Teilnehmer, also die künftigen Verkäufer, nichts von dem taten, was trainiert wurde. Ich meine: die Dinge eben nicht zu 100 Prozent tun, die trainiert werden. Würden diese Leute tun, was an Erfolgsstrategie vorgegeben wird, hätten sie Erfolg. Das ist alles. Statt das zu tun, statt einfach erfolgreiche Mechanismen zu übernehmen, versuchen sie, den Stein der Weisen im Verkauf immer wieder neu zu finden.

Nehmen wir meine eigene Geschichte: Mit 18 Jahren war ich für sehr kurze Zeit für die HMI-Organisation als so genannter Struki, also Mitarbeiter innerhalb eines Strukturvertriebs, tätig. Man trainierte mit uns ein vorgegebenes Verkaufsgespräch, das bis ins Detail gezielt erstellt worden war. Für den bestmöglichen Erfolg unserer Verkaufsgespräche. Natürlich dachte ich – völlig grün hinter den Ohren –, ich wüsste, was man so alles besser machen könnte. Also machte ich es (vermeintlich) besser, wandelte mal hier, mal dort das Verkaufsgespräch ein wenig ab, fügte an mancher Stelle Dinge dazu, während ich andere Punkte wegließ. Ein Misserfolg nach dem anderen war das Ergebnis. Statt dafür zu sorgen, dass ich mindestens immer über eine Liste mit 50 potenziellen Kontakten verfügte, schrumpfte meine Namens- und Empfehlungsliste in wenigen Wochen auf nahe Null zusammen. Dann, ich erinnere mich bis heute exakt an den Tag, kam die Wende. Ich analysierte die Situation. In dem Büro, für das ich arbeitete, gab es zweifelsohne Kollegen, die sehr, sehr gut verdienten und satte Provisionen kassierten. Irgendetwas mussten sie anders machen, konsequent anders. Ich bat zwei, drei Kollegen um Auskunft. Deren Antwort lautete: „Tue exakt das, was du zu tun hast! Nicht mehr. Aber auch nicht weniger!" Für mich bedeutete das, dass ich zum ersten Mal das Verkaufsgespräch wie ein Theaterstück zu erlernen begann. Plötzlich erschien mir die vermeintliche Banalität des einfachen Verkaufsleitfadens weniger banal. Ich ahnte, welche Erfolge zu erzielen wären, wenn ich mich exakt an diese Vorgehensweise halten würde. Einen der nächsten Termine hatte ich mit einem LKW-Fernfahrer vereinbart. Er hatte keine Ahnung von Geld. Ich hatte im Grunde genommen bis auf wenige rudimentäre Kenntnisse auch keine Ahnung davon. Wir beide verstanden uns jedoch prächtig. Exakt hielt ich mich in diesem Gespräch an den Verkaufsleitfaden. In jedem einzelnen Punkt, bei jedem rhetorischen Schlenker. Das Ergebnis: Nach etwa 20 Minuten hatte ich die Unterschrift dieses Kunden.

Diese Erfahrung lehrte mich drei Dinge:

1. Ein gutes, erfolgreiches Verkaufsgespräch benötigt nicht mehr als 20 Minuten.
2. Halte dich an eine einmal erarbeitete Vorgehensweise. Jedes Mal, wenn du diese Vorgehensweise anwendest, perfektionierst du deinen Auftritt.
3. Gehe von einem Abschluss aus.

Punkt 3 wurde mir besonders klar. Bis heute weiß ich, wie ich mit der Einstellung „Dieses Haus verlässt du mit Abschluss" an der Haustür zum vereinbarten Termin klingelte. Ich wusste nicht genau, was mich erwartete. Ich wusste nur, ich gehe nur mit Abschluss. Entscheidend mag zu diesem Zeitpunkt gewesen sein, dass ich wieder einmal pleite war. Ich bekam von meiner Hausbank noch nicht einmal 10 Mark, die ich zum Tanken erbat. Ich musste Geld verdienen. Ich tat, was ich tun sollte, was zu tun mein Auftrag als Strukturmitarbeiter war – und gewann. Ich wollte es selbst wissen! Das war das ganze Geheimnis.

Heute muss ich manchmal schmunzeln, wenn ich gefragt werde: „Wie haben Sie das alles, Ihren Erfolg, den Aufbau Ihrer Unternehmungen, Ihre Bestseller erreicht?" Dann erzähle ich gern und offen meine kleinen und großen Geheimnisse, die streng genommen keine sind. Zum Ende betone ich stets: „Jetzt müsst ihr es einfach nur tun! Es wollen. Es tun! Das ist alles!" Und dabei zeigt sich sehr häufig, dass die Leute so etwas nicht hören wollen. Viele derjenigen, die mich nach den Geheimnissen meines Erfolgs fragen, haben Erfolgswünschlein. Sie haben immer wieder kleine Erfolgswünschlein. Tun jedoch nichts für diese Wünschlein, für deren Erfüllung. Und – zack – ist es zu spät. Ein Jahr, fünf Jahre, zehn Jahre vergehen. Nichts passiert!

Viele, viele Leute wollen Erfolg. Doch diese Leute wollen häufig nichts dafür tun. Sie wollen nicht hören, dass ich Tausende von Büchern gelesen, Hunderte von Trainingskonzepten geschrieben und wieder verworfen, Tausende von Seiten als Ideen formuliert und wieder zerrissen haben. Viele, leider sehr viele Leute wollen nicht wirklich etwas tun. Sie wollen reich werden, indem sie Bücher von reichen Autoren lesen, die über – na, über was schon – Reichtum schreiben. Diese Vorgehensweise ähnelt dem Versuch, dass jemand zum Auto werden will, nur weil er (oder sie) stets in eine Garage rein- und rausfährt. „Unsinn", sagen Sie. Sie haben Recht. Das Bild dieses Vergleichs ist ebenso unsinnig wie der Versuch, durch einen Seminarbesuch nach dem anderen, durch die Lektüre eines Erfolgsbuchs nach dem anderen selbst zwangsläufig Erfolg zu haben. Böser Irrtum! Lebensgefährlicher Irrtum! Schlichtweg dummes Zeug dummer Menschen. Meiden Sie diese Einstellung! Machen wir es anders. Machen *Sie* es anders.

☛ ***Die alles entscheidende Botschaft lautet:***
Tun Sie das, was Sie tun sollen. Das aber tun Sie richtig. Sie tun es immer mehr als verlangt. Nur wer eine Sache wirklich will, wird Erfolg haben. Noch nie wurde einer dadurch zum Sieger, dass er allen erklärte, auf welche Weise er (oder sie) nicht verlieren will.

Und noch ein Geschenk, ein sehr wertvolles Geschenk will ich Ihnen machen. Betrachten Sie ab sofort jeden Kunden als Tausend-Euro-Schein. Oder auch als Zehntausend-Euro-Schein. Setzen Sie selbst die „Währung" beziehungsweise den Betrag fest, den Ihnen zunächst einmal jeder Kunde bringen kann. Bleiben wir der Einfachheit halber bei der Tausend-Euro-Variante. Besuchen Sie einen Kunden oder kommt ein Kunde zu Ihnen, setzen Sie ihm unmittelbar beim ersten Kontakt ein imaginäres Schild auf die Stirn, worauf (imaginär) geschrieben steht: Tausend Euro. Ich verspreche Ihnen: Wenn Sie diesen Gedanken in die Tat umsetzen, ausprobieren, kommen Sie an einer nochmals verbesserten Vorgehensweise nicht vorbei. Nochmals: Sie müssen den imaginären Betrag der tausend Euro richtig auf der Stirn des Kunden sehen. Stellen Sie sich gegebenenfalls zwei aneinandergeheftete 500er-Scheine vor. Ihr einziges Ziel kann und darf sein: Sie wollen die zwei 500er-Scheine. Das ist alles.

Sie wollen das Geld. Sie wissen: „Wenn ich es nicht mache, macht's ein anderer, und der macht's richtig gut!" Beißen Sie sich im schlimmsten Fall an Ihren Kunden fest. Was natürlich ausnahmslos sprichwörtlich gemeint ist. Bis heute darf ich sagen, dass ich Verkaufen als einen wundervollen Prozess erlebe. Ein gutes Gespräch mit einem Abschluss, in meinem Fall sind es die Gespräche mit ausgewählten Kunden in der Philippsburg, dem Sitz meiner Unternehmungen, ist nach wie vor eine unglaublich befriedigende Sache. Ist wundervoll, ein Kick sondergleichen. Wer solche Siege erreichen will, muss im Vorfeld (!!!) wissen, wie sein Verkauf aussehen soll. Ihr eigenes Bild in Form eines Sieger- Typs unter den Finanzberatern muss von Beginn an geplant sein. Glasklar sein. In jedem Ihrer Gedanken. Wer dieses Bild, diese Gedanken dem Zufall überlässt, erreicht niemals beruflichen Super-Erfolg. Sie wollen wirklich die Nr. 1 unter den Finanzverkäufern sein und in die Top-Liga vorstoßen? Gut, tun Sie, was Sie tun müssen. Legen Sie los! Das ist alles.

Kapitel 12

Die älteste und wirkungsvollste Kaufmannsregel für dauerhaften Erfolg

Vergisst ein Finanzverkäufer seinen Kunden, kann er sich sicher sein, dass dieser ihn bereits längst vergessen hat. Eine wirklich dumme Sache!
Abgewandelt nach *Jean-Jacques Servan-Schreiber*, Buchautor

Eines Tages las ich in einem wunderbaren Buch, dessen Titel ich vergessen habe, eine sehr einfache und ebenso wirkungsvolle Regel für dauerhaften Erfolg. Es handelt sich um eine sehr einfache Weisheit, wie Sie sich wirklichen Erfolg über lange Zeit sichern. Diese Regel lautet:

Es ist noch kein Kaufmann pleite gegangen, der die Namen der Kinder seiner Kunden kannte!

Viele so genannte Verkäufer machen ein Geschäft, vielleicht zwei Geschäfte und werden nie wieder gesehen. Dabei ist es so einfach. Auch hier gilt: Sie müssen es nur tun. Sie merken sich die Namen der Kinder Ihrer Kunden. Sie merken sich deren Geburtstage. Das ist es. Noch ein Tipp an dieser Stelle: Wenn Sie Kunden mit Kindern haben, werden Sie – hoffentlich – Ihre Kunden an deren Geburtstagen beschenken. Beschenken Sie nicht Ihre Kunden, sondern die Kinder Ihrer Kunden. Nicht mit irgendwelchem Schnickschnack. Besser ist zum Beispiel ein Holzspielzeug, natürlich aus unbehandeltem Holz. Ein langjähriger Freund von mir verfährt so seit Beginn seines Berufslebens als Verkäufer. Er hat sich quasi eine eigene Konfektion erstellen lassen. Sein Name wurde auf jedes Spielzeug, auf jedes Teil mit kleiner, dennoch deutlich lesbarer Schrift aufgeprägt. Damit bleibt der Schriftzug auch bei wildester Kinderbenutzung erhalten. Auf diese Weise schlägt dieser im Übrigen sehr erfolgreiche Freund zwei Fliegen mit einer Klappe: Er stellt sicher, dass er garantiert die Namen der Kinder seiner Kunden kennt. Er stellt sicher, dass sein Geschenk meist über viele Jahre in der Familie immer wieder in die Hand genommen wird. Dadurch kennen alle in der Familie seinen Namen. Und das

Beste: Hin und wieder fragen Freunde und Bekannte seiner Kunden, woher denn diese Holzspielsachen kommen. Die Antwort: „Die sind von Herrn XY, unserem Finanzberater!"

☛ ***Die alles entscheidende Botschaft lautet:***
Alles, was Sie tun müssen, ist dafür zu sorgen, dass Sie die Namen der Kinder Ihrer Kunden kennen. Noch besser: Dass auch die Kinder Ihrer Kunden Ihren Namen kennen. Das ist es, was Sie tun müssen. Statt das zu tun, statt Kundenkontakte derart zu pflegen, dass die Namen der Kinder Ihrer Kunden Ihnen bekannt sind, vergessen die meisten Berater diese Möglichkeit. Begreifen wir das! Begreifen ***Sie*** *das!*

Nur am Rande: Gleiches gilt für die jährlich üblichen Weihnachtsgrüße. Ich empfehle Ihnen: Schreiben Sie Ihre Kunden bereits im November an und wünschen Sie eine besinnliche Weihnachtszeit. Oder schreiben Sie Ihre Kunden im Januar an, als Start ins neue Jahr. Beides wird stärker wahrgenommen als die besten Grüße zu den Zeiten, in denen jeder gratuliert oder alles Gute wünscht.

Kapitel 13

Tue selbst, was du sagst!

Die Ursache für fehlende Erfolge liegen da, wo sie niemand sucht.
K. Walter, amerikanischer Erfolgspsychologe

Immer wieder verblüfft mich am meisten, wie Finanzberater, die selbst ihre Finanzen nicht im Griff haben, Finanzverkäufer sein sollen und wollen. Die selbst weder sparen, noch sich gegen Berufsunfähigkeit absichern oder sonst was. Das ist so, als würde ein Bäcker seine eigenen Brötchen begeistert anpreisen, selbst jedoch noch nie eines seiner Brötchen probiert haben. Meine vollste Überzeugung ist: Wer Spar- und Vorsorgepläne verkaufen will, muss selbst sparen und vorsorgen. Wer das Thema Berufsunfähigkeit verkaufen will, muss selbst ausreichend gegen Berufsunfähigkeit versichert sein. Hin und wieder berate ich einige wenige handverlesene Endkunden. Es sind die sehr guten Kunden – die einzigen, die ich betreue –, die seit rund 18 Jahren auf mich vertrauen und alle Geldentscheidungen mit mir besprechen. Wenn wir auf das Thema Berufsunfähigkeit zu sprechen kommen, gibt es bis heute kein besseres Argument, als wenn ich meine eigenen drei Policen vorzeige, die ich bereits vor Jahren abgeschlossen habe. Diese sichern mir im Falle der Berufsunfähigkeit ein beachtliches monatliches Einkommen. Erraten Sie die Reaktion meiner Kunden, wenn ich über dieses so wichtige Thema spreche und gleichzeitig dokumentiere, dass ich selbst nicht nur darüber rede, sondern entsprechend vorgesorgt habe! Jede Diskussion darüber, wie wichtig das Thema ist und wie sehr ich an die Wichtigkeit meiner Botschaft glaube, erübrigt sich.

Gleiches gilt für das Thema Sparen und Vorsorgen. Wer selbst ein 50er-Sparer ist, ich meine also diejenigen, die selbst lediglich 50 Euro im Monat zur Seite legen, kann kein 500er-Verkäufer werden. Diese 50er-Typen werden niemals zu einem glaubhaften 500er-Verkäufer. Sie erreichen niemals den Zustand wirklichen finanziellen Erfolgs. Nehmen wir die oft zitierte, bei weitem nicht ausreichende 10-Prozent-Sparregel. Sie besagt bekanntlich, dass jeder grundsätzlich 10 Prozent seines verfügbaren Einkommens anlegen und investieren sollte. Unabhängig davon, dass diese 10-Prozent-Regel zur Vorsorge bei weitem nicht ausreicht, reden viele Verkäufer über diese und ähnliche Regeln und schaffen es selbst noch nicht mal, lediglich ein oder zwei Prozent regelmäßig zu sparen und zu investieren.

Bringen Sie Ihre eigenen Finanzen in Ordnung!

Bevor Sie andere Menschen in Sachen „Umgang mit Geld" beraten, lautet Ihre wichtigste Aufgabe: „Bringe die eigenen Finanzen in Ordnung!" Es liegt auf der Hand, dass eine Person, die ständig Steuerschulden macht und alle Konten überzieht, wohl kaum glaubhaft und authentisch über Geld und den richtigen Umgang mit Geld sprechen kann. Es ist ein unmögliches Vorhaben, wenn Finanzverkäufer, die keinen Cent investieren, die keinerlei oder nur kleinste Sparverträge bedienen, mit Kunden erfolgreich über Geld reden wollen. Ich selbst verfüge mittlerweile über beträchtliche Immobilienwerte, Sparvermögen und Sparverträge. Die Folge: Selbst wenn ich über größere Anlagesummen spreche und referiere, bleibe ich selbst mein bestes Beispiel, denn ich lebe, was ich sage. Es ist eine schlichtweg unmögliche Sache, wenn ein notorischer Nichtsparer anderen gegenüber argumentiert, wie wichtig private Vorsorge ist. Um wirklich überzeugend über Sparen und Geldanlage sprechen zu können, müssen Sie selbst sparen. Hier schließt sich auch der Kreis zum Thema Empfehlung: Nur wer eine Sache, ein Produkt selbst besitzt, kann glaubhaft verkaufen. Sie wollen Empfehlungen? Gut: Sorgen Sie dafür, dass Sie die Dinge selbst tun. Sie wollen Sparpläne mit höherer Zielsumme verkaufen? Gut! Schließen Sie selbst Sparpläne mit höheren Beträgen ab.

☛ ***Die alles entscheidende Botschaft lautet:***
Machen wir es besser! Machen ***Sie*** *es besser. Tun Sie selbst, was Sie anderen sagen. Das müssen Sie tun. Wenn Sie so handeln, werden Sie glaubhaft und Ihre Botschaft glaubwürdiger. Sie steigern Ihren Erfolg.*

Kapitel 14

Wem du die Schuld gibst, der hat die Macht

> Wenn du dich ärgerst, denk daran: Der Ärger ist ein blödes Vieh!
> Er fängt am falschen Ende an und frisst nur dich, den Anlass nie.
>
> *Karl-Heinz Söhler,* deutscher Publizist

Wer nahezu zwei Jahrzehnte in der Finanzbranche aktiv war, kennt alle Ausreden derer, die nie wirklichen Erfolg haben. Diese Leute sind niemals schuld. Diese Leute sind immer nur Opfer und finden immer wieder neue Begründungen, wieso die Dinge nicht so erfolgreich liefen wie geplant. Meine Frage an dieser Stelle an Sie: Gab es auch bei Ihnen schon Gründe, die Erfolg verhinderten? Möglicherweise gab es aus Ihrer Sicht wirkliche Gründe. Gut! Nennen Sie mir Ihre Gründe, und ich sage Ihnen, ob Sie ein Gewinner oder Verlierer sind:

Übung

Die folgenden Gründe verhinderten bislang meinen Super-Erfolg:

1. ______________________________

____

2. ______________________________

____

3. ______________________________

____

Sie haben Ihre Gründe notiert! Dann erlauben Sie mir eine Antwort auf die Frage, wo Sie heute stehen. Es gibt zwei Möglichkeiten:

1. Sie haben mehrere Gründe notiert, vielleicht auch nur einen.
2. Sie haben keine Gründe notiert und auch keine ernsthaften Gründe gesucht. Wobei – das nur am Rande – wirklich ernsthafte gesundheitliche Probleme außen vor bleiben.

Gehören Sie zur ersten Gruppe der „Erfolgsverhinderer-Gründe-Sucher", sind Sie (noch) ein Verlierer-Typ. Ich weiß, das klingt hart. Doch zum Teufel, es ist die Wahrheit! Wer immer nur die Schuld in irgendwelchen Gründen, in anderen Menschen sucht, wird niemals die Macht übernehmen. Wer niemals die Macht übernimmt, wird nichts ändern können. Die beste und wichtigste Erkenntnis lautet: Übernehmen Sie die Schuld. Übernehmen Sie auf diese Weise die Macht, alles, wirklich alles zu ändern.

Sie gehören zur zweiten Gruppe! Gratulation! Sie übernehmen VerANTWORTung. Sie haben die Macht! Prima!

Ich hatte selbst vor einigen Jahren einen Partner im Rahmen einer meiner Unternehmungen. Menschlich ein prima Kerl, beruflich – das stellte sich im Lauf der Jahre heraus – eine wirkliche Voll-Niete. Dieser Typ war geschäftlich schlichtweg die komplette Null, inklusive der Zahlen, die er (nicht) brachte. Das sind für mich persönlich – gestatten Sie mir die Ehrlichkeit – die Schlimmsten. Diese Typen, die so sehr auf ihre Menschlichkeit pochen, die immer und immer wieder ihre menschlichen Qualitäten gewürdigt haben möchten, um sich hinter diesem Schein der Selbstbeweihräucherung und angesichts miserabelster beruflicher Ergebnisse zu verstecken.

Sie sind Führungskraft? Ihnen untersteht ein Team von Leuten? Dann achten Sie sehr, sehr genau auf diese Typen. Finger weg von Leuten, die stets nur die menschlichen Qualitäten betonen. Die nicht selten Dinge äußern wie: „Weil ich wirklich integer bleiben will, verkaufe ich nicht mit Druck!" Diese Typen sind keine Verkäufer und werden auch niemals Verkäufer-Typen sein. Gewinner unter den Verkäufern arbeiten durchaus mit Druck. Gute Verkäufer sind von sich und der eigenen Botschaft überzeugt, üben den eigenen Beruf mit Leidenschaft aus. Diese Leute übernehmen Verantwortung. Für die Gewinner-Typen, für die grundsätzlichen Sieger-Typen unter den Verkäufern gibt es bei Fehlern oder Misserfolgen stets nur einen Schuldigen: sie selbst! Diese

Sieger-Typen kennen die Bedeutung des Satzes: Wem du die Schuld gibst, dem gibst du die Macht. Wer immer nur Dinge sagt wie „ich ...

- war in der falschen Filiale ..."
- hatte den falschen Chef ..."
- hatte das falsche Produkt ..."
- stand privat unter erheblichem Druck ..."
- hatte eine schlechte Sternenkonstellation ..."
- war menschlich noch nicht genügend gereift ..."
- hatte nach Feng Shui die falsche Farbskala in meinem letzten Büro ...",

schiebt damit die Schuld für die eigenen Misserfolge weg. Damit jedoch auch die Macht. Die Macht, alles zu ändern. Solche Sätze, solche Einstellungen sind dummes Zeug. Unendlich dummes Zeug.

Begreifen wir das! Machen wir es anders. Machen *Sie* es anders. Machen *Sie* es besser! Wo man unter welchen Bedingungen arbeitet, ist schlichtweg egal, vollkommen gleichgültig. Die alles entscheidende Frage ist: Wie arbeiten Sie? Diese Frage müssen Sie sich stellen – und beantworten. Jetzt sind Sie näher am Erfolg als jemals zuvor. Dabei gilt auch: Meiden Sie negativen Einfluss Dritter.

Nochmals: Meiden Sie Gespräche mit Kollegen, in denen sich alles um vermeintliche Beweise wie folgt dreht:

- „Die gesamte Branche leidet derzeit."
- „Ich kennen keinen, dem es richtig gut geht."
- „Es sieht wirklich mies aus."
- „Die schlechten Börsendaten haben mir das Geschäft verhagelt."

Meiden Sie diese Ansammlungen von gleichgesinnten Verlierern, die alle nicht gelernt haben, dass es nur einen Grund für Misserfolg gibt: uns selbst! Das ist alles. Wie sehr ein Teil der Verlierer-Typen unter den Verkäufern sich selbst mit den oben genannten Sätzen unsinniges Blabla erzählt, merkt man, wenn man nachfasst. Fassen wir also mal nach und betrachten wir, was von diesen – stellvertretend für alle übrigen immer wieder geäußerten Scheinbehauptungen für Misserfolg – übrig bleibt:

- „Die gesamte Branche leidet derzeit."

Ah, da kennt jemand die gesamte Branche! Es gibt also kein einziges Unternehmen der gesamten Branche, dem es gut geht! War es das, was der betreffende Verkäufer uns weismachen wollte?

- „Ich kennen keinen, dem es richtig gut geht."

So ist das also! Der Bursche, der das behauptet, hat also mit allen gesprochen, mit Unternehmern und Beratern jedweder Art. Unglaublich. Im wahrsten Sinne des Wortes.

- „Es sieht wirklich mies aus."

Sieh mal an, da weiß einer, wie es wirklich aussieht. Mensch, dieser Bursche, der das behauptet, sollte sein Wissen als Marktforscher unbedingt und sehr, sehr schnell verkaufen.

- „Die schlechten Börsendaten haben mir das Geschäft verhagelt."

Oho! Das bedeutet also: Ohne die schlechten Börsendaten wäre dieser Bursche der absolute Gewinner. Würde grenzenlos Umsätze erzielen. Würde Gewinne ohne Ende einfahren!

Begreifen wir das! Begreifen *Sie* das! Alle diese Behauptungen sind unendlich dumme Aussagen von Menschen, die es in Wahrheit niemals schaffen werden. Diese Typen werden immer und immer wieder neue Gründe finden, wieso der erhoffte Erfolg ausblieb.

Nochmals: Entscheidend ist das Wörtchen *Wie*. Also die Antwort auf die Frage, *wie jemand arbeitet*. Wo, mit wem, mit welchen Vorgesetzten, Teamkollegen und so weiter ist niemals (wirklich) entscheidend und kann höchstens einmal die Ausrede für einen vorübergehenden Misserfolg sein. Niemals jedoch der dauerhafte und wahre Grund. Joe Girard schreibt in seinem sehr empfehlenswerten „Ein Leben für den Verkauf" von **„Nicht dem Club beitreten"**. Gemeint ist der Club der im Verkauf Tätigen, die sich zu allen denkbaren Anlässen zusammenrotten und darüber reden, wieso alles nicht so läuft wie gewünscht.

Meiden Sie VERUs!
(Gemeint sind **VE**rlierer-**RU**nden.)

Nochmals: Meiden Sie diese Typen und diese Runden, in denen es nur darum geht, wieso welche Hindernisse und warum genau für die verschiedenen Misserfolge verantwortlich sind. Ich wiederhole:

☛ ***Die alles entscheidende Botschaft lautet:***
*Machen wir es anders! Machen **Sie** es anders. Übernehmen Sie die Schuld. Übernehmen Sie damit die Macht, alles zu ändern!*

Kapitel 15

Mache dich bekannt! Werbe!

Ohne Werbung Geschäfte machen zu wollen ist so,
als winke man einem Mädchen im Dunkeln zu.
Man selbst weiß zwar, was man will. Aber niemand sonst!
Unbekannt

„Mache dich bekannt! Werbe!“ ist eine meiner zehn Erfolgsregeln. Jetzt ein Rätsel: Was haben die meisten, wenden aber die wenigsten an? Die Antwort: Visitenkarten. Manchmal frage ich mich, wie so manche Verkaufskollegen überhaupt über die Runden kommen. Diese Leute verteilen manchmal im ganzen Jahr kaum Visitenkarten. Nicht selten soll es vorkommen, dass beim Adresswechsel mancher Finanzverkäufer noch Hunderte von Visitenkarten mit der alten Adresse übrig sind. Wie kann das sein? Wie kann es dazu kommen, dass jemand als Verkäufer im Lauf von ein, zwei Jahren noch nicht einmal 500 Visitenkarten los wird? Auch hier klingt es für den einen oder die andere banal, wenn ich sage: „Mache dich bekannt! Werbe!“ Doch es wirkt extrem, wenn Sie Ihre Anstrengungen auf diesem Gebiet verdoppeln.

Dazu kommt: Testen Sie auf diese Weise Ihre *Selbst-bewusst-sein* als Finanzverkäufer. Legen Sie so beispielsweise zu jeder sich ergebenden Gelegenheit, also wenn Sie einen Service oder in einem Restaurant bezahlen, ein Trinkgeld und Ihre Visitenkarte dazu. Aus der Visitenkarte sollte sich eindeutig ergeben, dass Sie Finanzverkäufer sind. Das ist alles. Lesen Sie auch hier die übrigen dazu passenden Ideen von Joe Girard nach. Das müssen Sie tun. Finanzverkäufer, die wirklichen Spitzen-Typen, bauen ihr Geschäft immer wieder neu auf. Bei jeder sich passenden Gelegenheit. Wenn Sie jemand anspricht und fragt: „Was machen Sie?“, antworten Sie künftig: „Ich verkaufe“. Fragt die betreffende Person hartnäckig weiter und will wissen, „Was genau?“, antworten Sie mit „Ich verkaufe mich!“ Das ist alles. Mehr müssen Sie nicht sagen. Die beiden Erfolgsfaktoren lauten:

1. hohe Kundenquote
2. hohe Abschlussquote

Wobei das uralte Gesetz stets gleich war, gleich ist und gleich bleibt: Kunden kommen vor dem Abschluss. Also machen Sie sich an die Arbeit. Werben Sie. Verkaufen Sie *sich* an jedem Ort, zu jeder Gelegenheit. Immer und immer wieder.

Und noch ein Tipp an dieser Stelle: Führen Sie ein Gespräch ohne Abschluss, bleiben Sie dennoch am Kontakt dran. Absolute Profis sind und bleiben hier hartnäckig und fragen: „Woran hat es gelegen, dass Sie meinen Ausführungen nicht zugestimmt haben?" Bitten Sie diese Leute, diese zunächst verlorenen Kunden, darum, Ihnen Fehler zu nennen. Fehler machen bedeutet: Es fehlte etwas. Das ist alles.

☛ ***Die alles entscheidende Botschaft lautet:***
Finden wir also heraus, was fehlt(e). Machen wir es besser. Machen ***Sie*** *es besser.*

Kapitel 16

Führen Sie die Dinge mit Erfolg durch!

In dir muss brennen, was du entzünden willst!
Hl. Augustinus, Kirchenvater

Wir haben bereits gehört, dass „etwas durchführen" etwas grundlegend und völlig anderes ist als eine Sache mit Erfolg durchführen. Den Anspruch haben, Dinge mit Erfolg durchzuführen, bedeutet, nicht eher aufzuhören, als bis ein Erfolg verzeichnet wird. Übertragen auf die Finanzbranche heißt das: Ein Gespräch mit Erfolg durchzuführen bedeutet, nicht eher vom Tisch aufzustehen, als Sie einen Abschluss in der Tasche haben. Oder aber Empfehlungen. Das ist eine Gewinner-*Ein*-Stellung.

! *Begreifen wir das! Begreifen* ***Sie*** *das! Wer in der Finanzbranche als Verkäufer die Nr. 1 werden will, muss ohne Wenn und Aber den Erfolg wollen. Nicht mehr. Nicht weniger.*

Nochmals: Es handelt sich um eine *Ein*-Stellung. Das wiederum bedeutet: Sie akzeptieren diese Sichtweise, dann sind Sie ein Gewinner! Zumindest werden Sie auf Dauer gewinnen. Sie akzeptieren diese Einstellung nicht. Gut, dann enden Sie auf diese Weise als Verlierer.

Immer wieder erlebte ich in den letzten Jahren Finanzverkäufer, die keine Zeit für Abschlüsse und Empfehlungen hatten, weil sie einen stundenlangen Termin nach dem anderen wahrnahmen. Diese Typen quatschen ihren Kunden das sprichwörtliche Ohr ab. Es soll sogar Organisationen und Strukturen geben, die mittlerweile den Trend zu Dritt- und Vierttterminen perfektionieren. Verstehen Sie!

Sie streben dauerhaften Erfolg an? Gut, dann handeln Sie anders! Diese Typen, die endlose Beratungs- und Verkaufsgespräche führen, die einen Termin auf den anderen folgen lassen, tun weder ihren Kunden einen Gefallen noch sich selbst. „Oh", jammern diese Berater und Verkäufer, „wir sind so beschäftigt!" So oder ähnlich. Tatsache ist: Diese Berater sind oft vielbeschäftigte

Verlierer. Das ist alles. Sie glauben es nicht! Sie finden diese *Ein*-Stellung befremdlich? Sie empfinden diese *Ein*-Stellung als Druckverkauf? Ich will Ihnen ein Beispiel nennen, wieso Ihre Kunden ein Recht darauf haben, dass Sie gelernt haben, Ihre Gespräche mit Erfolg zu Ende zu bringen. Ohne stundenlanges Gerede, ohne tagelange oder wochenlange Verzögerungen durch ständig neue, aufs erste Gespräch folgende Termine.

Nehmen wir an, Sie besuchen eine Kundin. Diese Kundin ist 41 Jahre jung. Nach einigen Minuten kommen Sie überein, dass Ihre Kundin bis zum 58. Lebensjahr noch zusätzliche 400 000 Euro ansparen muss. Nur dann kann sie ihre Vorstellungen an eine Zusatzrente im Alter verwirklichen. Einen gleichbleibenden Investitionsbetrag pro Monat und einen effektiven Investitionszins von 6 Prozent unterstellt, muss Ihre Kundin, wenn sie sofort mit den Investitionen beginnt, monatlich über die verbleibenden 17 Jahre 1 150 Euro zur Seite legen. In der Summe sind das 12 Monate × 17 Jahre × 1 150 Euro = 234 600 Euro. Nehmen wir an, sie sagt nun: „Oh, das will ich mir noch überlegen." Nehmen wir ferner an, sie hat einen dieser Wischi-Waschi-Verkäufer vor sich. Der entgegnet: „Selbstverständlich haben Sie alle Zeit der Welt für Ihre Entscheidung!" – Dummes Zeug! Unendlich dummes Zeug! Diese Kundin hat eben nicht mehr alle Zeit der Welt zur Verfügung. Bietet der Verkäufer ein gutes Produkt, sollte sie blitzartig zugreifen. Hier gilt: Wer wartet, verliert.

Bleiben wir bei unserem Beispiel. Gehen wir davon aus, die Kundin wartet einen Monat. Jetzt müsste sie aufgerundet schon jeden Monat 1 160 Euro investieren. Das entspräche bei verbleibenden 16 Jahren und 11 Monaten einer Gesamtinvestition von (12 Monate × 16 Jahre + 11 Monate) × 1 160 Euro = 235 480 Euro. Die Kundin wartet ein halbes Jahr? Nun denn, dann sind es bereits monatlich 1 205 Euro notwendige Investition. In der Summe dann 12 Monate × 16,5 Jahre × 1 205 Euro = 238 590 Euro.

Wer als Finanzverkäufer nicht lernt, Gespräche mit Erfolg (Abschluss oder Empfehlung) zu führen, ist in der falschen Branche. Hat es nicht verstanden, hat die grundlegenden Zusammenhänge von Zins- und Zinseszins nicht verstanden. Ich weiß, das klingt hart! Aber es ist die Wahrheit!

☛ ***Die alles entscheidende Botschaft lautet:***
Führen Sie Ihre Beratungsgespräche mit Erfolg durch. Das bedeutet: Sie beenden das Gespräch, wenn Sie ein Geschäft abgeschlossen und/oder entsprechend Empfehlungen erhalten haben. Wenn Sie so handeln, werden Sie auf Dauer unweigerlich zum Gewinner. Die Leute, Ihre Kunden, werden es Ihnen anmerken, dass Ihre ***Ein****-Stellung die ist, entweder einen Abschluss und/oder Empfehlungen mitzunehmen!*

Kapitel 17

Was Sie über das Verhalten Ihrer Kunden unbedingt wissen müssen

Wahrheiten, die Kunden in Sache Altersvorsorge und Vermögensaufbau ungern hören, haben diese besonders nötig!
K. Walter, amerikanischer Erfolgspsychologe

Stellen Sie sich vor, Sie haben eine ernst zu nehmende Krankheit und besuchen einen Arzt, der für seine Erfolge bei dieser Krankheit bekannt ist. Dieser Spezialist nennt Ihnen alle möglichen Produkte zur Linderung der Schmerzen. Natürlich weist er auf jede noch so kleine Nebenwirkung hin. Er spricht von den unterschiedlichen Operationsmöglichkeiten, den Vor- und Nachteilen. Am Ende haben Sie drei Stunden mit ihm gesprochen. Besser: Er hat mit Ihnen gesprochen. Sie haben höflich genickt. Abgenickt. In Ihrem Kopf schwirrt es nur so voller Zahlen, verschiedenen Produkten, deren Stärken und Schwächen. Und so weiter. Hand aufs Herz: Wie würde Ihnen ein solcher Besuch gefallen? Wären Sie nun sehr sicher? Haben Sie alles verstanden? Zum Schluss entscheiden Sie nach Rücksprache mit weiteren Ärzten, dass Sie die Operation verschieben wollen. Sie beschließen einfach, weitere Fachleute um Rat zu fragen.

In der Finanzbranche ist es nicht anders. Kunden ticken in jeder Branche gleich. Der Zustand Verwirrung ist auf Kundenseite ein sehr, sehr gefährlicher Zustand. Das Grundmuster, wie Ihre Kunden denken und welche Schlussfolgerungen sie ziehen, ist folgendes:

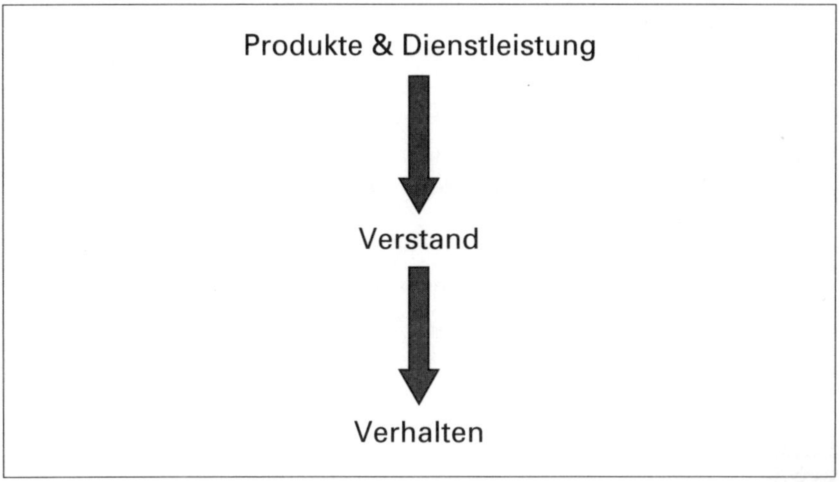

Produktvielfalt und Produktinformationsflut führt zu Hilflosigkeit

Was bedeutet das? Wenn das Angebot zu vielfältig ist, wenn ein Versicherungsvermittler und/oder Finanzberater einen Bauchladen mit sich herumschleppt, wenn er über dieses und jenes komplizierte Anlagemodell berichtet, wenn er ständig Preis und Leistungen vergleicht, kann ein Versicherungsvermittler/Finanzberater letztlich nur in einem Gefühl der Hilflosigkeit, der Überforderung untergehen.

> *Ich erinnere mich sehr gut an einen ehemaligen Partner. Er war fachlich einwandfrei, hatte aber keinerlei rhetorische Begabung. Kunden, die er aufsuchte und die eigentlich „nur" beispielsweise eine Berufsunfähigkeitsversicherung abschließen wollten, beriet er nahezu dumm und dusselig. Dieser Typ beschrieb in allen denkbaren Variationen, nicht selten in drei, vier oder fünf Terminen sämtliche gängigen Marktangebote und die komplexesten Modelle. Er ging auf die unterschiedliche Leistung in verschiedenen Richtungen ein. Kurz und gut: Die Kunden dieses Finanzberaters waren schlichtweg ausnahmslos überfordert. Sie verloren die Orientierung, statt sie zu gewinnen. Das Ergebnis: Man verschob den „Kauf" der vorgeschlagenen Lösungen. Man war plötzlich der Meinung: „Es eilt ja nicht besonders." Oder ähnliches. Nicht selten geschah es – das erfuhr ich erst Jahre später –, dass sich danach Kunden völlig verunsichert an Dritte wandten.*

Das Phänomen ist immer gleich: Wer Kunden – gleich in welcher Branche – mit allumfassender Information bombardiert, verliert ganz gewiss. Kunden, die an die Wand geredet, die in Grund und Boden geredet werden, werden die Informationen, die man ihnen gibt, sehr genau selektieren und dann auswählen. Oder, wenn es keine klare Entscheidung gibt, jede weitere notwendige Entscheidung ignorieren. Psychologen wissen, dass der Kaufaufschub eine sehr wichtige Option von Kunden ist, wenn der Verkaufsdruck seitens des Verkäufers zunimmt. Je größer die Optionen, desto größer ist die Wahrscheinlichkeit des Kaufaufschubs. Grafisch sieht das wie folgt aus:

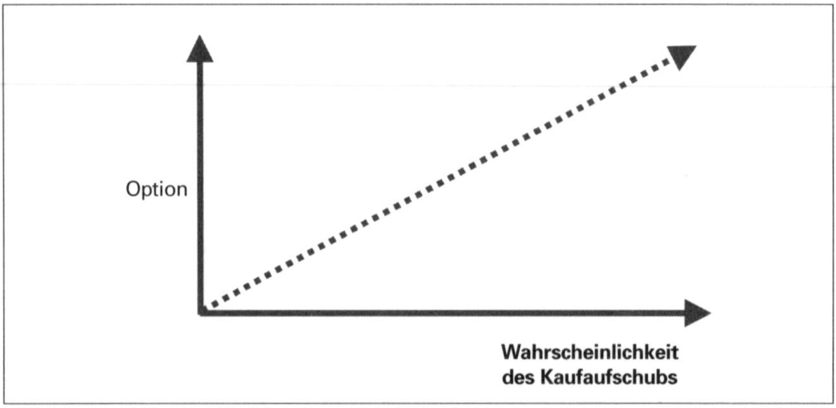

© Bernd W. Klöckner

Mehr Optionen, weniger Entscheidungen

☛ ***Die alles entscheidende Botschaft lautet:***
Kommen Sie in Ihren Aussagen auf den Punkt. Beziehen Sie Stellung. Immer und immer wieder! Meiden Sie den Zustand der Verwirrung bei Ihren Kunden! Sorgen Sie für klare, nachvollziehbare Aussagen. Und vor allem: Verkaufen Sie sich! Niemals das Produkt! Niemals den Preis! Meine feste Überzeugung lautet: Wer nichts weiß, redet vom Preis! Wer nichts weiß, redet und redet übers Produkt! Machen wir es besser! Machen **Sie** *es besser! Machen Sie es anders!*

Kapitel 18

Schaffen Sie Werte für Ihre Kunden

Die Qualität des Verkaufs beginnt beim Finanzverkäufer!
Nicht beim Produkt! Nicht beim Unternehmen! Das ist alles.
Wer das verstanden hat, wird unweigerlich Erfolg haben.
K. Walter, amerikanischer Erfolgspsychologe

Im Folgenden geht es mir um einige wichtige Zahlen im Zusammenhang mit der Kundenbetreuung. Der Verkauf, die Beziehung, die *Ver*-Bindung zu Ihren Kunden fängt, wie an anderer Stelle bereits gesagt, *nach* dem Verkauf an. Im Rahmen einer wissenschaftlichen Arbeit untersuchte das Klöckner-Institut die Qualität der Betreuung von über 500 Finanzdienstleistern. Darunter je einhundert Banker, einhundert Versicherungsvertreter, dreihundert freie Finanzberater. Das Ergebnis: Durchschnittlich hörte jeder Kunde weniger als einmal pro Jahr etwas von dem jeweiligen Finanzdienstleister. Von vielen Finanzdienstleistern höre ich auf Seminaren: „Meine Kunden sind alle zufrieden. Ich höre keine Klagen!“ Diese Verkäufer irren. Irren gewaltig! Diese Verkäufer haben noch nie davon gehört, dass sich laut wissenschaftlichen Untersuchungen über 96 Prozent derjenigen, die sich nicht melden, deswegen nicht melden, weil sie unzufrieden sind!

Es geht noch weiter: Von solchen Kunden, die erst einmal nichts mehr von sich hören lassen, sind über 90 Prozent für immer verloren. Dann gibt es die 1:9-Regel. Die müssen Sie kennen. Diese Regel besagt, dass – ebenfalls entsprechenden Studien zu Folge – ein unzufriedener Kunde es mindestens an sieben bis neun andere Kunden weitererzählt. In rund 10 Prozent aller Fälle erzählen diese unzufriedenen Kunden es sogar zwanzig Personen und mehr.

Bei alledem gilt: Neue Kunden gewinnen ist um 500 Prozent teurer, als die Kunden, die bereits gewonnen wurden, als Kunden zu halten. Nicht repräsentativen Untersuchungen in der Finanzbranche zu Folge bringt ein durchschnittlicher Kunde im Finanzdienstleistungsbereich rund 500 Euro Ertrag im Jahr. Wohlgemerkt: Dies ist der durchschnittliche Jahresertrag. Das bedeutet beispielsweise bei einer 35-jährigen Kundenbeziehung 17 500 Euro je Kunde. Macht bei 300 Kunden über 5 Millionen Ertrag. Die genaue Zahl umgerechnet entspricht einem durchschnittlichen Jahreseinkommen von 150 000 Euro. Nochmals: Das entspricht dem Ertrag bei durchschnittlichen Kunden. Konzentrieren Sie sich auf Top-Kunden, dann steigern Sie Ihren finanziellen Erfolg beträchtlich.

Das alles bedeutet: Bedienen Sie Ihre Kunden. Immer und immer wieder. Geniale Verkäufer tun zwei Dinge: erstens, sie gewinnen Kunden und zweitens, sie halten sie. Das sind die alles entscheidenden Erfolgsschritte eins und zwei. Die Botschaft an alle Organisationen, an alle Verkaufsteams lautet: Die Organisation muss an die Kunden gebunden werden. Führungskräfte und Manager müssen selbst möglichst nah am Kunden sein. Geschieht dies nicht, folgt stets das gleiche Phänomen: Die Leute dienen dem Management, statt den Kunden. Geniale Verkäufer wissen auch: Sie müssen die Wünsche, Vorstellungen und Erwartungen ihrer Kunden übertreffen. Wer das tut, sichert sich die eigenen Kunden und gewinnt durch Empfehlungen mühelos neue dazu. Geniale Verkäufer bauen Ihr Geschäft auf der Grundlage hervorragend gepflegter Kundenbeziehungen ständig aus (Empfehlungen).

! *Begreifen wir das. Begreifen **Sie** das: Lässt die Aufmerksamkeit nach, verkümmert jede Geschäftsbeziehung. Wird niemals wirklich intensiv. Meiden wir diesen Zustand. Kümmern wir uns um unsere Kunden. Pflegen wir unsere Kunden. Immer und immer wieder.*

Hier ein kleiner Test für Sie:

Test

- Werden meine Kundenbeziehungen nach einem Abschluss üblicherweise besser oder schlechter?
- Habe ich in der Vergangenheit alle meine Versprechungen, die ich gegenüber Kunden gemacht habe, erfüllt?
- Gibt es Kollegen, die in der Kundenbetreuung gezielter und besser arbeiten? Wenn ja, was genau machen diese Kollegen besser?
- Was kann ich genau tun, damit ich meine bestehenden Kundenkontakte noch besser pflege?

Denken wir immer wieder daran: Einen neuen Kunden zu werben ist fünfmal teurer, als einen bestehenden, guten Kunden zu halten und über diesen Kontakt per Empfehlungsgeschäft an neue Kunden zu kommen.

☛ ***Die alles entscheidende Botschaft lautet:***
Pflegen Sie Ihre Kunden. Immer und immer wieder. Das müssen Sie tun. Sorgen Sie auf diese Weise für den Zustand dauerhaften persönlichen und finanziellen Erfolgs!

Kapitel 19

Sieger-Typen sind hochkarätige Experten

Der Mittelmäßige fühlt sich dem Ausgezeichneten gegenüber immer im Zustand der Notwehr.
Marie von Ebner-Eschenbach, Schriftstellerin

Sieger-Typen sind Experten und ermitteln im ersten Schritt stets den Bedarf ihrer Kunden. „Oh, das ist aber nichts Neues", werden jetzt manche denken. Und damit haben sie Recht. Und wie Recht sie haben! Doch das Fatale daran ist: Die wenigsten sind wirkliche Experten auf ihrem Gebiet. Sie sind Vorsorge-Spezialist? Sie sind Finanzverkäuferin, Finanzverkäufer mit den Themen Geldanlage, Vorsorge, Vermögensaufbau? Erlauben Sie, dass ich Ihnen einige Fragen stelle, sozusagen als kleinen Selbsttest:

Test

1. Frage

Eine Kundin will wissen, was am Ende eines Sparplans herauskommt. Sie will 20 Jahre lang monatlich 200 Euro investieren. Angenommener effektiver Zins 6 Prozent. Keine Gebühr/Ausgabeaufschlag. Am Ende des zweiten und am Ende des vierten Jahres will sie jeweils 10 000 Euro einmalig entnehmen.

Ihre Kundin hat es sehr, sehr eilig. Sie haben 90 Sekunden Zeit für die Lösung. 65.284,21

2. Frage

Ein Kunde will nach Inflation in 27 Jahren einen Betrag von 1 600 Euro heutiger Kaufkraft über 20 Jahre als Zusatzrente erhalten. Bei einer Inflation von 3 Prozent und einem effektiven Zins in der Entnahmezeit von 5 Prozent ist das notwendige Vermögen zu Beginn der Rentenzeit wie hoch?

Ihr Kunde muss dringend zum Flughafen. Zeit für die Lösung: 90 Sekunden.

3. Frage

Ihre Kundin will monatlich 300 Euro über 15 Jahre investieren. Ausgabeaufschlag 3,75 Prozent in den ersten fünf Jahren, 1,75 Prozent in den zweiten fünf Jahren und null Prozent in den letzten fünf Jahren. Wie hoch ist der effektive Zins dieser Anlage?

Ihre Kundin bekommt überraschend wichtigen Besuch. Sie haben wiederum 90 Sekunden Zeit.

Auswertung: Sie kennen die Lösungen und brauchten nicht mehr als die vorgegebene Zeit von jeweils 90 Sekunden! Gratulation! Sie sind ein Experte. – Oder hatten Sie Schwierigkeiten, konnten die Aufgaben nicht lösen? Sie denken jetzt Dinge wie:

- „Das brauche ich nicht ..."
- „Ich komme bis jetzt auch ohne solches Wissen klar ..."
- „Noch kein Kunde fragte mich danach ..."
- „Dafür bin ich zu alt ..."
- „Wer will das schon wissen ..."
- „Das haben wir noch nie gemacht ..."
- „Was soll mir das schon nutzen?"

In Ordnung! Dann heißt es: Willkommen im Club der Finanzrater! Sie haben nun zwei Möglichkeiten: Sie fühlen sich persönlich von mir beleidigt, persönlich angegriffen, sind sauer. Dann will ich noch eins draufsetzen: Sie haben – wenn das tatsächlich die einzige Reaktion sein sollte – den falschen Job, sind in der falschen Branche! Oder Sie sagen: „Hoppla! Da hat er mich aber erwischt!" Jetzt ändern Sie blitzartig den Zustand. Sie trainieren das notwendige Know-how, um die Fragen des Tests mühelos beantworten zu können.

Wieso ist das Ganze so wichtig? Ganz einfach: Wie wollen Sie jemals – ohne solche Fragen beantworten zu können – wirklich den Bedarf eines Kunden verstehen beziehungsweise berechnen? Ich will Ihnen ein weiteres Beispiel aus der Praxis schildern. Es handelt sich um die Wiedergabe eines authentischen Kundenfalls. Überprüfen Sie sich selbst! Können Sie zu diesem Sachverhalt etwas sagen und Ihre Aussagen mit Zahlen begründen? Wenn ja, gratuliere ich Ihnen erneut. Wenn nein, gilt wiederum: Trainieren Sie sehr, sehr schnell das notwendige Wissen.

Übungsbeispiel

> *Ein Kunde will eine Immobilie in 18 Jahren abbezahlen. Kaufpreis 600 000 Euro. 300 000 Euro besitzt der Kunde in bar, angelegt in Fonds. Die Nebenkosten im Fall des Kaufs (ca. 6 Prozent des Kaufpreises) würde der Kunde über das Guthaben aus seinem Girokonto decken. In den kommenden beiden Jahren erhält er jeweils am Jahresende einen Bonus aus seiner Arbeit als leitender Angestellter von 30 000 Euro. Annahmen: Anlagezins von effektiv 6 Prozent, Finanzierungszins von 7,12 effektiv. Wertsteigerung der Immobilie 2 Prozent. Die Frage Ihres Kunden lautet: Was ist kaufmännisch – vor Steuern – nach 18 Jahren die bessere Entscheidung?*

Nochmals: Die Zahlen dieses Fallbeispiels dokumentieren Zahlen eines potenziellen, sehr gut situierten Kunden. Gewinnen Sie diesen Kunden, sind weitere Geschäfte höchstwahrscheinlich. Die Frage ist: Können Sie diesem Musterkunden innerhalb einer angemessenen Zeit eine hilfreiche Antwort mit klaren Fakten und Zahlen geben?

Zurück zum Anfang dieses Kapitels. Wie gehen diese hochkarätigen Experten vor?

1. Schritt: Bedarf ermitteln – Problem aufzeigen – Kundenwunsch erfragen

Sieger-Typen ermitteln als Experten den Bedarf ihrer Kunden. Hiermit verbunden ist das größte und stets gleichbleibende Geheimnis erfolgreichen Verkaufens: Sieger-Typen verhelfen ihren Kunden zu dem, was diese wirklich wünschen. Sieger-Typen ermitteln den wirklichen Bedarf und führen ihre Kunden dann zur Lösung des Problems/Bedarfs!

Lassen Sie mich an dieser Stelle die beiden ersten Schritte meiner 7-Schritte-Verkaufsstrategie© wiedergeben:

1. „Herr Kunde! Wann wollen Sie aufhören zu arbeiten?"
2. „Herr Kunde, wenn Sie nun XX Jahre alt wären (hier wird die Zahl des gewünschten Ruhestands eingefügt), wie sollte die gewünschte Zusatzrente sein?"

Hier gibt es jetzt verschiedene Spielmöglichkeiten. Sie können die Hochrechungen der späteren Altersrente gemäß den Angaben des Versicherungsträgers heranziehen – oder andere Unterlagen. In jedem Fall gilt: Ermitteln Sie den Bedarf! Schaffen Sie ein Problem! Wecken Sie auf diese Weise unweigerlich das Interesse Ihrer Kunden.

2. Schritt: Problemlösung gemeinsam erarbeiten

Im zweiten Schritt heißt es die Lösung erarbeiten.

- „Herr Kunde, diese Vorsorgelücke werden Sie nur schließen können, wenn Sie ab dem heutigen Tag XY Euro im Monat sparen. Und eines muss ich Ihnen sagen: Mit jedem Tag, den Sie warten, wird's nur teurer!"

3. Schritt: Zukunftsplanung

Wer sich als Experte mit dem Thema Altersvorsorge und Vermögensaufbau beschäftigt, ich meine intensiv beschäftigt, wird schnell feststellen, dass die meisten Menschen erheblich mehr sparen und zur Seite legen müssten, als sie jemals dachten. Die Teilnehmer meiner Trainings kennen die Ergebnisse gemäß der 7-Schritte-Verkaufsstrategie. Die tatsächlichen Zahlen zur notwendigen Altersvorsorge sind – insbesondere unter Berücksichtigung der Inflation – erschreckend. Daher gilt: Der Abschluss eines Vertrags ist nur der Anfang des Verkaufs in den nächsten Jahren. Spitzen-Verkäufer beherrschen für diese Endphase, als Vorbereitung für den künftigen Kontakt und den künftigen Verkauf, die folgenden rhetorischen Muster:

- „Herr Kunde/Frau Kundin! Wir wissen nun, dass Sie mehr zur Altersvorsorge tun *müssen* als bislang gedacht. Sie *werden* im Lauf der kommenden Wochen und Monate *immer wieder und immer wieder* an unser Gespräch denken. Die gemeinsam errechneten Zahlen *werden* Ihnen im Gedächtnis bleiben. Sie *werden* im Lauf der nächsten Monate über Möglichkeiten nachdenken, wie Sie mehr für Ihre private Vorsorge tun können. Das *müssen* Sie tun. Sie *werden* womöglich mehr verdienen. Was auch immer sich tut, Sie *werden* mich dann anrufen und wir *werden* darüber gemeinsam sprechen, *einverstanden!*"

Achtung: Holen Sie sich unbedingt das Ja des Kunden auf das letzte „Einverstanden!" ab. Erst dann ist das Verkaufsgespräch in diesem Teil beendet! Sie werden feststellen: Wenn Sie die Sätze so oder ähnlich anwenden, wenn Sie gleichzeitig bei dem Wort „Einverstanden" kurz aber deutlich nicken, werden Ihre Kunden mit einem Ja antworten. Trainieren Sie solche Sätze. Die Wirkung ist unglaublich – was Sie aber nur feststellen können, wenn Sie diese rhetorische Technik trainieren und anwenden.

Ein Hinweis an alle Verbraucherschützer: Immer wieder berichten Medien und Zeitschriften über diese rhetorischen Tricks von Finanzverkäufern. Hier gilt: Solche rhetorischen Mittel können natürlich zum Schaden eines Kunden eingesetzt werden. Das jedoch lässt sich nicht verhindern. Wenn seriöse und qualifizierte Verkäufer solche Methoden einsetzen, dient es ausschließlich dem Wohl des Kunden. Ich wiederhole: Finanzplanung ist Lebensplanung. Und diese Form der Lebensplanung wird existenziell immer wichtiger. Eine laufende Betreuung durch einen Finanzverkäufer, wohlgemerkt durch einen qualifizierten Finanzverkäufer, dient dem Wohl der Kunden! Qualifizierte Finanzverkäufer, die zur Verstärkung ihrer Botschaft solche rhetorischen Elemente beherrschen, machen einen guten Job! Derartige Elemente also pauschal zu brandmarken, ist dummes Zeug! Ist schlichtweg Unsinn. Das ist alles!

! *Für Sie gilt: Sie müssen ehrlich zu sich selbst sein! Beherrschen Sie den spielerischen Umgang mit Zahlen und die spielerische Ermittlung des Bedarfs. Im Fall eines Altersvorsorge-Spezialisten also die Ermittlung des Vorsorgebedarfs in allen Variationen und unter Berücksichtigung aller Einflussfaktoren wie Inflation und so weiter. Wenn nein: Trainieren Sie! Trainieren Sie! Trainieren Sie!*

Dasselbe gilt für alle Führungskräfte, gleich ob Abteilungsleiter, Vertriebsvorstand oder etwas anderes. Die alles entscheidende Frage lautet: Beherrschen die Leute Ihres Teams, Ihrer Organisation die Methodik der Bedarfsermittlung? Den spielerischen Umgang mit Zahlen? Machen Sie den Test: Stellen Sie den Leuten Ihres Teams, Ihrer Organisation die zu Beginn dieses Kapitels gestellten Fragen. Können Ihre Leute in der vorgegebenen Zeit nicht antworten, müssen Sie blitzartig reagieren. Akzeptieren Sie keine Aussagen wie: „Die Frage passt nicht zu meinem Computer“ oder „Das haben wir noch nie so gemacht!“ Denken Sie immer daran: Wenn wir's nicht machen, macht's ein anderer, und der macht's richtig gut!

☛ ***Die alles entscheidende Botschaft lautet:***
Sieger-Typen sind ausreichend qualifiziert, um den wirklichen Bedarf ihrer Kunden zu ermitteln. Ohne Bedarfsermittlung ist auf Dauer kein erfolgreicher Verkauf möglich. So banal diese Erkenntnis klingen mag, so extrem ist die Wirkung.

Kapitel 20

Geniale Verkäufer versenden keine Unterlagen!

Alles Ganze, Vollendete ist eben vollendet, fertig, daher abgetan, gewesen!
Vollkommene Verkaufsunterlagen sind steril! Sind tot!
Geniale Verkäufer beherrschen lebendige Verkaufsgespräche.
Meiden die Präsentation vollendeter Unterlagen.
Abgewandelt nach *Egon Friedell,* österreichischer Schriftsteller

Auch die Information dieses Kapitels ist sehr einfach und gerade deshalb sehr wirkungsvoll. Es geht um den oftmals von Kunden geäußerten Wunsch, man möge ihm oder ihr doch bitte vorab Unterlagen zusenden. Manche Verkäufer-Typen träumen dann – ein Leben lang – denselben Traum: einfach Unterlagen versenden, ans Telefon setzen und warten, bis der Anruf des Kunden kommt, der die Unterlagen erhielt. Die wichtigste Botschaft vorab: Noch niemals hat irgendwer auf Dauer als Verkäufer wirklich große Erfolge erzielt, wenn er lediglich Unterlagen versandte. Wäre es so einfach, Geschäfte, große Geschäfte zu machen, würden alle Leute irgendwelche Firmen gründen, anschließend Unterlagen versenden und verkaufen, verkaufen, verkaufen. Tatsache ist: So funktioniert kein Verkauf, weder gestern noch heute noch morgen. Haben Sie also einen neuen Interessenten, der sagt: „Senden Sie mir die Unterlagen zu, ich sehe es mir an und melde mich!", entgegnen Sie künftig etwa so:

- „Herr Kunde, was würden Sie sagen, wenn Sie dringend einen Zahnersatz benötigen und Ihr Zahnarzt sendet Ihnen eine Broschüre zu, aus der Sie sich das gewünschte Material aussuchen können? Sie haben die freie Wahl!"

Jeder Kunde wird darauf sagen, dass das so nicht funktioniert. Jetzt sind Sie an der Reihe:

- „Sehen Sie, Herr Kunde! Wie oft treffen Sie Entscheidungen ausschließlich auf der Grundlage von Unterlagen, die man Ihnen zur Verfügung gestellt hat?"

☛ ***Die alles entscheidende Botschaft lautet nochmals:***
Geben Sie die Regeln vor! Niemand sonst. Eine Ihrer grundlegenden Regeln muss lauten: Versende niemals einfach irgendwelche Unterlagen. Im Zweifel gilt: Verzichten Sie lieber aufs Geschäft! Ihr einziges Ziel lautet: Vereinbaren Sie ein persönliches Gespräch mit dem Interessenten. Keine noch so perfekt aufbereitete Unterlage kann mit Ihrem Kunden sprechen. Sagen Sie das Ihren Interessenten. Bleiben Sie in jedem Fall dabei: „Unterlagen-Versender" sind die anderen. Sie nicht!

Kapitel 21

Werden Sie ein indischer Königstiger*

Misserfolg ist ein wesentlicher Teil des Lernprozesses.
Man muss bereit sein für Misserfolge.
Man muss über Misserfolge sprechen.
Wer so handelt, ist bereit für den großen Erfolg!
K. Walter, amerikanischer Erfolgspsychologe

Was meinen Sie, treibt einen indischen Königstiger dazu an, rund zwanzig Versuche zu starten, bis er eine Beute erlegt? Was meinen Sie, würde passieren, wenn dieser indische Königstiger sich mit Misserfolgen beschäftigen könnte? Wenn er Depressionen kennen würde? Er wäre nach kurzer Zeit erledigt! Er wäre tot! Er würde denken: „Oh nein! Nicht schon wieder 19 misslungene Versuche, um dann endlich was zu fressen zu haben." Dann würde er sich in Ruhe zur Seite legen und auf sein Ende warten. Das aber genau tut er nicht. Für ihn ist jeder Misserfolg ein Schritt zum Erfolg! Jeder Misserfolg macht ihn hungriger auf seinen nächsten Erfolg!

Ein anderes Beispiel ist das Karibu: Reißende Flüsse und Tausende von Kilometern unwegsamsten Geländes durchquert es auf der Suche nach Nahrung. Auch wenn die Biologie (Hunger) es treibt, dieser Grund alleine genügt nicht für die enorme Leistung, die es vollbringt.

Was Sie – genau wie der Tiger oder das Karibu – brauchen, ist Selbstvertrauen und der unbedingte Wille, bis zum Erreichen eines angestrebten Ziels durchzuhalten. Betrachten Sie Schwierigkeiten als kleine Zwischenhürden zum Erfolg! Sie haben viele Schwierigkeiten? Nun gut! Betrachten Sie diese vielen Schwierigkeiten als viele Hürden zum Erfolg! Als viele Hürden auf dem Weg zu Ihrem Ziel! Wenn Sie scheitern, in Ordnung! Doch so lange Sie scheitern, geben Sie nicht auf! Begreifen Sie das! Verankern Sie dieses Vertrauen an die eigene Kraft, das eigene Durchhalten bereits in Ihren Kindern! Zeigen Sie

* Dieses Kapitel habe ich meinem noch unveröffentlichten Buch „Lebe Reichtum, lebe Erfolg" entnommen. An dieser Stelle besten Dank an den Mosaik-Verlag.

ihnen eine Eichel und erklären Sie ihnen, auf welche faszinierende Weise einer kleinen Eichel bereits das Geheimnis zugrunde liegt, eine mächtige Eiche zu werden. Schenken Sie Ihren Kindern, Ihrem Partner, Ihrer Partnerin und Ihren Freunden, die Rat bei Ihnen suchen, dieses Selbstvertrauen! Sie überschätzen sich! Gut! Auch das ist eine willkommene Sache, sofern diese Selbstüberschätzung im realistischen Rahmen bleibt! Selbstüberschätzung kann eine sehr, sehr gute Eigenschaft sein. Sie wird lediglich dann gefährlich, wenn Sie Ihren Weg, die Schwierigkeit einer Aufgabe unterschätzen.

Ein grandioses Beispiel der Geschichte ist der Feldherr Napoleon. Gleichermaßen gefürchtet und geliebt, eroberte dieser an Statur kleine Feldherr nahezu das ganze kontinentale Europa. Dann wollte er sich Russland einverleiben. Seine „Unterschätzung" wurde größer als seine „Überschätzung". Denn: Er unterschätzte die erschwerte Logistik, er unterschätzte die Gefahren des Winters. Es folgten verheerende Niederlagen. Das Ende war die Gefangenschaft Napoleons auf Sankt Helena, einer einsamen Insel im Atlantik.

☛ ***Die alles entscheidende Botschaft lautet:***
Überschätzen Sie sich! Ja, trauen Sie sich verrückte Dinge zu! Streben Sie nach großen Zielen! Überschätzen Sie sich jederzeit, doch kombinieren Sie diese Form der Selbstüberschätzung mit einem klaren Sinn für die Realität! Wenn Sie Dinge auf diesem Weg der Selbstüberschätzung nicht unterschätzen, werden Sie gewinnen und Unglaubliches erreichen!

Kapitel 22

Wiederholen Sie erfolgreiche Handlungen

Wenn du nicht von der eigenen Begeisterung angefeuert wirst,
wirst du auf Dauer vom Markt, deinen Kunden mit Begeisterung gefeuert!
Abgewandelt nach *Vince Lombardi,* amerikanischer Footballtrainer

Das Grundprinzip eines jeden Erfolgs ist die Wiederholung! Wer ein erfolgreicher Golfer werden will, muss über Jahre, teils über Jahrzehnte seine Fähigkeit trainieren, muss Schläge wiederholen. Wer eine erfolgreiche Sängerin werden will, muss trainieren, trainieren, trainieren, die gleichen Stimmübungen tausendfach wiederholen. Immer im Hinblick auf das gleiche Ziel. Das Prinzip der „Wiederholung" ist dabei ein Grundprinzip des Lebens schlechthin. Nehmen wir ein Baby nach der Geburt. Der wichtigste Schritt hinaus in dieses Leben ist, dass dieses Baby in wenigen Sekunden nach der Geburt „lernt" zu atmen. Es muss immer und immer wieder atmen. Hört es auf, wiederholt zu atmen, stirbt es. „Wiederholung" ist also das erste Prinzip, das ein kleiner Mensch lernen muss, wenn er geboren wird.

☛ ***Die alles entscheidende Botschaft an Sie lautet:***
Wiederholen Sie die Dinge, die zum Erfolg führen! Wiederholen Sie die Dinge, die Sie Ihrem Ziel näher bringen!

Nehmen wir einen Studenten, der gerne promovieren und eines Tages als Dozent an die Universität zurückkehren will. Die beste Methode ist, eine Prüfung nach der anderen mit Erfolg zu bestehen, nach und nach den Lernstoff eines Fachgebiets nach dem anderen zu wiederholen und die Prüfungen zu bestehen. Das ist alles! Geht unser Student so vor, wird er eines Tages sein Ziel erreichen und als Professor vor seinen Studenten stehen.

☛ ***Die alles entscheidende Botschaft lautet nochmals:***
Wiederholen Sie Dinge! Wiederholen Sie erfolgreiche Handlungen! Das müssen Sie tun, wenn Sie echten persönlichen und finanziellen Erfolg erreichen wollen.

Apropos finanzieller Erfolg und Wiederholung. Wiederholen Sie, so oft es geht! Betrachten wir einen Menschen, der gerne sparen, investieren und auf diese Weise reich werden will. Er spart einen Monat. Dann setzt er einen Monat aus. Er spart einen Monat, dann setzt er wieder zwei Monate aus. Und so weiter. Dieser Bursche wird nur einen Bruchteil des Vermögens ansammeln, das er haben könnte, wenn er den Vorgang „Sparen“ Monat für Monat regelmäßig wiederholt hätte.

Kapitel 23

Seien Sie penetrant!

Sei nicht ungeduldig, wenn man deine Argumente nicht gelten lässt.
Johann Wolfgang von Goethe, deutscher Dichter

Wie Sie bereits wissen, lautet eines der Prinzipien der Gewinner-Typen im Verkauf, dass diese ihre Aufgaben *mit Erfolg* durchführen. Dieses „die Dinge mit Erfolg durchführen" verlangt ein gesundes Maß an Penetranz. Ich will Sie ermuntern, motivieren, ab der Sekunde, in der Sie dieses Buch (natürlich nur vorübergehend) aus der Hand legen, penetranter zu werden. Penetrant zu sein. Die Erfolgskette lautet: Bedienen Sie Ihre Kunden. Schließen Sie Verträge mit Ihren Kunden. Bedienen und überzeugen Sie den nächsten Kunden. Schließen Sie wiederum einen oder mehrere Verträge ab. An dieser Stelle erlebe ich immer wieder Einwände wie:

- „Sie haben leicht reden. Sie haben bereits Erfolg und dann fällt natürlich alles leichter."

Andere sagen:

- „Das mag vor zehn Jahren gegolten haben. Heute gelten völlig andere Spielregeln."

Auch das – mit Verlaub – ist dummes Zeug. Sie wollen ein Sieger-Typ sein? Sie wollen Erfolg? Den bestmöglichen persönlichen und beruflichen Erfolg? Dann ist eine der wichtigen und entscheidenden Voraussetzungen die, dass Sie Neues zulassen. Dass Sie neue Ideen und Anregungen an- und – nach Prüfung – übernehmen. Es gibt immer einen Weg, eine Sache noch besser zu machen. Es gibt immer einen Weg, eine Vorgehensweise noch weiter zu perfektionieren. Die einzig entscheidende Frage an Sie lautet: Sind Sie Neuem gegenüber offen? Ja oder nein? Ein „Jein" oder „Ja, grundsätzlich schon, aber ..." gibt es nicht. Ja oder nein – sonst nichts! Sagen Sie ja und denken gleichzeitig immer und immer wieder „Das passt nicht zu mir!", „Das ist für meine Vorgehensweise die falsche Strategie", „So was kann ich bei meinen

Kunden nicht ausprobieren", sind Sie, auch wenn Sie vermeintlich offen für Neues, offen für Veränderung sind, in Wahrheit ein Nein-Sager. Trifft dies zu, müssen Sie sehr, sehr schnell reagieren. Sieger nehmen immer wieder von Neuem Dinge auf, die sie zu noch größeren Siegern machen. Gewinner saugen gerne und immer wieder aufs Neue alle die Dinge und Informationen auf, die ihren Gewinn und Erfolg weiter vergrößern. Das ist das ganze Gesetz.

☛ ***Die alles entscheidende Botschaft lautet:***
Seien Sie penetrant. Immer und immer wieder. Im Sinne von gleichbleibender Hartnäckigkeit. Sorgen Sie auf diese Weise für den Zustand persönlichen und finanziellen Erfolgs. Auf diese Weise setzen Sie eine Erfolgsspirale in Gang. Eine Erfolgsspirale, die sich immer und immer schneller zu Ihrem Vorteil drehen wird.

Noch ein letztes Wort zum Unterschied zwischen den Nein-Sagern (Verlierer-Typen) und den Ja-Sagern (Sieger-Typen). Persönlicher und finanzieller Erfolg ist ein kontinuierlicher Prozess. Dieser Prozess endet nie. Verstehen Sie: *Nie!* Verkaufen ist ebenso ein Prozess, der kontinuierlich stattfindet. Für Gewinner unter den Verkäufern gibt es kein Ende. Immer nur einen Anfang. Wer wie diese typischen Nein-Sager nein zu Neuem sagt, sagt ja dazu, dass das eigene Wachstum endet. Allein deswegen schon gehören Nein-Sager zu Neuem, zu neuer Information, neuen Methoden niemals zu den Gewinnern.

Kapitel 24

Was Gewinner-Typen unter den Finanzverkäufern auszeichnet

Jedes Buch ist ein Spiegel. Wenn ein Affe hineinguckt,
so kann kein Apostel herausgucken.
Georg Christoph Lichtenberg, deutscher Schriftsteller und Physiker

Gewinner-Typen unter den Verkäufern können eigentlich alles verkaufen: Staubsauger, Finanzprodukte, Brötchen, Autos oder sonst was. Im Folgenden nenne ich Ihnen einige typische Eigenschaften dieser Gewinner-Typen. Manche Punkte wiederholen das in den letzten Kapiteln Gesagte. Betrachten Sie es als wichtigen Hinweis. Beachten Sie diese Punkte, die jeweilige Gesetzmäßigkeit künftig umso mehr!

1. Gesetzmäßigkeit: Die müssen das einfach kaufen ...!

Wahre Verkäufer, die wirklichen Sieger-Typen unter den Verkäufern, verkaufen alles. Diese Typen haben eine ganz besondere *Einstellung.* Diese Typen machen offensichtlich mit einer „Die müssen das einfach kaufen-Einstellung" ihren Job. Die folgenden Punkte sind mir besonders wichtig. Das ist der erste und entscheidende Zustand verkäuferischen Erfolgs: Die absolute Überzeugung von der eigenen Botschaft.

2. Gesetzmäßigkeit: Die magische Kette

Diese Verkäufer-Typen setzen mit dieser Einstellung immer wieder aufs Neue eine von mir so genannte „magische Kette" in Gang. Diese magische Kette sieht wie folgt aus:

Er glaubt an sich

↓

Ich glaube an ihn

© Bernd W. Klöckner

Oder verkürzt:

Er glaubt sich

↓

Ich glaube ihm

© Bernd W. Klöckner

Die magische Kette

Das ist eine universelle Gesetzmäßigkeit. Die Leute sehen es einem Verkäufer an, sie spüren es regelrecht, ob er – oder ob er nicht – an sich, seine Botschaft, sein Produkt, seine Dienstleistung glaubt. Dazu kommt: Gerade potenziell gut situierte Kunden haben oftmals ein gutes Gespür für ihr Gegenüber. Potenziell gute und sehr gute Kunden – die müssen Sie gewinnen – verfügen in der Regel über Geld, weil sie viele gute Geschäfte in der Vergangenheit machten. Wer viele gute Geschäfte gemacht hat, hat mit vielen Leuten gesprochen und besitzt dadurch oftmals sehr gute Menschenkenntnis. Deswegen „riechen" solche Menschen es häufig, wenn irgend etwas faul ist. Stimmt die Botschaft nicht, glaubt also ein Verkäufer nicht an seine Botschaft (Unsicherheit, mangelndes Fachwissen), will jedoch die Kunden überzeugen, sind das die Momente, in denen die Leute – wie beschrieben – intuitiv spüren: „Da stimmt doch was nicht!"

3. Gesetzmäßigkeit: Tun Sie es!

Eine weitere Grundregel berücksichtigen wirkliche Sieger-Typen immer und immer wieder. Diese Grundregel lautet: „Es lohnt sich einfach, besser zu sein!" Mit anderen Worten: Gewinner tun immer mehr als nötig. Gewinner wollen eine Sache und sie tun sie. Gewinner wollen einen Kunden gewinnen und gewinnen ihn! Gewinner wollen einen Abschluss und Empfehlungen. Gewinner schließen das Geschäft ab und erhalten Empfehlungen. Ich weiß, das klingt simpel. Doch probieren Sie es aus! Sagen Sie sich ab heute vor jeder Sache, jedem Ziel, jeder Aufgabe, jedem Kundenbesuch: „Ja ich will es! Ja, ich tue es!" Mit denselben Worten beschreibt Axel J. Bertling in seinem Buch „Verkaufs-Genies" einen seiner wesentlichen Erfolgssätze: „Ich will es und ich tue es!"

4. Gesetzmäßigkeit: Besuchen Sie Ihre Kunden!

Alle, ich betone *alle* erfolgreichen Verkäufer verfügen über eine exzellente Planung. Gute, sehr gute Verkäufer kennen den Tagesablauf, haben feste Termine, tun die Dinge. Das ist alles. Verlierer-Typen jammern ständig nur: „Oh, ist das schwierig mit den Terminen!“ Sie tun nichts außer jammern, jammern und jammern. Und dann, zack, ist ein Tag, eine Woche, ein Monat vorbei. Die einzige Möglichkeit, einem Kunden etwas zu verkaufen, ist, beim Kunden zu sitzen. Niemand verkauft etwas, wenn er zu Hause vor dem Spiegel übt und sich in Gedanken die tollsten Erfolge ausmalt, aber nie beim Kunden sitzt. Wer Geschäfte machen will, muss raus zum Kunden! Wer viele Geschäfte machen will, muss viele Kunden besuchen. Und wer richtig gute Geschäfte machen will, muss noch mehr Kunden besuchen. Das ist alles.

Nochmals: Planen Sie Ihren Tag, Ihre Woche, Ihren Monat. Sie wollen es! Gut, dann tun Sie es! Sie wollen den Zustand Erfolg! Gut, tun Sie alles für diesen Zustand. So einfach ist das! *Nur* Kunden bilden Verkäufer aus! Haben Sie das verstanden? Planen Sie Ihren Erfolg, indem Sie Ihre Zeit planen. Erzielen Sie Erfolge, indem Sie Kunden besuchen. Immer und immer wieder. Dabei gilt: Wahren Sie in jeder Hinsicht Ihre positive Einstellung. Eine simple Methode ist die, dass Sie die richtige Einteilung aller Menschen, also auch der Kunden, beachten. Letztlich gibt es lediglich zwei Personengruppen in diesem Leben.

T _ _ _ _ _ r

F _ _ _ _ _ e

Sie haben es erraten? Richtig! Es gibt ausschließlich Trainer und Freunde. Das ist alles. Sie werden von einem Kunden beleidigt, beschimpft, hinausgeworfen. Gut, sehen Sie es als Training. Wobei es ja zugegeben schon die harte Form des negativen Erfolgs wäre. Nochmals: Sehen Sie die Leute, mit denen Sie aneinandergeraten, als Trainer. Diese Typen trainieren Sie. Immer und immer wieder. Dieses Beispiel können Sie sehr schön auch an jeder anderen Stelle im Berufsleben einsetzen. Sie werden beleidigt, angemacht, verbal getreten. Gut! Sehen Sie es als Training! Mein Tipp: Versuchen Sie es einmal mit diesem Modell. Sie werden sich erwischen, dass Sie künftig in der ein oder anderen kommunikativ brenzligen Situation mit einem Lächeln denken: „Oh, danke! Er trainiert mich soeben!“

Zurück zum Kunden und Kundenbesuchen. Nutzen Sie den besten und kostenlosen Verkaufscoach, den es gibt, schon immer gab und immer geben wird: den Kunden! Ihre Kunden sind Ihre Verkaufstrainer. Führen Sie zehn Gespräche, und Sie haben zehnmal trainiert. Führen Sie hundert Gespräche und Sie haben hundert Mal trainiert. Führen Sie drei Gespräche am Tag! Sie trainieren auf diese Weise im Jahr über tausend Mal. Verstehen Sie das! Stellen Sie sich vor, Sie trainieren eine Kampfsportart, Singen, Ballett oder etwas anderes tausend Mal im Jahr. Das Ergebnis: *Erfolg* auf der ganzen Linie. Dazu kommt: Unter den tausend Trainings im Jahr wird es einige geben, bei denen Sie sehr, sehr schlecht drauf sind. Akzeptieren wir das! Akzeptieren Sie das! Machen wir es beim nächsten Mal besser. Mit der Zeit wird Ihre Erfolgsstatistik steigen und steigen. Mit jedem Erfolg kommt neues Selbstbewusstsein dazu. Die magische Kette „Er glaubt an sich – Ich glaube an ihn" entfaltet ihre magische und Erfolg bringende Wirkung. Die beste Voraussetzung für Erfolg ist Erfolg! Erleben Sie die Wahrheit dieses Spruches. Nichts ist so mächtig wie der Erfolg!

Hand aufs Herz: Was glauben Sie, welchen Kunden besuchen Sie am beschwingtesten? Bei welchem Kunden sind Sie mehr aufgedreht? Beim ersten, beim fünften oder beim elften Kunden? Sie ahnen es. Die Antwort lautet: Sie werden beim elften Kunden an einem Tag – hier handelt es sich um eine Annahme – die besten Ergebnisse erzielen. Sie werden zu diesem Zeitpunkt Ihre Verkaufsenergie, Ihr Konzept bis zur Perfektion kennen und anwenden. Das wiederum spüren Ihre Kunden. Die Erfolge purzeln.

5. Gesetzmäßigkeit: Lesen, lesen, lesen ...

Lesen Sie und verkaufen Sie Informationen. Das ist alles. Das ist die ganze Voraussetzung für den Zustand Erfolg! Lesen, Informationen sammeln, Informationen verarbeiten, Informationen verständlich weitergeben. Auch hier gilt: Es lohnt sich einfach, besser zu sein! Informationen sind in dem ganzen Spiel das A und O. Wer nicht liest, wer keine Informationen sammelt, verliert. Wer viel liest, Informationen sammelt und sich auszudrücken weiß, gewinnt. Die Erklärung, wieso die Bedeutung der Information so groß ist, liegt auf der Hand: Wir alle wünschen und erhoffen uns Vorteile. Jeder will gerne Vorteile. Je mehr Vorteile, desto besser. Wer signalisiert, dass er über ausreichende Informationen verfügt, sichert seinen Kunden einen „Informations-Vorteil", einen „Informations-Vorsprung". Jeder hat gerne mit Leuten zu tun, die in einer Sache so richtig, so wirklich richtig gut Bescheid wissen. Wer nur mit durchschnittlichen Informationen aufwartet, kann in der heutigen Zeit kaum punkten. Jeder einigermaßen clevere Kunde ist mittels Suchmaschinen und anderen Informationen dank Internet in meist kurzer Zeit in der Lage, sich einen einigermaßen guten Überblick zu verschaffen. Das bedeutet: Wer nur mittelmäßige Informationen anbietet, langweilt. Wer langweilt, verliert das Interesse seiner Kunden. Das ist alles. Umgekehrt gilt: Wer wertvolle Informationen handelt, gewinnt das Interesse seiner Kunden. Erzielt Abschlüsse.

Stellen Sie sich vor, ein Verkäufer möchte einen wirklichen Top-Kunden gewinnen. Letztlich ist das der Traum vieler Vermittler: Top-Kunden gewinnen. Auf diese Weise das eigene Einkommen spürbar steigern. Dummerweise handelt es sich um einen mittelmäßigen Verkäufer-Typ. Der Kunde dagegen ist deswegen erfolgreich, weil er selbst das Spiel mit der besseren Information beherrscht – möglicherweise seit Jahren beherrscht. Trifft nun unser mittelmäßiger Verkäufer mit mittelmäßigen Informationen auf einen Top-Kunden, der gewohnt ist, Top-Informationen zu erhalten, ist das Spiel aus, bevor es begonnen hat. Unser Verkäufer hat nicht den Hauch einer Chance. Anders dagegen wäre es, wenn es ein Top-Verkäufer wäre, der mit Top-Informationen handelt und dann auf einen Top-Kunden trifft. Jetzt stimmt die Information. Der potenzielle Käufer wird das nach kurzer Zeit spüren.

☛ ***Die alles entscheidende Botschaft lautet:***
Die Informationsflut, die Informationsvielfalt ist letztlich nur für Profis überschaubar. Wer wie ein Profi Wissen aufbaut und Informationen sammelt, gewinnt. Das bedeutet auch: Lesen Sie. Wenn Sie können! So oft wie möglich. So viel wie möglich. Kommen Sie zu eigenen Schlussfolgerungen und perfektionieren Sie auf diese Weise Ihr Informationsgeschäft!

Soweit einige der grundlegenden Ergebnisse, was Gewinner ausmacht!

Kapitel 25

Sieger-Typen denken, reden, handeln wie Sieger und sehen wie Sieger aus!

Für keinen Finanzverkäufer gibt es jemals
eine zweite Chance für den ersten Eindruck.
K. Walter, amerikanischer Erfolgspsychologe

Hand aufs Herz: Lieben Sie Ihren Beruf? Lieben Sie Ihren Beruf als Finanzverkäuferin? Als Finanzberater? Wollen Sie der beste Finanzverkäufer werden, den Sie aus sich machen können? – Ich hoffe sehr, dass Sie jetzt ohne Zögern drei Mal ein klares und sehr, sehr deutliches Ja gesagt haben.

Sie brauchen PEP.

Das bedeutet: Die richtige **P**hilosophie, das richtige **E**rscheinen, wirkliche **P**assion. Wenn Sie Begeisterung, Emotion und Faszination mitbringen, werden Sie wie Sieger-Typen verkaufen. Sie führen ein Team, ein Verkäufer-Team! Gut! Stellen Sie sehr, sehr schnell sicher, dass Ihre Leute, die Leute Ihrer Organisation, diese drei Erfolgsfaktoren Emotion, Begeisterung und Faszination besitzen. Lesen Sie, was in diesem Buch im Kapitel „Seien Sie ein Dream-Team-Typ! Setzen Sie auf Dream-Teams“ geschrieben steht.

Wir alle wissen, was *Emotionen* bewirken können. Nehmen wir irgendeinen Menschen. Er lernt *sie* oder sie lernt *ihn* kennen. Die Hormone schlagen durch. Die Emotionen sagen: „Ja, ich will!“ Sie sind bis über beide Ohren verliebt! Jeder sieht es ihnen an. Jetzt kommt ein alter, erfahrener Freund und sagt: „Du, lass’ die Finger von diesem Menschen!“ Dieser alte, erfahrene Freund hat sogar sehr, sehr gute Argumente. Was machen wir? In mehr als zwei Dritteln aller Fälle, das bestätigen wissenschaftliche Studien, schieben wir die rationalen Argumente zur Seite und setzen auf unsere emotionale Entscheidung.

Versetzen wir uns in die Lage der Kunden. Zum x-ten Mal hören die von Ihnen, wieso beispielsweise Geldanlage, Vorsorge, Vermögensaufbau wichtige Themen sind. In den Themen gibt es zwischen Ihnen und Ihren „Vorgängern“ keinen Unterschied. Der alles entscheidende Unterschied besteht darin, dass Sie die drei Erfolgsfaktoren Emotion, Begeisterung, Faszination – kombiniert mit Information und Wissen – ‘rüberbringen. Das müssen Ihre Kunden spüren!

Nochmals: Ohne diese drei Erfolgsfaktoren haben Sie – wissenschaftlich nachgewiesen – nur in einem Drittel aller Fälle die Chance auf Erfolg! Das erklärt auch, wieso viele wirkliche Sieger-Typen – bis auf wenige Ausnahmen – ein Abschlussverhältnis von 1:1 aufweisen. Sie haben richtig gelesen: ein Gespräch, ein Abschluss! Die Erklärung ist denkbar einfach: Wer den Beruf des Finanzverkäufers, der Finanzverkäuferin mit Leidenschaft, mit Faszination und Begeisterung ausübt, wird sich mit einem immer möglichen *Nein* eines Kunden nicht zufrieden geben. Verlierer akzeptieren ein *Nein*, schweigen und machen den nächsten Termin. Sieger-Typen haken nach. Sieger-Typen wollen bei einem möglichen *Nein* erst recht wissen, was Sache ist. Sieger-Typen gehen einem Nein nach und fragen, wieso ein Kunde nicht kauft. Wieso ein Kunde die Geldentscheidung nicht heute trifft. Sieger-Typen wissen, weil sie die Gesetze der Finanzmathematik beherrschen, dass jeder Tag für den potenziellen Kunden einen Verlust bedeutet. Dabei bleiben Sieger-Typen selbstbewusst bis ins letzte Detail.

Ich will Ihnen erzählen, wie ich einen meiner besten Kunden gewann. Einen Kunden, mit dem ich nun seit vielen Jahren zusammen arbeite. Als ich ihn im ersten Gespräch in seinem Büro kennen lernte, hielt er mir bereits nach wenigen Minuten einen Vortrag, wie er seine Entscheidungen treffen würde. Was er grundsätzlich ablehnen würde und was er überhaupt nicht leiden könnte. Dazu käme, so meinte er, dass er überhaupt die ganze Finanzbranche nicht leiden könnte. Ich weiß noch genau, wie ich damals zuhörte und dann sagte: „Jetzt geben Sie mir doch erst einmal einen Stift, zweitens ein Blatt Papier und bieten mir drittens eine kalte Cola light mit Eis an, einverstanden!“

Für solche Entgegnungen brauchen Sie die nötige Ruhe, Selbstsicherheit und Gelassenheit. Das müssen Sie üben, üben, üben. Im Fall dieses Kunden war die Wirkung unglaublich. Einen kurzen Moment herrschte Stille, dann lächelte er, griff zum Telefonhörer und bestellte für mich die Cola light. Anschließend nahm er einen Stift, ein Blatt Papier, kam um seinen Schreibtisch herum und setzte sich an den runden Besprechungstisch. Das Eis war im wahrsten Sinne gebrochen. Eine der Erfolgsregeln der Sieger-Typen lautet also:

Gewinner sind frech! Provozieren (wohldosiert)!

Das bedeutet: Provozieren wir öfter! Provozieren *Sie* öfter! Das müssen Sie tun. Sie müssen die personifizierte Selbstsicherheit sein. Kunden akzeptieren Stärke. Gute Kunden, ich meine wirklich gute, wichtige Kunden mit hohem Einkommen sind selbst Menschen, die sich in ihrem Leben immer wieder behauptet haben und täglich neu behaupten. Diese Menschen akzeptieren Stärke. Das ist der Grund, wieso die Teilnehmer meines Trainings lernen, dass sie im ersten Gespräch nichts anderes brauchen als ihr Wissen, die gespeicherten Informationen und ihren Finanztaschenrechner. Den Rest lassen Sie sich von Ihren Kunden (bei)bringen. – Dabei gilt nochmals: Alle Sieger-Typen, die ich im Lauf der Jahre als Vorbereitung für dieses Buch kennen lernte und interviewte, sind ständig auf der Suche nach neuem Wissen. Sie machen es anders als dieser eine Typ, bislang der einzige unter vielen zehntausend Teilnehmern meiner Trainings, der einmal schrieb: „Ich bin enttäuscht von diesem Tag. Ich dachte, wir lernen mit Formeln rechnen!" Dieser Typ hatte nichts verstanden, er wollte offensichtlich nichts verstehen, wollte nichts lernen.

Sie müssen die Nr. 1 für Ihre Kunden werden

Wann sind Sie die Nr. 1? Ganz einfach: Wenn Ihre Kunden bei den Themen Geldanlage, Versicherungen, Vorsorge, Vermögensaufbau immer und ausschließlich zuerst an Sie denken. Wir alle erinnern uns an Sieger: an Edmund Hillary, an Charles Lindbergh. Na! Sie wissen, was beiden Typen jeweils als Nr. 1 gelang! Richtig: der Erste bestieg als Nr. 1 den Mount Everest, der Zweite flog als Nr. 1 über den Atlantik. Dabei gilt: Es ist immer und für jeden der richtige Zeitpunkt, um zur Nr. 1 zu werden. Die Nr. 1 werden, die Nr. 1 bleiben bedeutet, neues Wissen erwerben und es den Kunden nahe bringen. Doch widerstehen Sie dem Drang, auf Teufel komm raus bei jedem Kunden die Nr. 1 sein zu müssen. Das funktioniert ohnehin nicht. Bauen Sie gute Kunden auf. Pflegen Sie Ihre bisherigen guten Kunden und zeigen Sie diesen Kunden immer wieder aufs Neue, dass Sie die Nr. 1 sind. Niemand sonst. Dann perfektionieren Sie das Empfehlungsgeschäft bei diesen guten Kunden, die Sie zu sehr guten Kunden machen. Das ist alles! Nicht mehr! Nicht weniger!

Glauben Sie an sich!

Im Lauf der Jahre hörte ich viele Äußerungen wie: „Oh, dieser Kunde ist eine Nummer zu groß für mich ...“, „Das Gespräch mit diesem Kunden traue ich mir nicht zu ...“ und ähnliche Dinge. Du bekommst, was du willst! Wer immer nur auf 50-Euro-Sparverträge geht und einen 100-Euro-Sparvertrag bereits als 6er im Lotto sieht, wird niemals, ich wiederhole *niemals* wirklich erfolgreich. Ein Teilnehmer eines Trainings erzählte mir die folgende Geschichte aus dem Bereich der privaten Krankenversicherungen:

> *„Als ich nach und nach immer mehr Gespräche auch mit guten bis sehr gut verdienenden Kunden führte, machte ich eine verblüffende Erfahrung. Bei den ersten Gesprächen sprach ich stets über kleine Beiträge wie 100 oder 200 Euro, mit denen man sich Zusatzleistungen einkaufen könne. Oder die man sparen könne, wenn man sich auf die eine oder andere Weise bei uns versichere. Die Resonanz war mager, das Interesse geringfügig. Bis ich eines Tages allen Mut zusammennahm und bei einem Kunden die – wie ich es nenne – ‚große Nummer‘ brachte. Das bedeutet: Ich sprach von großen Zahlen, sprach von Tausenden, die er im Jahr sparen könnte, wenn er meinen Vorschlägen folgen würde. Der Kunde unterzeichnete den Antrag. Spätestens jetzt war mir klar geworden: Ich muss große Zahlen ansprechen, um große Verträge zu machen!“*

Begreifen wir das! Verstehen Sie das! Sie bleiben Mittelmaß, Sie bleiben Durchschnitt, wenn Sie immer nur über kleine Zahlen sprechen. Mit kleinen Leuten über kleine Zahlen sprechen, um dann mühevoll Empfehlungen dieser kleinen Leute zu erhalten, damit Sie weiter mit neuen kleinen Leuten sprechen dürfen. Am besten ist: Schließen Sie selbst Sparverträge, Vorsorgeverträge in Höhe von mehreren hundert Euro im Monat ab. Oder von ein- oder zweitausend Euro im Monat – wenn Sie können. In jedem Fall: Je höher, desto besser! Jetzt, erst jetzt können Sie hohe Vorsorgeverträge verkaufen. Da gibt es Berater, die wollen Vorsorgeverträge mit einigen hundert Euro verkaufen, sparen und investieren selbst jedoch mickrige fünfzig oder hundert Euro im Monat, die bei weitem – das wissen die Sieger-Typen – zur sicheren Vorsorge nicht ausreichen. Nochmals: Sie machen große Geschäfte, indem Sie zu 100 Prozent daran glauben, was Sie sagen.

Die Kunst des eingebildeten Wettbewerbs

Alle Sieger-Typen beherrschen die Kunst des inneren Wettbewerbs. So nenne ich den im Folgenden beschriebenen Gedanken. Innerer Wettbewerb bedeutet: „Wenn ich es nicht mache, macht's ein anderer. Und der macht's richtig gut!“ Auf den Punkt gebracht lautet der Gedanke: Wenn ich als Verkäufer nicht an die Hunderter des Kunden zur Altersvorsorge rankomme, kommt irgendwann – das Ganze ist nur eine Frage der Zeit – ein anderer an die Hunderter ran. Und der kommt richtig ran! Will ich das? Nein! Also mache ich's selber!"

Verstehen Sie das! Als ich diese Methode des „eingebildeten Wettbewerbs“ vor vielen Jahren entdeckte und anwandte, schnellten meine Umsatzzahlen drastisch in die Höhe. Bei den Gesprächen, die auf ein Nein herausliefen oder wo zumindest die Gefahr eines Nein bestand, lief ich erst Recht zur Hochform auf. In diesen Sekunden stellte ich mir vor, wie ein anderer – nach mir – das Geschäft mit dem Kunden machen würde, bei dem ich jetzt noch saß. Da ich diesem unbekannten Nächsten das Geschäft nicht gönnte, blieb mir keine Wahl, als zu gewinnen. Auch das ist ein Phänomen unter den echten Siegern: Entweder leben diese Typen in einem echten Wettbewerb zu anderen Verkäufern. Oder sie bilden sich diesen Wettbewerb ein. In jedem Fall gilt: Sieger-Typen wollen die Nr. 1 sein und bleiben. Sieger-Typen wollen in diesem Wettbewerb – ob eingebildet oder tatsächlich gegeben – gewinnen. Sieger-Typen denken immer und immer wieder an den Satz: „Wenn du es nicht machst, macht's ein anderer, und der macht's richtig gut!“

Sieger-Typen & Team-Aufbau

Eine sehr, sehr wichtige Beobachtung war für mich die folgende: Sieger-Typen, die Sieger-Teams formten, setzten alle ausnahmslos auf die alte Methode des Vormachen und Nachmachen. Das bedeutet: Sie wollen ein Team aufbauen! Erstellen Sie ein Konzept! Dann zeigen Sie den Neuen, wie es funktioniert! Anders herum gilt: Sie sind neu in einem Team! Setzen Sie sich mit den besten Verkäufern Ihres Teams zusammen. Fragen Sie, was diese Verkäufer zur Nr. 1 gemacht hat. Kopieren Sie die guten Ideen und Methoden.

Arbeiten Sie mit Dream-Team-Typen! Arbeiten Sie mit Dream-Teams! Das müssen Sie tun!

Lassen Sie mich – leicht abgewandelt – einen wunderbaren Ausspruch von Sandy Elsberg zitieren. Sie haben mit Leuten zu tun! Sie führen Leute in einem Team! Die Leute in Ihrer Organisation! Gut! Drucken Sie diesen Spruch als großes Plakat oder bestellen Sie es bei mir. Hängen Sie diesen Spruch in einem entsprechenden Rahmen in Ihrem Büro auf. Diese kleine Handlung wird auf Dauer Großes bewirken. Ihre Besucher, Ihre Gesprächspartner werden diesen Spruch als Erstes sehen. Ihre Leute werden ahnen, welche Ziele Sie erreichen wollen. Die Typen, die nicht wirklich an der Sache beteiligt sind, werden sich an diesem Spruch stören. Gut. Trennen Sie sich. Die Menschen jedoch, die mit Ihnen gemeinsam Ziele, große Ziele erreichen wollen, werden diesen Spruch sehr wohl verstehen, begreifen. Als eine wundervolle Sache empfinden. Lesen Sie nun selbst:

Wenn du das *Feuer der Begeisterung*, der *Leidenschaft für eine Sache* in dir trägst, werden die Leute, die dir nahe kommen, sich entweder an dir entzünden oder an dir zerschmelzen. Die bleiben, werden dein Feuer lieben. Werden es brauchen, bis sie selbst zu Führern der einen Sache, auf dem Weg zu einem gemeinsamen Ziel werden. Du wirst ihr Feuer sein, bis sie selber brennen. Bis sie selber neue Menschen begeistern. Mit ihrer eigenen Leidenschaft, ihrem eigenen Feuer entzünden.

© Bernd W. Klöckner (abgewandelt nach Sandy Elsberg)

Kapitel 26

16 Strategien & Techniken genialer Verkäufer

> Wir lieben die Menschen, die frisch heraus sagen,
> was sie denken – falls sie das Gleiche denken wie wir.
> *Mark Twain,* amerikanischer Schriftsteller

Verkäufer sein ist ein Beruf. Ein Beruf, den man erlernen kann. Wenn man will. Wenn man bereit ist, immer und immer wieder dazu zu lernen. Ich glaube fest daran, dass nie ein Wunsch Besitz von jemandem ergreift, ohne dass die betreffende Person auch die Kraft erhält, diesen Wunsch zu verwirklichen. Doch wie sagt schon Richard Bach in seinem phantastischen Buch „Illusionen“: *Es mag allerdings sein, dass du dich dafür anstrengen musst!*

Und weiter:

Du wirst Zeit deines Lebens
von dem inneren, lernenden Wesen gelenkt,
von dem verspielten geistigen Geschöpf,
das dein wahres Selbst ist.
Wende dich nicht ab von möglichen
Ereignissen in der Zukunft,
ehe du sicher bist, dass du
nichts aus ihnen zu lernen hast.
Du kannst es dir jederzeit anders überlegen, dir eine andere Zukunft aussuchen
oder eine andere Vergangenheit.

Ist das nicht eine wunderbare Chance? Das ist die Einstellung, die Sie auf dem Weg hin zu einem genialen Verkäufer mitbringen müssen. Nun mehr zu den Kommunikationstechniken und- strategien der genialen Verkäufer.

1. Zelebrieren Sie Ihr Verkaufsgespräch!

Alle wirklich guten Verkäufer sind überzeugende Persönlichkeiten. Ein Merkmal, das ich in diesem Buch immer wieder aufgreifen werde. Diese Sieger-Typen sind kreativ, fast möchte man sagen Künstler. „Oh“, denken jetzt einige, „und was sollen Verkaufen und Kunst gemeinsam haben?“ Ich will es Ihnen verraten: Die genialen Typen unter den Verkäufern feilen immer wieder aufs Neue an ihrer Verkaufsmethodik. Wie ein Künstler, der mal hier, mal dort einen Farbstrich zieht. Wie ein Koch, der plötzlich einen Klecks Mayonnaise dazu gibt, und alle Welt ruft sein Gericht plötzlich zum Gourmet-Menü des Jahrzehnts aus. Auf diese Weise „zelebrieren“ auch wahre Gewinner-Typen unter den Finanzverkäufern ihr Verkaufsgespräch. Den genialen Typen unter den Verkäufern sind zwei Dinge klar:

1. Verkaufe ich eine Ware, bin ich austauschbar.
2. Verkaufe ich mich und meinen Verkaufsprozess, bin ich ein Unikat, einzigartig!

Nochmals: Geniale Verkäufer steuern einen Verkaufsprozess wie ein Musikstück, wie eine perfekte Theaterinszenierung. Dutzende Male geprobt, immer wieder neu verfeinert. Der Verkaufsprozess beginnt dabei mit Klärung des Bedarfs und endet mit Abschluss und Empfehlungen. Jedem der mir bekannten genialen Verkäufer ist klar: Nur mein eigener, von mir entwickelter Verkaufsprozess unterscheidet mich von allen anderen. Die Produkte sind – nahezu – identisch. Erfolg oder Misserfolg, dauerhafter Erfolg oder Misserfolg entscheidet sich über die Kommunikation. Ständig entwickeln geniale Verkäufer aus alten und neuen Informationen, aus altem und neuem Wissen die eigenen Fähigkeiten als Verkaufs-Kommunikator. Das ständig neue Entwickeln ist die ureigenste schöpferische Leistung der wirklich guten Verkäufer. Führen Sie – indem Sie Ihr Wissen, Ihre Information, verschiedene Trainings und Coachings schöpferisch verbinden – Regie in Ihrem eigenen Verkaufsprozess. Und Sie haben Erfolg. Das ist alles!

Nehmen wir mein eigenes Vertriebs- und Rechen-Training als Beispiel. Die Teilnehmer, die die von mir trainierte Methodik am erfolgreichsten von allen anwenden und mir von ihren Erfolgen berichten, sind diejenigen, die aus dem, was ich ihnen an Know-how schenkte, schöpferisch ihre eigene Fassung entwickeln. Der eine stellte meine Methodik der 7-Schritte-Erfolgsstrategie leicht um und schrieb in den vier Monaten nach dem letzten Training über 700 000 Euro zusätzliche Lebensversicherungs-Vertragssumme. Der andere

– ein Teilnehmer aus Österreich – nahm einen Zusatzbaustein in meine Methodik auf und steigerte seine ohnehin schon recht guten Umsätze nochmals drastisch.

! *Begreifen wir das! Begreifen* **Sie** *das! Perfektionieren Sie Ihren ganz eigenen, unverwechselbaren Verkaufsprozess. Das müssen Sie tun! Sie haben Erfolg! Sie steigern Ihren Erfolg. Ihren persönlichen und beruflichen Erfolg! Verkaufen Sie sich! Das ist alles, was Sie tun müssen.*

2. Akzeptieren Sie Angst!

Geniale Verkäufer haben eine weitere Gemeinsamkeit: Sie kennen keine Angst. Verlierer-Typen dagegen leben in ständiger Angst. Angst vor ...

- „falschen" Fragen des Kunden,
- dem Abschluss,
- Empfehlungen,
- der möglichen Überlegenheit des Kunden,
- den hohen Umsatzzielen.

Verstehen Sie das! Angst verhindert Erfolg. Wer ängstlich ist, wirkt ängstlich. Genauso wenig wie sich jemand von einem spürbar ängstlichen Chirurgen operieren lassen will, gibt es ebensowenig Kunden, die gerne einem ängstlichen Finanzverkäufer ihr Geld (Geld ist bekanntlich ein scheues Reh) anvertrauen. Dazu kommt: Wer Angst hat, verliert – wenn er überhaupt eines hat(te) – sein Ziel aus den Augen. Das ist so, als ob Sie im Dschungel von A nach B laufen wollen. B ist Ihr Ziel. Sie wollen gerne sehr schnell in B ankommen. Plötzlich hören Sie ein sehr unangenehmes Grollen, und schon steht ein riesiger Tiger vor Ihnen. Das Ergebnis: Sie haben Angst (bis auf die wenigen unter Ihnen, die natürlich schon mehrfach einen Tiger mit eigenen Händen erlegt haben). Sie verschwenden keinen Gedanken mehr an B. Ihr Ziel, unbedingt nach B zu kommen, ist völlig vergessen. Die Begründung: *Angst!* Ihr Gehirn ist nun anders besetzt. Wie viele Verkäufer lernte ich kennen, die bei Herausforderungen, beispielsweise im Rahmen gemeinsamer Coachings, die Eigenart hatten, Dinge zu sagen wie „Ich bin wirklich blöd!" oder „So dumm kann man doch gar nicht sein!". Diese Verkäufer produzierten oftmals zu Beginn ein Misserfolgsbild nach dem anderen. Die Sieger-Typen unter den Verkäufern machen es anders. Machen es besser. Geniale Verkäufer konzentrieren sich immer wieder aufs Neue auf die eigene, exakt und bis ins Detail ausgedachte Zielvorstellung. Geniale Verkäufer lieben – wenn es mal dazu kommt – Angst machende Momente. Geniale Verkäufer wissen: Jetzt bekomme ich die Chance zu mehr Wachstum!

! *Lassen Sie die Angst zu, und die Angst stirbt einen sicheren Tod! Das ist es! Sie haben Angst! Gut! Akzeptieren Sie die Angst als ein wichtiges Warnsignal. Es heißt soviel wie: „Hey! Du musst sehr, sehr dringend etwas tun! Du musst blitzartig etwas unternehmen!"*

3. Spiegeln Sie Ihre Kunden!

Geniale Verkäufer spiegeln ihre Kunden in Bezug auf Sprache, Tonlage, Rhythmus der Sprache, Sprechgeschwindigkeit, Gestik, Mimik und vieles mehr. „Pah, wieder so ein NLP-Unsinn", mag der eine oder der andere denken. Ich sage Ihnen: Nahezu alle genialen Verkäufer beherrschen diese Technik und haben sie über Jahre bis zur Perfektion trainiert. Stellen wir uns folgende Situation vor: Ein Kunde spricht langsam und betont, seine Mimik und Gestik sind sehr reduziert. Der Verkäufer, der ihm gegenüber sitzt, gestikuliert ständig wild mit allem, was dazu dienlich ist. Er redet wie ein Wasserfall. Pausen kennt er nicht. Manchmal verschluckt er (oder sie) wegen der Schnelligkeit einige Silben oder Buchstaben. Na, was meinen Sie? Kann dieses Verkaufsgespräch gut gehen? Die Antwort lautet: Es kann womöglich gut gehen. Darum geht es auch nicht. Doch es würde vermutlich noch leichter und lukrativer für den Verkäufer werden, wenn dieser die „Sprache" des Kunden spricht. Wobei hier „Sprache" sowohl verbal als auch körpersprachlich gemeint ist.

! *Spiegeln Sie Ihre Kunden. Üben Sie dieses Spiegeln. Immer und immer wieder. Je mehr Sie trainieren, also am Mann (oder an der Frau) trainieren, desto perfekter werden Sie Ihre Sinne schärfen. Gespräch für Gespräch wird es immer einfacher und einfacher. Sie bekommen zunehmend das allen bekannte „Fingerspitzengefühl".*

4. Nutzen Sie die Magie des Namens!

Die erste und wichtigste Regel lautet: Schreiben Sie den Namen Ihres Kunden zu Beginn einmal auf. Insbesondere bei schwierigen Namen fragen Sie: „Wie wird Ihr Name korrekt ausgesprochen?" Schreiben Sie sich gegebenenfalls das gesprochene Wort auf. Alle genialen Verkäufer nutzen den Namen des Kunden für eine optimale Kommunikation. Wer hier den Anfang verpasst, fragt später noch weniger nach. Es ist schlichtweg peinlich, nach einer halben Stunde Gespräch zu fragen: „Wie heißen Sie eigentlich?" Wir alle ahnen: Das Gespräch dürfte auf der Stelle zu Ende sein, zumindest wird die Beziehung gebrochen.

Es ist etwas grundlegend anderes, ob ein Verkäufer sagt: „Wissen Sie, bei der Vorsorge zählt jeder Tag. Ich nenne Ihnen ein Beispiel ...", oder: „Herr Kunde, wissen Sie, bei der Vorsorge zählt jeder Tag. Ich nenne Ihnen ein Beispiel ...", oder: „Wissen Sie, bei der Vorsorge – Herr Kunde – zählt jeder Tag. Ich nenne Ihnen ein Beispiel ...".

Auch diese Technik ist lediglich ein kleiner Baustein. Für sich allein betrachtet scheint es unmöglich, dass durch Weglassen dieses Bausteins der Erfolg gefährdet sein könnte. Darum geht es nicht. Dieser Baustein erleichtert Ihnen den Erfolg.

! *Es gibt zum Erfragen des Namens eines Kunden nur einen einzigen Zeitpunkt: den Beginn eines Gesprächs. Kennen Sie den Namen, setzen Sie ihn immer wieder ein.*

5. Bestätigen Sie die Kaufentscheidung!

Gewinnertypen unter den Verkäufern bestätigen den Verkauf nach Abschluss. Sie sagen: „Frau Kundin, Sie haben eine gute Entscheidung getroffen", oder: „Herr Kunde, das war die richtige Entscheidung".

Eine solche Bestätigung rundet ein erfolgreiches Verkaufsgespräch auf sympathische Weise ab.

! *Bestätigen Sie die getroffene Kaufentscheidung zum richtigen Zeitpunkt. Das kann unmittelbar nach Vertrags- oder Antragsunterzeichnung oder zum Abschied beim letzten Händedruck sein.*

6. Steigern Sie Ihr Kunden-Niveau!

Eine der wichtigsten Botschaften dieses Buches lautet: Werden Sie zur Nr. 1 bei Ihren Kunden. Jetzt gibt es ein Problem: Wenn Sie immer besser und besser werden, werden Sie immer mehr Kunden bekommen. Sie werden immer weiter empfohlen. Eines Tages stoßen Sie an die Grenze Ihrer eigenen Kapazi-

täten. Jeder Verkäufer hat diese psychischen und physischen Grenzen. Das bedeutet: Konzentrieren Sie sich! Lassen Sie von schwachen Kunden ohne Potenzial los. Konzentrieren Sie sich – wie die Gewinner unter den Verkäufern – auf gute Kunden. Alle genialen Verkäufer, die ich persönlich kennen lernte, steigerten erstens ihre Kompetenz, ihr Wissen, ihr Know-how, dann ließen sie die guten Kunden daran teilhaben und machten so aus guten Kunden sehr gute Kunden. Bekamen von diesen sehr guten Kunden neue Empfehlungen zu ebenfalls wieder sehr guten Kunden. Also steigern Sie Ihr Kunden-Niveau! Konzentrieren Sie sich auf die 50 oder 60 besten Kunden. Stellen Sie sich auf diese Kunden in jeder Hinsicht ein. Damit haben Sie mehr als genug zu tun. Handeln Sie damit so, wie geniale Verkäufer handeln. Wer so handelt, wird sehr schnell feststellen, wie direkt und konkret er sich zu sprechen traut – und zwar mit den „schwächeren" Kunden.

Denken Sie daran: Sie sind Kaufmann/Kauffrau. Ihr Ziel ist *Gewinn machen.* Das Finanzamt stuft bekannterweisen Tätigkeiten ohne dauerhafte Gewinnerzielungsabsicht als Liebhaberei ein. Das bedeutet: *Gewinn machen* muss Ihr Ziel sein. Sagen Sie also den „schwächeren" Kunden: „Herr Kunde, es gibt zwei Möglichkeiten: Entweder wir machen mehr Geschäfte miteinander oder Sie müssen auf meine Dienstleistung verzichten!" „Oh", denken manche von Ihnen, „so kann man doch nicht vorgehen!" In Ordnung: „Man" kann das nicht. Sie aber sollten das tun. Sie sollten das den Gewinnern nachtun. Damit zusammen hängt auch eine mögliche Frage vor Beginn eines Verkaufsgesprächs. Angenommen, jemand möchte mit Ihnen über ein geeignetes Finanzprodukt für eine Einmalanlage sprechen. Prima! Fragen Sie zu Beginn: „Um wie viel handelt es sich eigentlich?"

! *Wenn Sie so handeln, wenn Sie wie die Sieger-Typen schwache Kunden aussortieren, aus guten Kunden sehr gute Kunden machen und alles tun, um diese Kunden sehr genau kennen zu lernen, sichern Sie sich den Zustand dauerhaften Erfolgs.*

7. Lassen Sie sich nicht abschrecken!

Alle genialen Verkäufer haben eines gemeinsam: Sie akzeptieren niemals Sätze wie:

- „Ich kann nicht ..."
- „Ich kann nicht mehr im Monat investieren ..."
- „Das ist unmöglich, diese Zahl ..."
- „So groß kann die Vorsorgelücke unmöglich sein ..."
- „Ich kann mich heute nicht entscheiden ..."

Für die wirklichen Gewinner-Typen geht das richtige Verkaufen jetzt erst los. Solche Fragen signalisieren den Gewinner-Typen: Hey, der Kunde stößt an seine bisherigen (Vorstellungs-)Grenzen. Die alles entscheidende Frage der genialen Verkäufer in solchen Situationen müssen Sie sich jetzt merken. Ich will sie Ihnen nennen. Geniale Verkäufer antworten auf alle möglichen „Ich kann nicht – unmöglich – das kann überhaupt nicht sein"-Gedanken ihrer Kunden mit einem einzigen Satz (den Sie im Sinne Ihres stimmigen Verkaufsprozesses variieren können). Der Satz lautet – in verschiedenen Varianten – zum Beispiel:

- „Was genau wäre die Folge, wenn Sie dennoch diesen höheren Betrag im Monat investieren würden?"
- „Was wäre, wenn diese Zahl nicht unmöglich wäre, sondern Realität?"
- „Was würde geschehen, wenn sich die Vorsorgelücke in der jetzt ausgerechneten Größe als realistisch erweist?"
- „Welche Gründe sprechen gegen eine Entscheidung heute?"
- „Was genau hält Sie davon ab, dass Sie hier und heute entscheiden?"
- Dahinter steht einmal mehr: Verlierer geben auf. Gewinner scheitern höchstens. Gewinner geben nie, nie, nie auf.

Trainieren Sie Ihre eigenen Gewinner-Fragen für solche Situationen. Begreifen wir, dass solche „Ich kann nicht ..."-Formulierungen und dergleichen grundsätzlich reine Schutzbehauptungen der Kunden sind. Solche Sätze dokumentieren nur eines. Ihr Kunde sagt damit: „Bislang kam ich noch nie bis hierhin."

! *Trainieren Sie Ihre persönlichen Gewinner-Fragen für den Fall solcher „Weltbild"-Fragen.*

8. Kontern Sie allgemeine Behauptungen

Geniale Verkäufer bohren bei allen generellen, bei allen absoluten Kundenaussagen nach. Kundensätze mit absoluten Grenzen zeigen sich in Sätzen mit Wörtern wie

- immer
- nie
- jeder
- alle
- keiner
- ganz

usw.

Auf solche pauschalen Urteile, Meinungen, aus dem Gehörten wiedergegebene Informationen geben geniale Verkäufer nichts! Solche pauschalen Urteile regen Gewinner regelrecht an. Geniale Verkäufer wissen bei Sätzen, in denen die oben genannten Worte auftauchen, dass der Kunde aus Unsicherheit, Unkenntnis und Unwissenheit heraus argumentiert. Beispiel:

- *Kunde:* „Mit Aktienfonds macht man immer nur Verluste."

  Der geniale Verkäufer: „Sie wollen mir also damit sagen, dass Sie die Entwicklung aller Aktienfonds über die letzten Jahrzehnte verfolgt haben!"

- *Kunde:* „Spekulation ist nichts für mich!"

  Der geniale Verkäufer. „Sie wollen mir also damit sagen, dass Sie noch nie in Ihrem Leben auf eine Preissenkung in einem Warenhaus, einen Lottogewinn spekuliert haben!"

Die oben genannten Beispiele zeigen: Jede Form der absoluten Formulierung ist barer Unsinn. Die vermeintliche (kommunikative) Endstation ist für alle wirklich guten Verkäufer der Einstieg, die Fortsetzung eines guten Gesprächs. Ist die Chance, die entscheidende Information seitens des Kunden zu erhalten, die letztlich ausschlaggebend sein könnte.

! *Geniale Verkäufer haben vor diesen starken, absoluten Worten keine Furcht. Geniale Verkäufer wissen vielmehr, dass hinter der Betonung des Absoluten Unkenntnis steckt. Geniale Verkäufer begegnen solchen Behauptungen mit der Übernahme der absoluten Verallgemeinerung. Auf diese Weise sorgen Sie für einen weiteren Gesprächsverlauf. Auf diese Weise bleiben Sie – und Ihr Kunde im Gespräch. Auf diese Weise dokumentieren Sie Stärke.*

9. Nutzen Sie hypnotische Sprachmuster!

Sieger-Typen unter den Verkäufern kennen das Thema der so genannten hypnotischen Sprachmuster. Wer je eine Hypnose-Show besuchte oder erlebte – ich meine eine dieser wirklich guten Shows – weiß, dass der Hypnotiseur seine Kommunikationsmittel so dirigiert, dass die von ihm gewünschten Reaktionen oder Handlungen hervorgerufen werden. Geniale Verkäufer setzen somit auf hypnotische Sprachmuster. Geniale Verkäufer kennen die Ereignisworte, die schöne Bilder auslösen. Geniale Verkäufer sprechen immer wieder in Sätzen wie:

- „Sie müssen sich das unbedingt ansehen."
- „Das müssen Sie sich einmal sehr genau ansehen."
- „Sie werden erfahren, dass es funktioniert."
- „Sie sollten die Finger von dieser Form der Kapitalanlage lassen."

Dabei gilt: Diese Vorgehensweise funktioniert dann besonders gut, wenn der Verkäufer Autorität ausstrahlt. Einige von Ihnen werden nun denken: „Wie kann man einem Kunden Befehle erteilen ...", „man sollte keinen Kunden zwingen ..." oder ähnlich. Sie haben Recht. Natürlich haben Sie Recht. Deswegen müssen Sie diese Vorgehensweise immer und immer wieder bei Ihren Kunden trainieren. Sie werden sich auf diese Weise das notwendige Feingefühl antrainieren. Sie werden beim Einsetzen dieser hypnotischen Sprachmuster immer besser und besser.

Kommen wir zu weiteren hypnotischen Sprachmustern genialer Verkäufer. Sieger-Typen wissen um die Wirkung von Schlüsselworten wie:

- Gewinn
- Freude
- Erfolg
- Sicherheit
- finanzieller Erfolg
- Angst (im Negativen)

Das sind so genannte Fantasieworte. Nehmen wir ein Beispiel: Das sagt ein Verkäufer: „Diese Entscheidung bringt Ihnen den gewünschten Gewinn. Bringt Ihnen finanziellen Erfolg!" – *Klick!* – Schon lösen die Worte Bilder bei Ihren Kunden aus. Ganz persönliche, individuelle Bilder. – Erinnern Sie sich an die absoluten Worte von Kundenseite, bei denen der geniale Verkäufer einhakt, nachfasst, auf den Punkt kommt. Umgekehrt lassen sich diese absoluten Worte – ebenfalls mit Feingefühl dosiert – als hypnotische Sprachmuster zur Beeinflussung des Kunden einsetzen. Ich nenne Ihnen ein Beispiel, das in diesem Buch immer wieder mal auftaucht. So lautet einer meiner Lieblingssätze:

- „Zuviel gespart hat noch keiner, einverstanden!"

Allein dieser Satz wird Gold wert sein. Wird Ihnen Abschlüsse bringen. Vorausgesetzt: Sie wenden ihn an. Sie sagen diesen Satz! Die Betonung liegt unter anderem auf dem absoluten Wort *keiner!*

- „Zuviel gespart hat noch *keiner*, einverstanden!"

(Anmerkung: Trainieren Sie diesen Satz so, dass Sie gleichzeitig mit Aussprache des Wortes „Einverstanden!" mit dem Kopf bestätigend nicken. Das erhöht die Wirkung enorm. Probieren Sie es aus. Sie werden überrascht sein.)

Die Antwort kann nur ein zustimmendes Nicken sein. Trainieren Sie weitere Gesprächssätze mit absolutem Charakter. Hier weitere Beispiele:

- „Bislang haben *alle* Kunden mit Begeisterung reagiert ..."
- „Sie werden *immer* wieder zufrieden daran denken, dass Sie sich heute für diesen Vertrag entschieden haben ..."
- *„Jeder* hat bislang ein Jahr später gesagt, dass er selten so zufrieden war ..."
- *„Alle,* die einmal anfangen zu sparen und feststellen, dass ein Guthaben heranwächst, reagieren *immer* gleich: Sie wollen dann noch mehr und noch mehr sparen. Diesen Zustand müssen Sie erreichen ..."

Wow! Was für ein starker letzter Satz! Lesen Sie ihn schnell und flüssig noch einmal. Sie werden die Bedeutung erahnen. Betrachten Sie in diesem Fall den Einsatz der absoluten Wörter:

- *„Alle,* die einmal anfangen zu sparen und feststellen, dass ein Guthaben heranwächst, reagieren *immer* gleich: *Keiner* will mehr aufhören. Sie wollen dann noch mehr und noch mehr sparen. Diesen Zustand *müssen* Sie erreichen ..."

Dabei gilt: Solche Sätze wirken erst dann glaubhaft, wenn sie jemand ausspricht, der selbst zu diesen Worten passt. Ein völliger Verlierer-Typ, dem man die eigene Demotivation und Lustlosigkeit bereits auf einige Meter Abstand ansieht, wird auch mit solchen Techniken nichts gewinnen. Wer jedoch an sich arbeitet, immer besser und besser wird und zusätzlich den Einsatz solcher hypnotischer Sprachmuster trainiert, wird seinen Erfolg, seinen persönlichen und finanziellen Erfolg als Verkäufer drastisch steigern. Noch eine wichtige, sozusagen hypnotische Strategie genialer Verkäufer ist die Frage:

► „Stellen Sie sich einmal vor, Sie werden berufsunfähig. Ich meine nicht in zehn Jahren. Ich meine morgen. Was bedeutet das für Sie? Welche finanziellen Konsequenzen und Nachteile wird diese Situation mit sich bringen?“

! *Die Anwendung solcher Strategien und Techniken setzt Glaubwürdigkeit voraus. Authenzität in Person, Sprache, Körpersprache, Körperhaltung. Ein krumm da sitzender Verkäufer, der einem Kunden sagen will: „Das müssen Sie tun ...“, wird schlichtweg keine Wirkung erzielen. Entscheidende Voraussetzung für persönlichen und beruflichen Erfolg bleibt die Echtheit Ihres Auftritts.*

Meine persönliche Meinung: Vergessen Sie die klassischen „Erfolgsformeln“ wie AIDA. Zumindest ist das nicht alles. Es geht einzig und allein um eine echte Verbindung zwischen Verkäufer und Kunden. Die müssen Sie schaffen! Das ist Ihre Aufgabe. Setzen Sie hypnotische Sprachmuster ein. Erreichen Sie auf diese Weise eine kommunikative (Ver-)Bindung auf höchstem Niveau. Je besser die (Ver-)Bindung, desto eher bekommt das Verkaufsgespräch das Niveau einer Unterhaltung zwischen guten Freunden oder Bekannten. Es kommt Vertrautheit ins Spiel. Wer so handelt, steigert sein Selbstbewusstsein im Verkaufsprozess enorm. Wer so handelt, steigert den Spaß am Verkaufen drastisch. Denken Sie immer daran: Erfolg oder Misserfolg liegen im Gespräch mit Ihren Kunden begründet. Die perfekte Kommunikation ist also die Voraussetzung für den Zustand wirklichen dauerhaften Erfolgs. Ich meine wirklichen Super-Erfolgs. Ich meine eine Verzehnfachung Ihres Einkommens in absehbarer Zeit.

An dieser Stelle eine kleine Übung zum Thema „Steigerung Ihre Einkommens“. Es ist eine sehr kleine, scheinbar unbedeutende Übung. Doch sehen Sie selbst, was passiert.

Übung

1. Notieren Sie einmal die ungefähre Höhe Ihres Bruttoeinkommens der letzten 12 Monate/wahlweise des letzten Kalenderjahres.

____

2. Schreiben Sie jetzt die gleiche Summe nochmals auf. Achtung: Notieren Sie die Zahl ohne Tausenderpunkt. Notieren Sie lediglich die Zahlen.

____

3. Jetzt schreiben eine Null am Ende der Zahl dazu. Tragen Sie jetzt den Tausenderpunkt wieder ein. Das ist die Zahl, die Sie erreichen können! Gleich, wie gut Sie heute bereits sind – oder auch wie weniger gut –, diese neue Zahl muss Ihr neues Ziel sein. Machen Sie sich das nun deutlich. Machen Sie sich das nun sehr deutlich und streichen Sie die alte Zahl, die Sie im ersten Schritt eingetragen haben. Streichen Sie diese Zahl *jetzt* deutlich durch. Ein Beispiel:

   ~~72.000~~

   72000

   720.000 Euro !

Ich verspreche Ihnen: Sie werden an diese um eine Null erweiterte Zahl ab sofort immer und immer wieder denken. Vorausgesetzt, Sie wollen wirklichen Erfolg. Sie wollen wirklichen Super-Erfolg!

10. Haben Sie Mut zum Ideenklau!

Geniale Verkäufer kennen und berücksichtigen den Spruch: Besser genial geklaut als beschissen kreiert. Verstehen Sie! Lesen Sie möglichst viele und gute Verkaufsbücher. Von Autoren, die selbst – natürlich mit Erfolg – verkauft haben oder noch verkaufen. Dann „klauen" die besten Ideen für ihre eigene Verkaufsregie. Eines der besten Beispiele ist die Übernahme erfolgreicher Verkaufsgespräche. Zahlreiche Verlierer-Typen, die ich im Lauf der Jahre kennen lernte, waren stets auf der Suche nach dem vermeintlich perfekten Verkaufsleitfaden, dem vermeintlich perfekten Verkaufsgespräch. Das Problem dieser Typen: Sie fingen niemals an.

Da gab es jemanden, der war Versicherungsagent. Ein so genannter Ausschließlichkeitsagent. Dieser Typ war davon überzeugt, dass er unbedingt Makler sein müsste, damit die Geschäfte laufen. Also wurde er Versicherungsmakler. Das Dumme: Seine Geschäfte liefen keineswegs besser. Die Konzepte anderer erfolgreicher Makler genügten diesem Typen nicht. Er wollte selbst seine eigene Stra-

tegie kreieren. Das, was die anderen taten, war ihm nicht gut genug. Statt eine der bereits längst vorhandenen Ideen zu „klauen", also zu übernehmen, war er darauf versessen, seine eigene Strategie zu kreieren. Diese war weitaus schlechter als die Ideen anderer erfolgreicher Makler. Sie ahnen womöglich, wie alles endete. Irgendwann war dieser Jemand der festen Ansicht, Makler sei für ihn einfach der falsche Beruf. Überhaupt würden sich viele Makler schimpfen, meinte er, und wären es nicht. Nun wollte er wieder lieber Ausschließlichkeitsagent spielen.

Sie werden reich, indem Sie die Strategien reicher Menschen übernehmen. Sie werden wohlhabend und finanziell frei, indem Sie die Strategien wohlhabender und finanziell freier Menschen übernehmen. Sie werden ein Sieger-Typ, indem Sie die Strategien und Techniken solcher Sieger-Typen übernehmen. Das ist alles. Das ist das ganze Gesetz.

! *Begreifen wir dieses Prinzip. Machen wir es uns zu eigen. Sofort! Verkäufer werden zu einem genialen Verkäufer, indem sie die Strategien und Techniken genialer Verkäufer übernehmen. Begreifen wir das! Begreifen* ***Sie*** *das!*

11. Leben Sie Ihre Überzeugung!

Die innere Überzeugung ist ein wesentliches Gedanken-Element genialer Verkäufer. Alle Sieger-Typen unter den Verkäufern sind von ihrem Produkt, ihrer Sache überzeugt. Ohne Wenn. Ohne Aber.

! *Geniale Verkäufer wollen nur eines: Sie wollen Gutes tun! Sie wollen ihren Kunden etwas Gutes tun!*

12. Setzen Sie sich die 7-Minuten-Grenze!

Exzellente Verkäufer wissen um die Magie der ersten sieben Minuten eines jeden Gesprächs. Von diesen ersten sieben Minuten spricht und schreibt ebenfalls Mario Ohoven in seinem Buch „Die Magie des Power-Selling". Immer noch kursieren in Vertriebsausbildungen so eigenartige Methoden, die besagen, man solle im ersten Gespräch warten, bis der Kunde fragt: „Über was sprechen wir denn heute?" Oder: „Was ist denn genau der Grund Ihres Besuchs?" Geniale Verkäufer dagegen wissen: Die ersten sieben Minuten entscheiden über Erfolg oder Misserfolg eines Verkaufsgesprächs. In den ersten sieben Minuten müssen Sie dokumentieren, was Sie – salopp gesagt – drauf haben. In den ersten sieben Minuten müssen Sie dokumentieren, dass Sie über bessere Informationen und über ein wichtigeres Wissen verfügen als der Kunde selbst. In meinen Trainings zur 7-Schritte-Verkaufsstrategie sagen mir hin und wieder gestandene Vertriebler: „Endlich kann ich mit Ihrer Methodik mal wieder direkt ins Gespräch einsteigen!" Diese Leute haben in den letzten Jahren gelernt, wie man eine umfangreiche Analyse nach der anderen macht. Solche Analysen sind – ordentlich und mit Fachkenntnis erstellt – eine sehr, sehr wichtige und bedeutende Sache. Doch solche Analysen sind nichts für die ersten Minuten. Dabei gilt: Die 7-Minuten-Grenze ist willkürlich gewählt. Es können auch sechs oder acht Minuten sein. Darum geht es nicht. Es dürfen aber keine fünfzehn Minuten sein. Das wäre zu lang.

Machen Sie sich ab sofort den Druck, und setzen Sie sich diese 7-Minuten-Grenze. Gelingt es Ihnen, Ihre Kunden in den ersten sieben Minuten zu faszinieren? Zu überzeugen? Gelingt es Ihnen, in den ersten sieben Minuten deutlich zu machen, dass Sie das Beste sind, was dem jeweiligen Kunden passieren konnte? Dass Sie *der Beste* sind? Oder – natürlich – *die Beste.*

! *Setzen Sie sich dieses Ziel. Sagen Sie sich immer und immer wieder: Ich überzeuge meine Kunden in den ersten sieben Minuten. Mehr Zeit gebe ich mir nicht. Gelingt es Ihnen mal nicht – das wird vorkommen –, gehen Sie auf Fehlersuche. Stellen Sie fest, was fehlte. Jetzt wissen Sie, was Sie beim nächsten Mal besser machen werden. Perfektionieren Sie auf diese Weise Ihren Gesprächsbeginn.*

13. Steigern Sie Ihre Autorität!

Alle, ich betone *alle* genialen Verkäufer bewahren sich ihre Autorität. Denken wir an den bekannten Werbespruch: „Mein Name ist Kaiser!" Nur wenig beachtet wurde eine gewisse Doppeldeutigkeit. Im Sinne „Der Kunde ist König. Mein Name ist Kaiser!" – Viele mittelmäßig erfolgreiche Verkäufer sind deswegen mittelmäßig, weil sie im Zweifel lieber klein beigeben (um einen Vertrag/Antrag zu bekommen) als die eigene Autorität ohne Wenn und Aber zu betonen. Dabei gilt: Wer eine Autorität sein will, muss – einmal mehr – über das umfangreiche Wissen, die entscheidenden Informationen, das notwendige Know-how verfügen.

Machen Sie den Selbsttest. Nehmen wir eine Skala von Null bis Hundert. Null bedeutet kein Wissen, keine Information, kein Know-how. Hundert auf der Skala bedeutet dementsprechend 100 Prozent Wissen, Information,

Know-how. Angenommen, jemand fragt Sie: „Wie hoch schätzen Sie sich auf der Skala ein? In Bezug auf Ihren Beruf als Finanzberater. In Bezug darauf, dass Sie andere Leute in Sachen Geld und Finanzen beraten wollen? Wie breit, wie gut schätzen Sie Ihr Wissen ein?" Prägen Sie sich Ihre persönliche Zahl gut ein! Jetzt haben Sie einen Anhaltspunkt, ob Sie eine Finanzberater-Autorität sind oder (eher) nicht.

! *Geniale Verkäufer wahren und steigern ständig ihre Autorität. Die Sieger-Typen unter den Verkäufern verzichten lieber auf einen Abschluss als auf den möglichen Verlust der Autorität.*

14. Lernen Sie Geschichten erzählen!

Sieger-Typen kennen die Macht von Geschichten. Sie haben richtig verstanden! Trainieren Sie die Fähigkeit, Geschichten zu erzählen. Geschichten sind jedem Menschen irgendwie eine sehr vertraute Sache. Geschichten lockern die Stimmung. Geschichten entspannen die Situation. Auch Ihre Kunden entspannen sich durch Geschichten. Ganze Wirtschaftszweige leben von Geschichten: Kinoketten, Buchverlage und andere mehr. Die Macht der Geschichten ist groß.

Je neuer, je innovativer die Geschichten, desto intensiver werden sie sich bei Ihren Kunden verankern. Ich möchte Ihnen ein Beispiel geben. Diese Geschichte hörte ich selbst das erste Mal von Michael Oehme, seines Zeichens Chefredakteur der Branchenzeitschrift *Finanzwelt.* Ich gebe diese Geschichte im Folgenden in der von mir variierten Version wieder:

Wenn der Mensch in Ordnung ist, ist es auch die Welt

Es war einmal ein evangelischer Pfarrer. Er wollte seine Predigt vorbereiten. Sein fünfjähriger Sohn war mit im Zimmer und fragte ihn ständig irgendwelche Dinge. Der Pfarrer kam einfach nicht zur Ruhe. Verzweifelt suchte er nach etwas, womit er seinen Sohn beschäftigen könnte. Da fiel sein Blick auf ein großes Buch. Auf einer der Seiten in diesem Buch war eine Weltkugel abgebildet. Der Pfarrer riss die Seite aus dem Buch, zerriss die Seite in viele dutzend Papierschnipsel und legte alle Schnipsel seinem Sohn mit den Worten hin: „Hier mein Sohn. Ein Puzzle für dich. Setze das Puzzle so zusammen, dass die ganze Welt wieder vollständig ist." Nun drehte der Pfarrer sich um. Er war der festen Ansicht, nun einige Stunden in Ruhe seine Aufgaben erledigen zu können. Doch bereits nach fünf Minuten rief sein Sohn: „Papa, ich bin fertig!"

Der Pfarrer drehte sich – völlig ungläubig – um. Und siehe da, dort lag das Puzzle und die ganze Welt war zusammengesetzt. War in Ordnung. Der Pfarrer schaute seinen Sohn verwundert an und fragte: „Mein Sohn, wie hast du das geschafft? Es war ein Puzzle mit Dutzenden von Teilen. Das ist ja unglaublich!" Sein Sohn entgegnete: „Es war ganz einfach! Ich habe ein Puzzle-Stückchen umgedreht. Dann sah ich: Auf der Rückseite war einmal ein Mensch gezeichnet. Also drehte ich alle Puzzleteilchen um. Ich setzte den Menschen zusammen, sodass er in Ordnung war. Dann nahm ich ein Blatt Papier, strich Kleber auf die eine Seite. Legte diese Seite auf den Menschen. Jetzt drehte ich alles um und die Welt war in Ordnung!"

Die Moral der Geschichte: Wenn der Mensch in Ordnung ist, ist es auch die Welt. Wenn der Finanzverkäufer in Ordnung ist, ist es auch der Finanzmarkt. Es gibt keinen schlechten Finanzmarkt. Es gibt höchstens Finanzverkäufer, die nicht in Ordnung sind!

! *Trainieren Sie die Fähigkeit, Geschichten zu erzählen. Eine Geschichte in Kurzform kann bereits sein, wenn Sie aus Ihrer Praxis beispielsweise Dinge sagen können wie: „Mit einigen meiner Kunden verbindet mich nun seit über XX Jahren eine sehr erfolgreiche Beziehung. Ich habe die Kinder aufwachsen gesehen, jetzt sind bereits zwei Enkelkinder auf der Welt. Einige dieser Kunden erzählten mir zu Beginn unserer Geschäftsbeziehung nahezu exakt das, was Sie mir soeben erzählen ...". Spüren Sie, wie diese Geschichte entspannt, wie diese Geschichte lockert?*

15. Pflegen Sie Ihr Image!

Geniale Verkäufer pflegen ein eigenes Image. Ein eigenes Klischee. Der wohl deutlichste Satz zum Thema Image lautet: Es gibt niemals eine zweite Chance für den ersten Eindruck. In diesem Buch schreibe ich an anderer Stelle (vgl. Kapitel 40, Überzeugen – Sechs Grundprinzipien nach Cialdini, Seite 199 ff.) davon, wie sich das äußere Auftreten auf den Zustand Erfolg auswirkt.

16. Verschaffen Sie sich Expertenstatus!

Sieger-Typen, die echten Gewinner-Typen, sind alle ganz besondere Marken. Sie sind Experten auf einem oder einigen Gebieten und Marken zugleich. Ein Phänomen dieser Zeit ist es, dass zahlreiche Banken indirekt oder direkt in ihren Filialen Versicherungsspezialisten etablieren (wollen). Der Gedanke ist sehr richtig: Banken und Sparkassen sitzen auf einem Millionenbetrag an möglichen Provisionen und Honorareinnahmen. Die Voraussetzung jedoch ist: Es müssen Verkäufer her. Es müssen möglichst exzellente Verkäufer her. Doch statt Verkaufs-Know-how zu trainieren, werden zahlreiche Mitarbeiter in den Banken nur wenig oder überhaupt nicht strategisch trainiert.

! *Machen wir es besser! Machen* ***Sie*** *es besser! Eine der wesentlichen und grundlegenden Eigenschaften erfolgreicher Menschen ist:* ***Sie sind ein Unikat! Sie sind eine Marke!*** *Das müssen Sie sein! Trainieren Sie Ihr Wissen. Erweitern Sie Ihr Wissen. Sorgen Sie für neue Informationen. Werden Sie auf diese Weise zum ausgewiesenen Experten für eine Sache, ein Produkt oder beispielsweise die Dienstleistung Finanzplanung.*

Was zeichnet nun Experten unter den Finanzberatern aus? Was sind die Experten und damit gleichzeitig die Sieger-Typen? Ich nenne Ihnen einige Kriterien: Experten ...

- bringen Produktvorteile in wenigen Sätzen überzeugend auf den Punkt,
- trainieren, trainieren, trainieren ihr Expertenwissen jeden Tag,
- dokumentieren die Vorteile ihrer eigenen Lösung in Euro und Cent – nachvollziehbar, verständlich,
- ermitteln den Bedarf ihrer Kunden mit gezielten Fragen,
- können jede Antwort des Kunden letztlich in ein Argument oder einen konkreten Vorschlag umsetzen,
- wecken mühelos das Interesse ihrer Kunden durch faszinierendes Detailwissen,
- erarbeiten auf Grundlage der Vorstellungen ihrer Kunden gemeinsam am Tisch Problemlösungen – bei größeren Fällen zumindest den Ansatz solcher Problemlösungen,
- meiden den Produktverkauf wie der Teufel das sprichwörtliche Weihwasser,
- lieben es, nach den Vorstellungen der Kunden zu fragen, denn sie wissen, dass sie diese Vorstellungen auf der Stelle im Rahmen eines Vorschlags berücksichtigen können,
- geben stets offen und ehrlich zu, dass sie noch lange nicht alles wissen!

Dabei gilt: Solche persönlichen Checks dienen immer nur als Anhaltspunkt. Nicht jeder Leser wird jede Frage im Zusammenhang mit der Eignung in Sache *Expertentum* gleich gewichten.

Kapitel 27

Sie als Marke sind die Botschaft!

Lass dir von keinem Fachmann imponieren, der dir erzählt:
„Lieber Freund, das mache ich schon seit 20 Jahren so."
Man kann eine Sache auch 20 Jahre lang falsch machen.
Kurt Tucholsky, Schriftsteller

Das Produkt, das Unternehmen spielt letztlich keine Rolle. Sie allein sind Ihre Botschaft. Ihre wichtigste Botschaft. Oder eben nicht! Brian Tracy schreibt sehr passend: „Das wichtigste emotionale Element einer langfristigen Beziehung ist die Abhängigkeit. Bevor ein Kunde von Ihnen kauft, ist er oder sie von Ihnen unabhängig ... Sobald der Kunde aber eine Kaufentscheidung getroffen hat, ... steckt er sozusagen fest."

Lesen Sie dazu das empfehlenswerte Buch von Brian Tracy „Verkaufsstrategien für Gewinner". Wenn Sie können! Wichtig ist: Vertrauen ist das alles entscheidende Fundament. Der Aufbau von Vertrauen ist die wichtigste Voraussetzung für eine langfristige Kundenbeziehung. Haben Sie den „Nerv" Vertrauen getroffen, erfolgt immer wieder eine neue unglaubliche, verblüffende Reaktion. Aus Erfolg wird plötzlich viel Erfolg. Immer mehr Erfolg. In Form höherer Abschlüsse. In Form von Empfehlungen. Ihre Kasse klingelt auf Dauer, wenn Sie den „Nerv" Vertrauen treffen. Das ist alles.

Hand aufs Herz: Was erwarten Sie, was würden Sie von einem Berater erwarten, dem Sie Ihr Geld, dem Sie einen Teil Ihrer Altersvorsorge anvertrauen? Es sind Dinge wie das Bedürfnis nach

- Ehrlichkeit,
- Vertrauen,
- ausreichender Information,
- angenehmer Kommunikation,
- fachlich kompetenter Beratung,
- spürbarer Qualifikation

u.a.m.

Ihre Aufgabe lautet: Stärken Sie alle Kernkompetenzen! Zur Nr. 1 als Finanzverkäufer bei seinen Kunden wird, wem es auf Dauer am zuverlässigsten gelingt, Probleme zu lösen!

Kunden kaufen, weil sie Bedürfnisse befriedigen wollen! Das kann sein: mehr Geld, Sicherheit, Freiheit, Ruhe, Ordnung und alles andere mehr. Entscheidend sind die Emotionen. Die müssen Sie erforschen. Al Ries und Jack Trout schreiben in ihrem Buch „Marketing fängt beim Kunden an" sehr zutreffend: „Um ein guter Fischer zu werden, muss man denken wie ein Fisch." Daher ist mancher Vergleich so genannter Verbraucherschützer – unabhängig von der grundsätzlichen Wichtigkeit – eine unglückliche Sache. Es gibt diesen völlig rational denkenden Kunden, der alles nur hinsichtlich der Relation Preis und Leistung betrachtet, nicht. Gefühle sind wichtige Fakten. Hinter jeder Kaufentscheidung steht ein emotionaler Nutzen. Doch zurück zum Thema Marke.

Die Marke ist der 6er im Verkaufs-Lotto

Merken wir uns: Die Qualität der Beratung, der Information ist die Voraussetzung für den Eintritt ins große Spiel der Gewinner.

Stellen wir uns nun gemeinsam vor, Sie haben im Folgenden fünf Minuten Zeit, um schriftlich einem sehr, sehr guten Kunden, möglicherweise dem kritischsten Kunden überhaupt, zu erklären, wieso er bei Ihnen die Beratung einkaufen soll. Also: Es geht nicht um die Vorzüge der Produkte des/der Unternehmen, die Sie verkaufen. Es geht ausschließlich um Ihre Person als Marke.

Übung

Begründen Sie im Folgenden, wieso Sie die Nr. 1 als Finanzdienstleister für Ihre Kunden sind. Bitte: Meiden Sie Schmeichelei! Schaffen Sie ein realistisches Bild.

____

____

____

____

Nun: Gibt es klare Gründe, Faktoren, wieso Ihre Kunden Sie als Nr. 1 in allen Geldgeschäften sehen! Wenn Sie Schwierigkeiten mit einer zufriedenstellenden Begründung hatten, ändern Sie blitzartig diesen Zustand.

Wichtig ist auch: Wenn Sie eine Marke sind, meiden Sie auf diese Weise den Verkauf über den Preis! Das wiederum müssen Sie tun! Wer nur über Preis verkauft, wird auf Dauer keinen Erfolg haben. Selbst größte und finanzstärkste Unternehmen können sich auf Dauer keinen Verkauf leisten, der ausschließlich über den Preis funktioniert. Die Magie der Marke, mit der letztlich Vertrauen verkauft wird, ist stärker als alle anderen rationalen Gesichtspunkte. Heinz-Joachim Simon schreibt in seinem Buch „Die Marke ist die Botschaft" sehr passend: „... die Marke vermittelt Vertrauen und entlastet von komplizierten Überprüfungen, die heute keiner mehr vornehmen kann oder mag ...".

Kennen Sie das! Selbst der kritischste Kunde muss am Ende seiner Entscheidung vertrauen. Vertrauen darauf, dass der jeweilige Verkäufer das von ihm gewünschte Bedürfnis mit dem von ihm vermittelten Finanzprodukt wirklich erfüllt. Gehören Sie zu den ersten drei Berater-Namen, an die Ihr Kunde „denkt", wenn es um eine Frage rund ums Thema Geld und Finanzen geht? Wenn eine Geldentscheidung ansteht? Das ist die alles entscheidende Frage. Bei einem klaren Ja gratuliere ich Ihnen. Bei einem Nein oder einem eher zögerlichen Ja lautet die Botschaft: Ändern Sie diesen Zustand! Sofort! Oder Sie verzichten aufs Geschäft.

Um Marke zu sein, Marke zu bleiben, müssen verschiedene Erfolgsfaktoren erfüllt sein. Der Markenprofi Heinz-Joachim Simon nennt unter anderem folgende Kriterien:

- Persönlichkeit
- Sympathie (vgl. Cialdini in diesem Buch)
- Kontinuität
- Investitionen

Die Gewinner-Typen, die ich befragt habe, nahmen insbesondere auch den letzten Punkt „Investitionen" sehr ernst. Diese Personen investierten alle seit Jahren immer und immer wieder in ihre eigene Aus- und Fortbildung, wurden immer besser und besser.

☛ ***Die alles entscheidende Botschaft lautet:***
Werden Sie zur Berater-Marke! Zur Verkäufer-Marke. Bieten Sie Qualität, umfassendes Wissen, Zuverlässigkeit. Immer und immer wieder! Um als Marke bestehen zu können, brauchen Sie eine ehrliche Leistung, einen guten Charakter, eine gute Portion Beharrlichkeit und Kontinuität. Verkaufen Sie sich. Verkaufen Sie dann das jeweilige Produkt. Die Produkte des Unternehmens, das Sie vertreten! Das sind die alles entscheidenden Erfolgsschritte eins und zwei!

Teil III

Verkaufstraining & Rhetorik

Entscheidend für den Erfolg im Kundengespräch ist erstens, *was* ein Finanzverkäufer sagt, und zweitens *wie* er es sagt. Das sind die beiden Erfolgsfaktoren eins und zwei. Eine der bekanntesten Regeln zum Thema Rhetorik lautet: Man kann nicht nicht kommunizieren! Das ist eine entscheidende, grundlegende Gesetzmäßigkeit hinsichtlich Kommunikation.

Für Sie gilt: Lernen Sie die ausgewählten, für jeden Verkäufer wichtigen Methoden erfolgreicher Rhetorik kennen. Trainieren Sie die Magie wirkungsvoller Rhetorik. Steigern Sie auf diese Weise Ihren Erfolg!

Kapitel 28

Beachten Sie die ZAFAA®-Methode!

Lerne zuhören und du wirst auch von denen
Nutzen ziehen, die dummes Zeug reden!
Platon, griechischer Philosoph

Verkaufen ist einfach. Alles, was Sie tun müssen, ist:

- ZUHÖREN
- AUFNEHMEN
- FRAGEN (führen)
- ANTWORTEN (lassen)
- ABSCHLUSS

Statt das zu tun, arbeiten viele Finanzverkäufer offensichtlich nach der FAFAH-Methode: Fragen (stellen lassen), Antworten (selbst geben), Fragen (stellen lassen), Antworten (selbst geben) und das alles in der Hoffnung, dass keine Frage gestellt wird, die man nicht beantworten kann. Viele sind, wären sie sehr, sehr ehrlich zu sich selbst, keine Finanzberater, sondern Finanzrater. Sie sprechen über Geld, versuchen anderer Leute Finanzen zu optimieren und können selbst mit Fragen rund ums Thema Geld, Finanzen und private Vorsorge nicht oder mehr schlecht als recht umgehen. Diese Finanzrater können natürlich nur hoffen, dass Kunden niemals die falschen Fragen stellen. Alles, was Sie tun müssen, um als Finanzverkäufer an die Spitze zu gelangen, ist fragen, aufnehmen, fragen, antworten (lassen) und dann, nachdem der Kunde alle Antworten zur (eigenen) Zufriedenheit und Überzeugung gegeben hat, das Geschäft abschließen!

Hand aufs Herz: Was soll es bringen, wenn Sie der x-te Verkäufer sind, der zum x-ten Mal mit den gleichen Methoden, Techniken und Strategien einen Kunden überzeugen will? Versetzen Sie sich in die Lage Ihrer Kunden. Im

Lauf der Jahre lernt ein Kunde Dutzende von Finanzberatern kennen. Mal ist es der Typ von der Hausbank, der einem alles Erdenkliche verspricht. Dann ist es der Versicherungsvertreter. Dann irgend so ein Makler, der behauptet, das Beste zu wollen, der jedoch unterm Strich nichts anderes erzählt und nicht anders argumentiert als all die anderen zuvor.

Ich kenne Dutzende von Verkäufern, die sogar dann weiterredeten, wenn Kunden längst ihre Abschlussbereitschaft signalisiert hatten. So banal es klingt, so oft Sie es möglicherweise bereits gehört haben: Gewinner-Typen unter den Verkäufern sind exzellente Zuhörer. Haben Sie je darüber nachgedacht, wieso Sie zwei Ohren und nur einen Mund haben? Nun: Vielleicht sollen wir besser doppelt so viel zuhören als reden. Dazu kommt eine ganz besondere Eigenschaft: Es ist die Kunst des Schweigens. Sie haben richtig verstanden! Erstens sollen Sie *Zuhören* trainieren. Dann sollen Sie *Schweigen* beim Reden trainieren! Das sind die alles entscheidenden Erfolgsschritte eins und zwei. Fragen, dadurch führen und an den geeigneten Stellen schweigen.

Ich werde Ihnen in einem späteren Kapitel noch Situationen nennen, in denen *Schweigen* die beste Verkaufshilfe ist. Das alles bedeutet: Meiden wir jede Form des unsinnigen, so häufig anzutreffenden Quatschens. Konzentrieren wir uns aufs Fragen, Zuhören und Schweigen. Machen wir uns immer wieder aufs Neue bewusst, dass die Eigenschaften *Zuhören* und *Schweigen* wichtige, ja entscheidende Kommunikationsmittel sind. Mit dieser Vorgehensweise eng verbunden ist die Erkenntnis, dass es noch *nie* etwas gebracht hat, wenn ein Verkäufer redet, redet, redet, nur um die Schlacht zu gewinnen. Diese Typen begreifen nicht: Sie gewinnen womöglich die Schlacht. Doch sie verlieren unweigerlich den „Krieg“! Sie verlieren unweigerlich den betreffenden Kunden!

☛ ***Die alle entscheidende Botschaft lautet:***
Trainieren Sie ab sofort die Kunst faszinierender Gelddialoge. Das müssen Sie tun. Bringen Sie Ihre Kunden aktiv ins Spiel. Bringen Sie Ihre Kunden aktiv ins Gespräch. Je besser Sie dieses „Ins Spiel bringen“ beherrschen, desto größere Erfolge werden Sie erzielen. Sie müssen nichts weiter tun als fragen, aufmerksam zuhören und Kaufsignale erkennen.

Kapitel 29

Meiden Sie das Vokabular der Erfolglosen!

Es siegt immer die Begeisterung über den, der nicht begeistert ist!
Johann Wolfgang von Goethe, deutscher Dichter

Erfolglose Verkäufer zeichnen sich durch ein sofort erkennbares Vokabular aus. Typische Begriffe der Verlierer-Typen sind:

- „... ich könnte ..."
- „... ich müsste ..."
- „... ich sollte ..."
- „... wenn, dann ..."
- „... vielleicht ..."
- „... eigentlich ..."
- „... möglicherweise ..."
- „... eventuell ..."
- „... kann ich nicht genau sagen ..."

Weitere typische Formulierungen solcher Verlierer-Typen im Verkaufsgespräch sind Sätze wie:

- „... dürfte ich es Ihnen mal vorstellen ..."
- „... wenn Sie bitte hier unterschreiben würden ..."
- „... hier müssten Sie jetzt bitte unterzeichnen ..."
- „... dürfte ich das einmal wie folgt ausführen ..."
- „... das müsste Ihnen doch gefallen ..."
- „... hätten Sie Interesse an einem gemeinsamen Gespräch ..."
- „... ich hätte da wirklich eine sehr interessante Sache ..."

Und ähnliche unglückliche Formulierungen. Achten Sie insbesondere als Führungskraft eines eigenen Verkaufsteams darauf, welche Personen Ihres Teams, Ihrer Organisation solche oder ähnliche Worte verwenden. Diese Verlierer-Typen wollen sich nie festlegen. Sie reden immer davon, was sie in der Vergangenheit hätten alles besser machen können und was sie künftig alles tun müssten. Sie nutzen die Vergangenheit als Erklärung, wieso sie heute keinen größeren Erfolg haben. Gewinner-Typen dagegen nutzen die Vergangenheit als die beste Informationsquelle, die es gibt! Gewinner ermitteln die Faktoren und Einflüsse der Vergangenheit, die noch größeren Erfolg verhinderten, und machen es anschließend besser.

Die Autorin Jan Ruhe schreibt in ihrem Buch „Fire up“ passend zu diesem Thema über die Formel für Desaster. Sie schreibt: „Manche Menschen entscheiden sich, im Schatten zu leben, während andere ihr Leben in der Sonne verbringen!“ Die Formel der „Hätte-Verlierer-Typen“ lautet:

Formel für Desaster

„Ich hätte es tun sollen.“
„Ich hätte es tun können, doch ich habe es nicht getan.“
„Ich hätte es tun sollen, ich hätte es tun können, aber ich werde es nicht tun“.

! *Wenn Sie selbst spüren, wie in – durchaus einmal möglichen – schlechten Zeiten solche Worte der Verlierer in Ihren Gedanken, Ihrer Sprache Überhand nehmen, stoppen Sie dieses Programm! Stoppen Sie es! **Sofort!** Meiden Sie diesen Zustand! Die alles entscheidende Feststellung lautet: **Du tust, was du willst!** Begreifen wir das! Begreifen **Sie** das!*

Da gibt es einen Verkäufer, der stets nur davon spricht, was er alles hätte tun können und was er jetzt eigentlich alles tun müsste. Blablabla. Diese Person tut dabei nichts. Erinnern wir uns an das soeben Geschriebene: *Du tust, was du willst.* Also gilt: Dieser Typ tut nichts, weil er in Wahrheit den Beruf des Finanzverkäufers überhaupt nicht ausüben will. Wenn dieses Kapitel Sie selbst betrifft: Finden Sie sehr, sehr schnell heraus, was Sie wirklich wollen. Im Zweifel sind Sie zwar Finanzverkäufer, haben jedoch schlichtweg den falschen Beruf.

Meiden Sie alle Sätze mit Konjunktiven. Geniale Verkäufer kommen auf den Punkt, sagen, was Sache ist. Geben indirekt Befehle. Ich weiß, das klingt hart. Es ist jedoch eine Tatsache.

Stellen wir uns nochmals das Gespräch mit dem Chirurgen vor. Angenommen, ein solcher Chirurg kommt vor der Operation auf Sie zu und sagt: „Hätten Sie was dagegen, wenn ich Sie operiere? Vielleicht könnten Sie es sich vorstellen, dass Sie sich unter meine Hände begeben?" Na, schreien Sie beim Lesen dieser Zeilen als der betroffene Patient auch: „Nein! Nein! Ich will keinen unsicheren Arzt an mein Herz lassen!" Sie haben Recht. Und wie Recht Sie haben! Ein sicheres Gefühl hätten wir bei einem Arzt, der Dinge sagt wie: „Ich werde Sie operieren. Morgen Punkt 9 Uhr geht es los. Sie werden sich zuvor fertig machen. Dann werden meine Assistenten Sie abholen. Jetzt unterzeichnen Sie das Formular hier ...".

☛ ***Die alles entscheidende Botschaft lautet:***
Reden Sie bei Ihren Kunden Klartext! Streichen Sie sämtliche oben genannten Verlierer-Formulierungen aus Ihrem Vokabular! ***Sofort!*** *Kommen Sie in Ihren Kundengesprächen auf den Punkt! Spielen Sie „Chefarzt".*

Kapitel 30

Die sechs ehrlichen und besten Diener jedes Verkäufers

Auch aus Fragen, die einem als Steine in den Weg gelegt werden,
bauen geniale Finanzverkäufer was Schönes.
K. Walter, abgewandelt nach *Johann Wolfgang von Goethe*

Wer immer wieder neue Fragen stellt, wer die Kunst der richtigen Fragen beherrscht und anwendet, wird stets weiter wachsen, wird nie stehen bleiben. Es ist so einfach und wird dennoch so selten konsequent angewandt. Wer will, kann die Fragen ankündigen und auf diese Weise bereits für ein angenehmes Gesprächsklima sorgen. Probieren Sie es aus. Sie werden feststellen: Es funktioniert. Sagen Sie zum Beispiel: „Ist es in Ordnung, dass ich Ihnen einige Fragen stelle, um Ihre persönliche Situation besser zu erfassen? Einverstanden!"

Haben Sie schon einmal den Namen Rudyard Kipling gehört? Nein. Nun: Rudyard Kipling, dessen vollständiger Name Joseph Rudyard Kipling lautet, wurde am 30. Dezember 1865 um 07:53 Uhr Ortszeit als Sohn des englischen Kurators John Lockwood und dessen Frau Alice, geborene Macdonald Kipling, in Bombay geboren. Sein erster Welterfolg waren 1894/1895 die beiden „Dschungelbücher". Kipling erhielt 1907 den Nobelpreis für Literatur. Er starb am 18.1.1936 in London. Er war es, der ein für jedes Verkäuferherz wundervolles Gedicht schrieb:

I keep six honest serving men
They taught me all I knew;
Their names are What and Why and When
And How and Where and Who.

Übersetzt:

> Ich halte mir sechs ehrliche Diener,
> Sie lehrten mich alles, was ich weiß;
> Sie heißen Was und Warum und Wann
> Und Wie und Wo und Wer.

Lernen Sie dieses kleine Gedicht auswendig! Denken Sie ab heute immer und immer wieder daran, dass diese sechs Diener der Garant für Ihren beruflichen Erfolg sind – sein können! Es gibt nur einen Haken: *Sie müssen es tun!* Sie müssen diese sechs Diener einsetzen. Im Folgenden verrate ich Ihnen einige Fragen, die mir bei meinen Vertriebserfolgen sehr geholfen haben:

- „Wie kamen Sie auf die Höhe Ihrer derzeitigen monatlichen Sparraten?"
- „Warum genau investieren Sie bislang XXX Euro im Monat?"
- „Was war die Grundlage für die bislang abgeschlossene Höhe Ihrer Berufsunfähigkeitsversicherung?"
- „Was haben Sie bislang alles getan, um Ihre Altersvorsorge auf sichere Beine zu stellen?"
- „Bei welcher Investitionssumme im Monat hätten Sie ein wirklich gutes Gefühl?"
- „Wie investieren Sie derzeit überwiegend und warum?"
- „Wozu genau haben Sie Ihre bisherigen Lebensversicherungen abgeschlossen?"

Diese Vorgehensweise ist extrem wirkungsvoll – auch wenn Sie es vielleicht nicht mehr hören wollen. Vor allem die Verbindung eines der sechs Diener mit dem Wörtchen *genau* sorgt schnell für klare Kommunikation. Eine klare (Ver-)Bindung im Gespräch. Also:

- Wer genau ...
- Wie genau ...
- Was genau ...
- Wann genau ...

Jede dieser Fragen macht Ihre Kunden nachdenklich. Es sind Fragen, die weder mit Ja noch mit Nein beantwortet werden können. Ihr Gegenüber muss *erzählen.* Er muss *aktiv* bei der Sache sein. Jetzt, jetzt erst leiten Sie über zu gezielten Fragen, einzelnen Methoden oder Strategien, beispielsweise zur folgenden Strategie.

Kapitel 31

Die Erfolgsrhetorik der 7-Schritte-Verkaufsstrategie®

Wenn du eine weise Antwort verlangst,
musst du vernünftig fragen.
Johann Wolfgang von Goethe, deutscher Dichter

Diejenigen unter Ihnen, die die 7-Schritte-Verkaufsstrategie im gemeinsamen Vertriebs- und Rechen-Training kennen lernten, wissen um die Erfolge, die sich hierdurch erzielen lassen. Auf vielfachen Wunsch liefere ich Ihnen hier die Erfolgs-Rhetorik zu dieser einzigartigen Strategie für mehr Umsatz und finanziellen Erfolg. Betrachten Sie die gesamte Vorgehensweise, inklusive der Handhabung des Rechners, als ein Theaterstück mit einer klaren Erfolgsregie. Wenden Sie diese 7-Schritte-Verkaufsstrategie an. Auf diese Weise steigern Sie Ihren Umsatz und die Zahl sowie die Qualität Ihrer Empfehlungen drastisch.

Die gesamte, äußerst einfache und dennoch sehr, sehr wirkungsvolle 7-Schritte-Verkaufsstrategie basiert darauf, dass ein einfacher, alter Verkäufergrundsatz eingehalten wird.

Verhilf deinen Kunden zu dem, was sie wirklich wünschen.

Führen Sie Ihre Kunden zu ihren wirklichen Zielen! Noch einfacher: Finden Sie heraus, was der Mensch, der Ihnen gegenüber sitzt, von Ihnen braucht! Jetzt verhelfen Sie ihm dazu, das, was er braucht, zu erreichen. Das ist die wichtigste und alles entscheidende Voraussetzung für den Zustand Erfolg!

Statt das zu tun, statt die Bedürfnisse ihrer Kunden zu erfragen, stellen viele Finanzverkäufer so unsäglich unnötige Fragen wie: „Wie viel könnten Sie denn monatlich sparen?" So oder ähnlich. Antwortet nun ein Kunde mit beispielsweise „100 Euro" freut sich das einfache Vermittlerherz, schnell wird noch was erzählt und dann nach Möglichkeit ein Vorsorgevertrag über die 100 Euro geschlossen. Wenn's überhaupt gut geht. Und wenn's ein bisschen besser läuft, spricht der Vermittler sogar noch die Dynamik an. Das Ergebnis:

Ein dynamisierter Spar- und Vorsorgevertrag mit einer Rate von 100 Euro zu Beginn. Nochmals: Diese Vermittler verletzen die oberste und grundlegendste Regel: dem Kunden zu dem verhelfen, was sie brauchen. Hier sind wir beim Bedarf, und damit steigen wir ein in die bereits angekündigte Verkaufsrhetorik der 7-Schritte-Verkaufsstrategie.

Die 7-Schritte-Verkaufsstrategie©®

1. Schritt

Finanzverkäufer: „Wann wollen Sie aufhören zu arbeiten?"

Meiden Sie die Formulierung: „Wie lange müssen Sie noch arbeiten?" Die Begründung ist einfach: „Wann wollen Sie aufhören zu arbeiten?" löst bunte Bilder aus. Bilder von Freizeit, Ruhe, länger schlafen, Urlaub oder sonst was. Die Frage „Wie lange müssen Sie noch arbeiten?" löst allein schon durch das Wort „müssen" Gedanken an Unangenehmes, Entbehrung, Zwang und so weiter aus. Nicht immer, nicht bei jedem Kunden, doch sehr häufig und bei vielen.

Sie warten also auf die Frage „Wann wollen Sie aufhören zu arbeiten?" die Antwort ab und dann geht's weiter.

2. Schritt

Finanzverkäufer: „Wenn Sie nun xy Jahre alt wären (hier Antwort aus Frage 1 einfügen), wie hoch sollte die gewünschte Zusatzrente sein, die Sie sich jeden Monat auszahlen wollen? Also zusätzlich zur gesetzlichen Rente. Denken Sie daran: Sie haben dann 365 Tage Urlaub im Jahr. Dazu kommt: Die gesetzliche Rentenversicherung steht – wie wir alle wissen – vor dem Kollaps. Also: Wie hoch sollte die gewünschte Zusatzrente im Monat sein?"

Auch hier gilt: Die möglichst exakte Formulierung, die Wiedergabe des möglichst exakten Wortlauts ist sehr, sehr wichtig. In besonders hartnäckigen Fällen können Sie unter anderem noch einfügen:

Finanzverkäufer: „Herr Kunde, wann geben Sie grundsätzlich Ihr Geld aus? Wenn Sie arbeiten oder wenn Sie Ihre Freizeit genießen?"

Kunde: „Wenn ich frei habe." Oder: „Wenn ich nicht arbeiten muss."

Finanzverkäufer: „Sehen Sie. Im Alter verfügen Sie – wie gesagt – über 365 Tage Urlaub und Freizeit im Jahr. Werden Sie also eher weniger oder mehr brauchen?"

Kunde: „Eher mehr."

Ebenfalls an dieser Stelle immer wieder hervorragend einzusetzen ist die Variation zur Frage 2 wie folgt:

Finanzverkäufer: „Wenn Sie nun xy Jahre alt wären (hier Antwort aus Frage 1 einfügen), wie hoch sollte die gewünschte Zusatzrente sein, die Sie sich jeden Monat auszahlen wollen? Also zusätzlich zur gesetzlichen Rente. Denken Sie daran: Sie haben dann 365 Tage Urlaub im Jahr. Dazu kommt: Die gesetzliche Rentenversicherung steht – wie wir alle wissen – vor dem Kollaps. Also: Wie hoch sollte die gewünschte Zusatzrente im Monat sein? Denken Sie daran: Schätzen Sie lieber ein bisschen mehr als zu wenig. Zu viel gespart hat noch keiner, einverstanden!"

Entscheidend ist hierbei der letzte Teil:

„... Denken Sie daran: Schätzen Sie lieber ein bisschen mehr als zu wenig. Zu viel gespart hat noch keiner, einverstanden!"

Wenn Sie diesen Satz oder diese oben genannten Variationen trainieren, werden sich die meisten Kunden eine höhere Zahl ausdenken, als im anderen Fall, wenn Sie nichts gesagt hätten. Wer jetzt aus Sicht vermeintlicher Verbraucherschützer einwendet „Das ist ja Betrug!" oder „Das sind ja rhetorische Fallen!", irrt. Es ist eine legale Hilfe, Kunden ein realistische Vorstellung der Höhe der eigenen Altersvorsorge zu vermitteln. Und außerdem stehe ich voll hinter dem Satz: „Zuviel gespart hat noch keiner, einverstanden!" Im Ernst: Haben Sie schon einmal einen Menschen erlebt, der, alt und in Rente, über zu viel Geld geklagt hätte? Der also auf der Straße herumläuft und jammert: „Oh, ich muss jetzt dreimal im Jahr auf die MS Europa. Eine Kreuzfahrt nach der anderen ... Ich weiß gar nicht mehr, wohin mit der ganzen Kohle ...". Ich kenne keinen solchen Menschen. Und daher, nochmals, stimmt die Feststellung: „Zuviel gespart hat noch keiner, einverstanden!" Leute, die zu wenig sparen und gespart haben, gibt's dagegen wie Sand am Meer.

3. Schritt

Finanzverkäufer: „Mit welchem Zins in der Entnahmephase sollen wir einmal rechnen? Einmal plus 13 und dann wieder minus 13 Prozent hält ja kein Mensch aus ..."

Auch diese Frage hat ihre ganz besondere Bedeutung. Denn: Mit dieser Bemerkung sinken erfahrungsgemäß die Zinsvorstellungen Ihrer Kunden. Ist ein Kunde völlig unsicher, bleiben Sie bei realistischen und fachlich einwandfreien Zinsannahmen zwischen 3 und 5 Prozent für diese Entnahmephase. Sagt ein Kunde etwa „7 Prozent" oder „8 Prozent", runzeln Sie die Stirn und fragen zurück: „Nach Steuern?" Meist wird der Kunden daraufhin heruntergehen. Sagt er nun „6 Prozent", entgegnen Sie: „Gehen wir auf Nummer sicher: 5 Prozent. Einverstanden!" Profis fügen hin und wieder auch hier nahezu beiläufig den Satz ein: „Zuviel gespart hat noch keiner, einverstanden!"

Wenn Sie diese Vorgehensweise anwenden, werden Sie feststellen: Es funktioniert. Sie kombinieren auf diese Weise die beiden Erfolgsregeln:

- Wer fragt, der führt.
- Ermitteln Sie den Bedarf.

Haben Sie sich mit dem Kunden auf einen realistischen Zins in der Entnahmephase geeignet, kommen wir zur nächsten Frage.

4. Schritt

Finanzverkäufer: „Wie alt wollen Sie werden?"

Ja, ich weiß! Diese Frage kann man doch so nicht stellen. Man sollte doch besser fragen: „Wie lange soll die Entnahmedauer sein?" Oder ähnliches. Die Variation dieser Frage bleibt Ihnen selbst überlassen. Ich für meinen Teil verwende seit Jahren die Formulierung: „Wie lange wollen Sie leben?" Erstens bringt es den Sachverhalt sehr, sehr treffend auf den Punkt. Zweitens und viel wichtiger: Die Leute lachen bei dieser Form der Formulierung nahezu ausnahmslos. Daher gilt: Bevor Sie eigene Formulierungen verwenden, testen Sie einmal meine Version. Erleben Sie selbst, wie die Leute lächeln, dann bleiben Sie dabei. Oder Sie verändern im Lauf der Zeit diese Frage entsprechend Ihren eigenen Vorstellungen. In jedem Fall sollten Sie die folgende Ergänzung unmittelbar an den ersten Teil anschließen lassen. Nochmals die optimierte 4. Frage, passend zur 7-Schritte-Verkaufsstrageie:

Finanzverkäufer: „Wie alt wollen Sie werden? Wir wissen ja, Männer werden derzeit mit 85 Jahren kalkuliert, Frauen mit 92 Jahren. Und: Zuviel gespart hat noch keiner, einverstanden!"

Wenn Sie so fragen, erhalten Sie in den meisten Fällen eine klare und verlässliche Angabe seitens des Kunden. Wichtig dabei ist: Bis zu dieser Frage gilt immer wieder: Wir fragen (und führen), der Kunde antwortet (und wird geführt). Ebenso gilt: Wer dies als unseriöse Manipulation und Beeinflussung abtut, irrt. Finanzplanung ist Lebensplanung. Und solange die Masse der (potenziellen) Kunden das nicht einsieht, ist es für einen verantwortlichen Verkäufer eine Pflicht, Verkaufsrhetorik zum Wohle !!! seiner Kunden einzusetzen.

Exkurs: Empathie

Betrachten wir noch einmal den zuletzt genanten Satz unserer 7-Schritte-Verkaufsstrategie:

*„Wie alt wollen Sie werden? **Wir** wissen ja, Männer werden derzeit mit 85 Jahren kalkuliert, Frauen mit 92 Jahren. Und: Zuviel gespart hat noch keiner, einverstanden!"*

Es ist nur ein kleines Wort. Dennoch ist die Bedeutung entscheidend. Zuhören und einen richtigen Dialog aufbauen ist eine Sache dessen, wie gut sich der jeweilige Profi, hier der Verkäufer, einfühlen kann. Polizeiermittler setzen auf den Faktor Emphatie beispielsweise im Fall von Flugzeugentführern. Hier werden in brenzligen Situationen absichtlich Sätze mit dem Wörtchen „wir" formuliert. Zum Beispiel:

- *„Wir sitzen alle in einem Boot ..."*
- *„Wir erleben hier gemeinsam eine sehr schwierige Situation ..."*
- *„Wir können gemeinsam, wenn wir das alle wollen, eine gute Lösung finden ..."*

Setzen Sie als Verkäufer auf diese Form der Emphatie. Nutzen Sie die Wirkung des Wortes „Wir". Immer und immer wieder. Sorgen Sie auf diese Weise für eine bestmögliche Übereinstimmung zwischen sich und Ihrem Kunden!

Jetzt kommt die entscheidende Überleitung zu der an anderer Stelle (Kapitel 32, Seite 154 ff.) ausführlich beschriebenen JOERS®-Methode. Sie tun nichts weiter und fragen nun an dieser Stelle:

- „Darf ich zu Ihrer Sicherheit noch einmal wiederholen?"

Jede Kundin, jeder Kunde wird hier mit „Ja" antworten. Also wiederholen Sie die Dauer der Entnahmezeit, den angenommenen Zinssatz, die monatliche (Wunsch-)Rente. Haben Sie alles wiederholt, kommen Sie zur 5. Frage:

5. Schritt

- „Welches Vermögen zu Beginn der Entnahmezeit brauchen wir also?"

Zum Schluss nennen Sie das für die gewünschte (Zusatz-)Rente notwendige Vermögen, das zu Beginn der Entnahmezeit vorhanden sein muss.

6. Schritt

- „Wie alt sind Sie heute?"

Sagt der Kunde sein momentanes Alter, entgegnen Sie unmittelbar: *„Das sind noch wie viel Jahre bis zur gewünschten Entnahmezeit?"* Die Antwort überprüfen Sie in Gedanken kurz. Ist die Antwort korrekt, rechnen Sie mit der richtigen Zahl der zur Verfügung stehenden Investitionsjahre weiter. Schließlich wollen Sie nun den notwendigen Sparbetrag ermitteln, um das Vermögen anzusparen, das der jeweilige Kunde benötigt, um sich die gewünschte (Zusatz-)Rente auszahlen zu können.

7. Schritt

- „Mit welchem Zins in der Sparzeit sollen wir rechnen?"

Hier gilt: Je kürzer die Laufzeit, also je kürzer die Investitionsdauer, desto geringer sollten Sie den Sparzins ansetzen. Im Zweifel greifen Sie auch hier zu dem erklärenden Super-Argument „Zuviel gespart hat noch keiner, einverstanden!". Wenden Sie es an! Sie werden feststellen: Es funktioniert.

Nachdem Sie den Zins der Ansparzeit kennen, wenden Sie wiederum die JOERS-Methode an. Sie fragen also erneut:

- „Darf ich zu Ihrer Sicherheit noch einmal wiederholen?"

Jede Kundin, jeder Kunde wird hier wiederum mit „Ja" antworten. Also wiederholen Sie die Dauer der Ansparzeit (Investitionsdauer), den angenommenen Zinssatz in der Ansparzeit. Ist alles bestätigt, rechnen Sie mit einem Tastendruck die monatlich notwendige Investition aus.

Kombination von 7-Schritte-Verkaufsstrategie® und Alternativabschluss

Auch wenn ich später noch auf das Thema Abschluss zu sprechen komme, will ich Ihnen hier eine der altbekannten Methoden, passend zu diesem letzten Schritt der 7-Schritte-Verkaufsstrategie wiedergeben. Der so genannte Alternativabschluss, auch Präferenzabschluss genannt, passt an dieser Stelle hervorragend. Sie haben bislang den Kunden aktiv ins Verkaufsgespräch eingebunden. Sie haben sich mittels der JOERS-Methode immer wieder die Bestätigung geholt. Das bedeutet: Das Ergebnis ist das Ergebnis Ihres Kunden. Menschen haben gerne die Wahl. Gut! Lassen Sie Ihrem Kunden nun die Wahl, nachdem Sie die monatliche Investition ausgerechnet haben. Möglichkeiten des nun passenden Alternativabschlusses sind Fragen wie:

- „Ihre monatliche Investition beträgt also 220 Euro. Was ist Ihnen jetzt lieber? 200 Euro oder 250 Euro! Denken Sie daran: Zuviel gespart hat noch keiner, einverstanden!"
- „Ihre monatliche Investition beträgt also 600 Euro. Was wollen Sie jetzt lieber: Diese Investition gleichbleibend über die geplante Laufzeit oder beginnend mit einer geringeren Investition, dann jedoch inklusive Dynamik?"

Damit nicht genug. Sie können auch im Folgenden weitere Alternativfragen einbauen:

- „Wir haben jetzt den zehnten des Monats. Wollen Sie lieber am kommenden 15. oder zu Beginn des kommenden Monats anfangen?"

Exkurs: Schreck & Denkblockaden

Schreck blockiert das Denken, mal schwächer, mal stärker. Ein erschreckter Kunde kann nicht denken. Die Zahlen, die im Rahmen der 7-Schritte-Verkaufsstrategie ermittelt werden, sind hin und wieder erschreckend – obwohl es die eigenen Vorstellungen der Kunden sind. Erschreckend hoch. Da kommen plötzlich monatlich notwendige Investitionen von einigen hundert Euro zusammen. Manche Kunden müssen sogar über tausend, in manchen Fällen mehrere tausend Euro monatlich sparen, um die eigenen Vorstellungen der Altersvorsorge zu erreichen. Kommt es zu solchen „Schrecksekunden", reagiert der geniale Verkäufer und kürzt die Zeit des Erschreckens ab. So oder ähnlich reagieren geniale Verkäufer:

- „Sie sind verwirrt ...!"
- „Diese Zahl erschreckt Sie, richtig!"
- „Diese Zahl verblüfft Sie, richtig!"
- „Sie sind jetzt geradezu schockiert, richtig!"
- „Die Zahl wird Sie möglicherweise durcheinander bringen!"
- „Die Höhe der notwendigen Investition macht Sie fassungslos, stimmt's?"

Wenn Sie so handeln, nutzen Sie die Schreckphase Ihrer Kunden als notwendigen Schritt hin zu den Lösungen. Psychologen fanden heraus, dass nach dem Schreck das Festhalten folgt. Festhalten bedeutet hier: Der Kunde wird möglicherweise Dinge behaupten wie: „Das kann nicht sein!" oder auch: „Das kann ich nicht glauben ...". Und ähnliches. Auf den Punkt gebracht: Manche Kunden wollen die Wirklichkeit im Zusammenhang mit der notwendigen Altersvorsorge nicht wahrnehmen. Auch dieses Festhalten ist nichts anderes als eine Zwischenphase. Es folgt die Phase des Loslassens und des Abschiednehmens. Dann kommt das Ende: Das Anpassen an die tatsächliche Situation, das Denken in Lösungen, die Suche nach Lösungen. Hier steigen Sie wieder ein. Eine der Möglichkeiten ist das Berechnen der dynamischen Anfangs-Sparrate. Sie werden feststellen: Ein Kunde, der für seine Vorstellungen gleichbleibend etwa 600 Euro monatlich hätte sparen müssen, ist plötzlich sehr, sehr glücklich, wenn nach Berechnen der dynamischen Anfangsrate „nur noch" 350 Euro als Anfangsrate herauskommen. Geniale Verkäufer wissen bei alledem, dass die berechneten Ergebnisse immer wieder erklärt werden müssen. Abwechslungsreiche Formulierungen sind die folgenden:

- „Das bedeutet ..."
- „Für Sie heißt das ..."
- „Das heißt ..."

- „Die Lösung sieht nun wie folgt aus ..."
- „In der Konsequenz müssen Sie also ..."
- „Aus alledem ergibt sich, dass Sie ... müssen"

Auch hier gilt: Sie sind die fachliche Autorität. Sagen Sie Ihren Kunden, was sie tun müssen. Wie sie die Zahlen interpretieren müssen, was die Zahlen konkret bedeuten.

Exkurs: Kontrastprinzip

Als gestandener Finanzverkäufer wissen Sie, dass Summen von 1 000 Euro oder mehr, trotz Dynamik, bei der Altersvorsorge keine Seltenheit sind. Immer wieder taucht die Frage auf: „Wer soll das bezahlen?" Die Antwort lautet: Erstens werden es Ihre Kunden Ihnen danken, wenn Sie ihnen endlich mal reinen Wein einschenken. Sehen Sie es so: Jeder Kunde hat – das haben Wissenschaftler ermittelt – bereits durchschnittlich fünf andere Versicherungsberater, Finanzdienstleister vor Ihnen kennen gelernt. Das bedeutet: Sie werden dennoch der erste sein, der mittels knallharter Zahlen und Fakten mit dem Kunden über seine Vorstellungen hinsichtlich der späteren Privatrente spricht. Sie haben auf dem Gebiet „Autorität" (vergleiche die sechs Prinzipien nach Robert B. Cialdini, Seite 199 ff.) unweigerlich gewonnen. Dazu kommt: Geniale Verkäufer wenden mittels der 7-Schritte-Verkaufsstrategie auf geschickte Weise das so genannte Kontrastprinzip an. Ich will es Ihnen mit den Worten Cialdinis beschreiben:

„Autoverkäufer wenden das Kontrastprinzip folgendermaßen an: Sie warten, bis man sich über den Preis für den neuen Wagen geeinigt hat, bevor sie dann ein Extra nach dem anderen vorschlagen."

Die Wirkung ist absehbar: Wer soeben für 25 000 Euro einen Wagen gekauft hat, für den sind beispielsweise 400 Euro für irgend so ein Extra eine Kleinigkeit. Die große Zahl der 25 000 Euro lässt die 400 Euro als kleine Ausgabe, quasi als Taschengeld erscheinen. Im Fall der 7-Schritte-Verkaufsstrategie greift dieses Kontrastprinzip ebenso. Denn: Angenommen, ein Kunde hatte vor Ihrem Gespräch an 100 Euro zusätzliche monatliche Investition in einen Sparplan gedacht. Aufgrund seiner Vorgaben rechnen Sie aus, dass er – will er seine Vorstellungen erreichen – 700 Euro monatlich investieren und sparen müsste. Kommt jetzt nach Berücksichtigung der Dynamik eine Investition von „nur" 250 Euro heraus, reagieren manche Kunden regelrecht glücklich, sind beruhigt. „Uff!", denken sie sich, „zum Glück sind es doch nur 250 Euro!" Sie müssen das erlebt haben. Wenden Sie die 7-Schritte-Verkaufsstrategie an. Immer und immer wieder. Ich garantiere seit Jahren denen, die diese Strategie konsequent trainieren und anwenden, verblüffende Ergebnisse.

Exkurs: Die 1-Seiten-Methode

Die meisten Kunden werden heute von den Finanzverkäufern regelrecht zugeworfen. Hier ein Prospekt, hier ein paar Bildchen, dort die tollsten Verkaufsunterlagen, dann wieder blattweise irgendwelche Berechnungen. Die meisten Finanzverkäufer vergessen schlichtweg: Papier hat noch nie verkauft. Meine persönliche und felsenfeste Überzeugung ist: Machen Sie es wie geniale Finanzverkäufer. Bringen Sie die Fakten, beispielsweise mit der oben beschriebenen 7-Schritte-Verkaufsstrategie, auf den Punkt. Auf einer DIN A4-Seite Papier! Sie müssen die fundamentalen Daten und Fakten bringen. Das ist alles. Später kann immer noch eine genaue Analyse erfolgen. Die ersten drei wichtigsten Schritte lauten:

1. **Fundamentals!**
2. **Fundamentals!**
3. **Fundamentals!**

Und die auf ein Blatt Papier gebracht. Als Ergebnis eines kurzen Dialogs mit dem Kunden. Das ist alles.

Die Methode des „redenden Stifts"

Diese Bezeichnung fand ich in dem Buch „Aktuelle Verkaufspraktiken" aus dem Jahr 1987. Dort wurde diese Methode der „redende Bleistift" genannt. Der „redende Stift" ist nach wie vor ein, wenn nicht sogar *das* Zaubermittel in jedem Verkaufsgespräch. Ein Bild sagt bekanntlich mehr als tausend Worte. Ein gemaltes Bild stärkt die Erinnerung des Kunden ans Gespräch. Er kann zusehen. Das langsam entstehende Bild fesselt seine Aufmerksamkeit. Planen Sie den gezielten Einsatz des „redenden Stifts" und Sie steigern Ihren Erfolg. Das folgende Bild können Sie mit Ihrem Kunden gemeinsam entwickeln. Es wirkt, langsam entwickelt und mit individuell berechneten Zahlen, verblüffend. Kein Laptop, keine Darstellung im PC kann mit einem solchen langsam und Schritt für Schritt entwickelten Bild mithalten. Selbst dann, wenn wir bereits auf Bildschirmen ein solches Bild aufbauen, also aufmalen könnten, ist diese Methode des „redenden Stifts" nicht zu ersetzen.

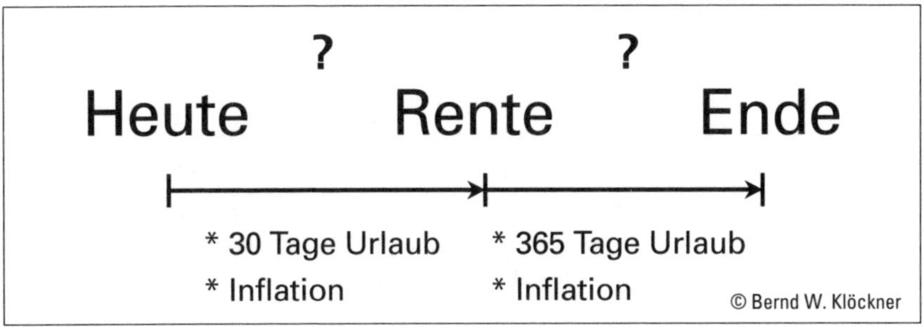

Ein Bild sagt mehr als tausend Worte ...

Aktivieren Sie Ihren Kunden

Die 7-Schritte-Verkaufsstrategie ist am wirkungsvollsten, wenn Sie Ihre Kunden aktivieren. Lassen Sie Ihre Kunden mitarbeiten. Hier gibt es die verschiedensten Möglichkeiten:

- Sie bitten Ihren Kunden, mal zwischendurch den Stift zu halten.
- Der Kunde soll das Blatt mal zu sich drehen.
- Der Kunde füllt das Antragsformular aus.
- Sie lassen Ihren Kunden mitschreiben.
- Sie nehmen sich seine Aufzeichnungen, er soll Ihre nehmen.

  u.a.m.

Nutzen Sie hierbei Befehlssätze. Probieren Sie es aus, es funktioniert. Ich nenne Ihnen Beispiele:

- „Nehmen Sie mal den Stift ..."
- „Gucken Sie sich das mal an ..."
- „Füllen Sie bitte die von mir mit einem Kreuz versehenen Felder aus ..."
- „Schreiben Sie auf ..."
- „Notieren Sie sich die Zahl ..."
- „Lassen Sie mich mal sehen ..."
- „Hier, lesen Sie mal ..."

Auf diese Weise aktivieren (= *aktive Mitarbeit*) Sie alle Sinne Ihrer Kunden. Ob kinästhetische, visuelle oder auditive Typen: für jeden haben Sie was dabei. Trainieren Sie diese Vorgehensweise. Der Erfolg wird Sie verblüffen.

Spielen Sie das 50-Prozent-Spiel

Die Spielregel lautet ganz einfach: Kürzen Sie die Zeit Ihrer Verkaufsaktion auf die Hälfte. Dann nochmals, dann nochmals. Kommen Sie derzeit mit einer Stunde aus, setzten Sie sich eine halbe Stunde als Ziel. Dann eine Viertelstunde. Das müssen Sie einmal versuchen. Die Botschaft lautet: Trainieren Sie die Fähigkeit „Verkaufsgespräch verkürzen". Das Fantastische ist: Es funktioniert! Erleben Sie es selbst, in dem Sie es *tun!*

In jedem Fall gilt es, drei Dinge zu begreifen:

1. Kunden haben keine Zeit. Zumindest die meisten Kunden haben keine Zeit!

2. Kunden haben nicht die Nerven, nun stundenlang über Dinge zu reden, von denen sie im Grunde genommen nichts oder nur wenig verstehen.

3. Kein Kunde vereinbart mit Ihnen einen Termin, damit Sie ihn zum Finanzberater ausbilden.

Finanzprodukte verkaufen bedeutet: Kunden wollen investieren. Kunden wollen eines Tages – am Ende der Investition – kassieren. Das ist jedoch alles. Das sind die beiden Elemente, die beiden Emotionen, wieso Kunden Finanzprodukte kaufen: Investieren. Kassieren. Statt die Fundamentals rund um diese beiden Emotionen auf den Punkt zu bringen, sind zahlreiche Finanzverkäufer Meister im Präsentieren von Excel-Tabellen oder Zinseszins-Tabellen und Tarife raten. Mühevoll wird nebenbei der Laptop bedient. Mal mehr, mal weniger. Weniger vor allem dann, wenn die Fragen der Kunden dummerweise nicht zur Software passen. Original-Antworten von vermeintlichen Finanzberatern, tatsächlich wohl eher Finanzratern, in den verschiedenen Tests lauteten: „Ohh, Ihre Frage passt jetzt nicht zu meiner Software." „Ja, so rum kann der Computer das nicht rechnen!"

Auf das ganze Wettrüsten mit noch schöneren Prospekten, noch bunteren Bildchen, noch mehr Tabellen und Berechnungen über Dutzende von Seiten reagieren die Kunden. Nur dummerweise nicht so, wie die meisten Verkäufer es sich wünschen, gewünscht hätten. Wird einem Kunden die Präsentation, das Verkaufsgespräch zu kompliziert, schiebt er die Entscheidung auf. Eine weitere Reaktion ist, Dritte um Rat zu fragen. Wie auch immer: Komplizierte Verkaufsgespräche mit komplizierten Unterlagen führen dazu, dass Kunden verunsichert sind und weitere Informationen suchen. Wie auch immer: Die

Kaufentscheidung rückt in weite Ferne. Die Lösung lautet: Erfolgreiche Verkaufgespräche sind einfach konstruiert. Erfolgreiche Verkaufsgespräche kommen ohne komplizierte Unterlagen aus. Erfolgreiche, geniale Verkäufer meiden jede Form der Überforderung.

Nochmals zurück: Excel-Tabellen-Aufleger, Zinseszins-Tabellen-Präsentierer und Tarife-Rater braucht keiner. Sie führen ein Team von Finanzverkäufern? Sie führen eine Verkaufsorganisation? Gut! Meiden Sie solche Typen. Sie sind selbst – Hand aufs Herz – ein Excel-Tabellen-Aufleger, Zinseszins-Tabellen-Präsentierer oder Tarife-Rater? Beenden Sie in diesem Fall blitzartig diesen Zustand! Sorgen Sie dafür, dass Sie Fundamentals auf einer Seite erklären können. Kommen Sie auf den Punkt!

Gewinnen Sie so Ihre Kunden in den ersten Minuten. Gedanklich vollzieht sich der Abschluss in den ersten Minuten. Überzeugen Sie den Kunden, dass er etwas tun muss. Dass er sehr, sehr dringend reagieren muss. Dann schildern Sie ihm seine persönliche Situation. Seinen persönlichen Bedarf. Nochmals: Das müssen Ihre Leute, die Leute in Ihrer Organisation tun! Sorgen Sie dafür, dass Ihre Kunden die Fundamentals verstehen! Haben Ihre Kunden Ihre Botschaft wirklich verstanden, schreien sie um Hilfe. Das ist alles!

☛ ***Die alles entscheidende Botschaft lautet:***
Verkaufen Sie nie, nie, nie, was eine Sache ist. Verkaufen Sie, was eine Sache, ein Produkt an Nutzen bietet. Geniale Verkäufer sprechen über den Nutzen! Meiden Gespräche über Produkte. Das müssen Sie tun!

Kapitel 32

Die JOERS®-Methode

Erfolgreiche Verkaufsgespräche haben eine erfolgreiche Regieführung.
Haben ihre Regelmäßigkeit!
K. Walter, amerikanischer Erfolgspsychologe

In früheren Zeiten wurde oftmals die so genannte Sokrates-Methode der Rhetorik trainiert. Das bedeutet nichts anderes, als die so genannte Ja-Technik oder auch Ja-Fragen-Schiene. Das Ziel: möglichst viele Bestätigungen im Lauf eines Gesprächs einholen und auf diese Weise ein positives Gesprächsklima erzeugen, um den Abschluss zu sichern. Typische und vielen Kunden zwischenzeitlich bekannte Fragen sind:

- „Ihnen ist eine finanziell gesicherte Zukunft wichtig, richtig?"
- „Möchten Sie jede Möglichkeit nutzen, Ihre Steuern legal zu senken?"

Diese und ähnliche Fragen bringen heute kaum noch den gewünschten Erfolg. Ein guter Kunde reagiert schnell mit Misstrauen. Die Kunden riechen im Allgemeinen Lunte bei dieser Art von Gesprächsführung. Daher die Empfehlung diverser Trainer, darunter auch zahlreicher von mir sehr geschätzter Kollegen: „Betrachten Sie diese Methodik bitte als überholt!" oder „Meiden Sie besser diese Form der Rhetorik!" oder „Die Ja-Technik hat ausgedient!" Meine Ansicht zu dieser Meinung der geschätzten Kollegen: Irrtum! Umsatz gefährdender Irrtum! Wer behauptet, die Ja-Technik habe ausgedient, hat – das ist meine feste Überzeugung – keine Ahnung von der Psychologie des Verkaufens. Hat vermutlich lange nicht mehr selbst verkauft. Denn: Der Erfolg einer geschickt eingesetzten Ja-Technik hängt nicht von Trends wie „heute in Ordnung" oder „ist veraltet" ab. Die Ja-Technik funktionierte immer, funktioniert noch heute und wird immer funktionieren. Es ist eine Gesetzmäßigkeit der Psychologie, dass diese Ja-Technik immer ihre Wirkung hat. Sicherlich kennen Sie den Spruch: „Wer A sagt, muss auch B sagen." Oder Sie kennen die Geschichte der Studie zum Thema „Augen auf im Straßenverkehr". In irgendeinem Buch, dessen Titel ich leider vergessen habe, las ich einmal diese Geschichte. Und so hat sie sich zugetragen:

Im Jahr 1966 wurde ein wissenschaftlicher Versuch gemacht mit dem Ziel herauszufinden, wie sehr Leute bei einer einmal gefällten Entscheidung bleiben. In diesem Versuch trat man an Hauseigentümer heran, zeigte diesen eine Fotomontage mit einem großen, einem sehr großen Schild, das auf der Fotomontage im Garten vor dem Haus angebracht war. Das Haus war somit jeweils nahezu völlig verdeckt. Jetzt fragten die Tester den Hausbesitzer sinngemäß: „Wir machen hier gerade eine wichtige Aktion. Thema ‚Augen auf im Straßenverkehr'. Wir möchten Sie bitten, unsere Aktion mit dem Aufstellen des Schildes zu unterstützen!" Was meinen Sie, war in den meisten Fällen die Reaktion? Stellen Sie sich vor, so ein Bursche hält Ihnen eine Fotomontage vor die Nase, auf der Sie Ihr Haus von einem riesigen Schild verdeckt sehen, auf dem steht „Augen auf im Straßenverkehr". Sie ahnen es! Die Mehrzahl der Befragten gab an, dass sie auf die Teilnahme lieber verzichten wolle.

In einer anderen Runde dagegen stimmte die Mehrzahl der Befragten dem Anliegen zu. Was war geschehen? Einige Zeit vor dem Besuch in der zweiten Runde war bei den jeweiligen Hausbesitzern jemand aufgetaucht, der ebenfalls die Aktion „Augen auf im Straßenverkehr" unterstützen wollte. Dazu hatte man ein kleines Schild gemalt, das jeder, der ein Auto besaß, an die Heckscheibe stecken konnte/sollte. Faszinierend war nun: Diejenigen, die dem Aufstellen des kleines Schildes im Auto zustimmten, stimmten bei einer daraufhin folgenden Befragung auch dem Aufstellen im großen Stil (Hausverdeckung durch großes Schild) zu.

Hinter diesem Ganzen steht das psychologische Prinzip der Konsistenz. Das Streben nach Konsistenz ist ein sehr, sehr machtvolles Motiv. Wer die Gesetzmäßigkeiten um das Prinzip der Konsistenz beachtet, beeinflusst, ob gewollt oder ungewollt, verfügt über eine sehr, sehr wirkungsvolle Waffe in der Kommunikation mit anderen. Konsistenz ist deswegen ein sehr machtvolles Instrument, weil Konsistenz ein allgemein positiv besetztes Bild auslöst. Stellen Sie sich so einen Typen vor, der mal „hü", mal „hott" sagt. Der heute dieses, morgen jenes tut. Der mal das eine will, dann wieder das andere. Der sich nie recht entscheiden kann und alle einmal getroffenen Entscheidungen im Nachhinein so hinstellt, als ob er diese niemals getroffen hätte – natürlich nur angeblich. Wenn Sie sich diesen Typen vorstellen, werden Sie ein ungutes Gefühl verspüren. Niemand hat gerne mit solchen Menschen zu tun, die offensichtlich nicht wissen, was sie wollen. Umgekehrt gilt das Gleiche: Wer sich mit einem gleichbleibend hohen Grad an Glaubwürdigkeit präsentiert, gewinnt und wird respektiert. Hier heißt es dann: „Auf den kann man sich verlassen!“

Konsistenz ist eine Eigenschaft, die man Gewinnern zuschreibt, die uns erstrebenswert scheint. Auf den Punkt gebracht: Wir lieben den roten Faden! Eng mit Konsistenz verbunden ist der Begriff Commitment. Commitment meint soviel, wie einen Standpunkt einnehmen.

> *Ein höchst interessantes Experiment dokumentierte der Sozialpsychologe Steven J. Sherman. Dieser begann mit einer Umfrage unter den Einwohnern einer amerikanischen Stadt. Sherman bat die Befragten um deren Einschätzung, wie sie wohl reagieren würden, wenn man sie darum bitten würde, beim Sammeln für die Krebshilfe auszuhelfen. Das Ganze sollte über drei Stunden geschehen. Erwartungsgemäß behaupteten die meisten derart unverbindlich Befragten, sie würden sich an einer solchen Aktion beteiligen. Was wiederum logisch klingt. Denn: Wer will sich hier selbst als unsozial hinstellen und auf eine solche Befragung mit einem klaren Nein antworten? Dann kam die Überraschung: Einige Tage nach diesem „Präparieren“ einiger Versuchspersonen erfolgte ein Anruf der Krebshilfe. Es wurde gefragt, ob die angerufene Person bei einer Spendensammlung für eben diese Krebshilfe aktiv mitmachen würde. Sie werden es schon ahnen, wie dieses Experiment ausging: Siebenmal häufiger stimmten die präparierten Personen der Bitte zu als die nicht präparierten.*

Einmal mehr gilt damit: „Wer A sagt, wird vermutlich auch B sagen.“ Ich beschreibe Ihnen diese Experimente, um Sie sensibel für die Ja-Technik zu machen. Auf den Punkt gebracht, gilt: Das übertriebene Einsetzen der Ja-Technik mittels abgelutschter Sätze ist tatsächlich wenig Erfolg versprechend. Deswegen jedoch diese Ja-Technik zu verdammen, ist ebenso völliger Unsinn. Sieger-Typen wissen um die Macht kunstvoll eingesetzter Ja-Technik. Jeder wirkliche Verkäufer wendet diese Ja-Technik – mal besser, mal schlechter – an. Im Folgenden erfahren Sie, wie Sie sich die Ja-Technik sehr schnell merken können. Notieren Sie einmal auf einem getrennten Blatt Papier folgendes Wort: JOERS.

JOERS®

Dabei steht J für „Ja!", das O für „O.K.!", das E für „Einverstanden!", das R für „Richtig!", das S für „Stimmt's!". Das ist alles. Das ist die ganze verblüffend einfache wie ebenso verblüffend wirkungsvolle JOERS-Methode. Für Sie gilt: So banal es klingt, das konsequente Anwenden des JOERS-Prinzips wird Ihnen erhebliche kommunikative Zuwächse bringen, einverstanden! Formulieren Sie die Sätze wie beispielsweise in diesem Buch immer wieder präsentiert:

- „... Zuviel gespart hat noch keiner, richtig!"
- „... Im Alter haben Sie dann 365 Tage Urlaub im Jahr, richtig!"
- „... Sie meinen ja mit Ihren Angaben die Kaufkraft nach heutigem Geldwert, stimmt's?"

! *Meine persönliche Meinung ist: Wer auf die psychologischen Elemente der Konsistenz und des Commitment verzichtet, verzichtet aufs Geschäft. Das ist alles! Begreifen wir das! Begreifen Sie das! Verkauf ist – bei aller Überzeugung –, perfekt beherrscht, stets ein Stück Manipulation. Dazu kommt: Wer heute seine Kunden hin zum Zwangssparen „manipuliert", tut diesen Kunden einen sehr großen Gefallen.*

Ein uralter und ebenso bei vielen in Vergessenheit geratener Trick, die Macht der Konsistenz und des Commitment zum geschäftlichen Wohl zu nutzen, ist die Methode, Ihre Kunden Vertragsformulare oder Anträge ausfüllen zu lassen. Das bedeutet: Der Finanzverkäufer dreht das Formular so, dass der Kunde seine Daten eintragen kann. Jetzt zeigt der Verkäufer dem Kunden die Positionen, die er ausfüllen muss. Das alles bedeutet: Immer dann, wenn wir Stellung beziehen, wenn wir mit einem Ja einen Sachverhalt oder Zahlen bestätigen, dokumentieren wir unserem Gesprächspartner einen klaren Standpunkt.

Die Macht des psychologischen Prinzips der Konsistenz lässt uns einmal eingegangene Positionen oder Meinungen auch dann vertreten, wenn im Zweifel neue Erkenntnisse völlig gegen einen bereits einmal bezogenen Standpunkt sprechen.

1955 lieferten Morton Deutsch und Harold Gerald in dieser Sache, hier insbesondere in Bezug auf Commitment, aufschlussreiche Ergebnisse einfacher wie ebenso spannender Experimente. Drei verschiedene Gruppen wurden gebeten, aufgrund vorgegebener Daten eine Strecke zu schätzen. Die eine Gruppe hatte die Aufgabe, sich die eigene Streckenschätzung im Kopf zu merken. Die andere Gruppe sollte die Schätzung an eine Tafel schreiben. Anschließend wurde das Ergebnis wieder weggewischt. Die dritte Gruppe dagegen sollte die Schätzung auf einen Zettel schreiben. Dieser Zettel wurde anschließend der Versuchsleitung übergeben. Nun folgten weitere Angaben, die eine genauere Schätzung der vorgegebenen Strecke ermöglichen sollten. Alle drei Gruppen durften erneut eine Zahl nennen. Sie ahnen womöglich das Ergebnis: Die Gruppe, die lediglich in Gedanken das erste Mal die Strecke geschätzt hatte, ließ sich problemlos davon überzeugen, dass die Länge der Strecke doch anders sein könnte und korrigiert werden müsste. Die Gruppe, die in der ersten Runde die Zahl an die Tafel geschrieben und wieder weggewischt hatte, korrigierte die erste Schätzung ebenfalls. Diejenigen jedoch, die in der ersten Runde schriftlich den Zettel mit der Streckenschätzung an den Versuchsleiter übergeben hatten, taten sich mit der Neueinschätzung sehr, sehr schwer. Auch wenn die neuesten Informationen dafür sprachen, dass die erste Runde falsch gewesen war, diese dritte Gruppe blieb – mehr oder weniger stur – auf ihrer Aussage sitzen.

Im Folgenden einige weitere Mustersätze, die Sie so oder ähnlich immer wieder in Verkaufsgespräche einbauen können. Nochmals: Es geht nicht um falsch verstandene Manipulation. Es geht um eine angenehme, positive, die Botschaft des Verkaufs unterstützende Gesprächsführung.

Mustersätze zur JOERS-Methode:

- „Ihnen ist also besonders wichtig, dass ..., ja!“
- „Deiner Meinung zu Folge sollten wir also ..., okay!“
- „Sie wünschen sich also insbesondere ..., einverstanden!“
- „Sie möchten also gerne, richtig!“
- „Nach Ihrer Meinung sollte ich also ... stimmt's!“

Vermutlich haben Sie, wenn Sie dieses Buch sehr bewusst und aufmerksam lesen, bei den letzten beiden Sätzen jeweils zum Ende leicht (innerlich) genickt, richtig! Möglicherweise haben Sie sogar bei dem letzten Satz wiederum zugestimmt. Oder das Bedürfnis gespürt zu nicken. Sehen Sie: Das ist der beste Beweis. Die Ja-Technik funktioniert. Wichtig ist: Ich meine mit dem erfolgreichen Anwenden der von mir so genannten JOERS-Methode nicht das hirnlose Herunterbeten tausendfach abgelutschter Sätze. Ich meine vielmehr die gezielte, unbewusste Zustimmung. Eine immer wieder neue, nahezu nebenbei erfolgende Zustimmung des Kunden. Versuchen Sie's. Sie werden sich wundern, wie die JOERS-Methode mit nahezu unglaublicher Perfektion funktioniert! Die auf diese Weise trainierte und angewandte JOERS-Methode ist eben keine plumpe Manipulation. Im Gegenteil: Sie ist und bleibt das Fundament für Sympathie und Übereinstimmung.

☛ ***Die alles entscheidende Botschaft lautet:***
Trainieren Sie die Ja-Technik mittels der JOERS-Methode. Immer und immer wieder. Trainieren Sie diese Technik so, dass sie Ihnen in Fleisch und Blut übergeht, o.k.! Trainieren Sie diese Technik, bis sie Ihnen zur festen Gewohnheit wird, einverstanden!

Kapitel 33

Die 2-3-4-Potenz-Regel der Kommunikation

Nur die Hartnäckigen gewinnen Schlachten.
Napoleon I, französischer Kaiser

Eines der Prinzipien erfolgreicher Kommunikation ist die *Wiederholung*. Ich setze in diesem Buch ebenso auf dieses Prinzip. So werden Sie wahrscheinlich den Satz „Zuviel gespart hat noch keiner, einverstanden!" so schnell nicht mehr vergessen. Machen Sie die Probe aufs Exempel. Sagen Sie beispielsweise einmal den Satz: „Zuviel gespart hat noch keiner, einverstanden! Nochmals: Zuviel gespart hat noch keiner!" Oder: „Die Inflation liegt vorsichtig geschätzt bei drei Prozent. Ich wiederhole: Vorsichtig geschätzt sind es drei Prozent Inflation!" Nur beim Lesen mag es eigenartig klingen. In der Praxis und bei üblichem Redefluss fällt diese Wiederholung kaum auf. – Wiederholung kann dabei auch das Wiederholen des Namens eines Kunden am Telefon sein. Es kann das Wiederholen einer Produktidee sein oder die Beschreibung einer Situation. Die Potenz-Regel der Kommunikation besagt dabei:

2 Mal wiederholen = 2^2 Wirkung
3 Mal wiederholen = 3^3 Wirkung
4 Mal wiederholen = 4^4 Wirkung

Diese Potenzregel hat natürlich Grenzen. So bringt eine 10-fache Wiederholung naturgemäß keine zehnmilliardenfache Wirkung (= 10^{10}). Doch im Rahmen der üblichen Wiederholungen gilt diese Potenzregel der Kommunikation sehr wohl.

Kommen wir damit zum Thema *Abschluss*. Sie finden im Folgenden möglichst viel Information und Wissen rund um das Thema Abschluss. Dabei gilt: *Die* goldene Abschlussmethode gibt es nicht. Finden Sie selbst heraus, was Sie auf welche Weise besser machen können. Beginnen möchte ich, indem ich noch einmal auf die 1 000-Euro-Variante zurückkomme. Wenn der Abschluss naht, beleuchten Sie (in Gedanken) noch einmal das große 1 000-Euro-Schild auf der Stirn des potenziellen Kunden. Betrachten Sie – als kleine Abwandlung – jeden Kunden so, als kämen mindestens 5 000 Euro dabei raus. Denken Sie immer wieder daran: Wenn Sie's nicht machen, macht's ein anderer, und der macht's richtig gut. Das gilt für jede Branche. Sie sind Autoverkäufer. Gut! Wenn Sie dem Kunden kein Auto verkaufen, verkauft es ein anderer, und der hat's richtig gut. Sie sind Finanzverkäufer? Versicherungsberater? Gut! Verkaufen Sie einen Vorsorgeplan. Oder auch zwei oder drei. Verkaufen Sie Vorsorgeprodukte. Beispielsweise weitere Fondsanteile oder anderweitige Formen. Denken Sie unmittelbar in der Abschlussphase immer daran: Wenn wir es nicht machen, macht's ein anderer. Und der macht's richtig gut. Sie sind Finanzverkäufer und vergessen das alles entscheidende Argument der Inflation? Sie wissen, was passiert. Das Ganze ist nur eine Frage der Zeit. Wenn wir als Finanzverkäufer das Wissen um die Inflation nicht auf den Punkt bringen (notwendige private Vorsorge), bringt es ein anderer auf den Punkt. Und der macht's richtig gut!

☛ ***Die alles entscheidende Botschaft lautet:***
Nutzen Sie das Prinzip der Wiederholung! Steigern Sie auf diese Weise Wirkung und Inhalt Ihrer Aussagen.

Kapitel 34

Ihre Kunden haben ein Recht auf Abschluss

Wenn die anderen glauben, man ist am Ende,
so muss man erst richtig anfangen.
Konrad Adenauer, deutscher Politiker

Meine feste Überzeugung lautet: Nur wer nicht an sich glaubt, hat Schwierigkeiten beim Abschluss eines Verkaufsgesprächs. Da gibt es die tollsten Antworten, wenn ein Kunde mal fragt: „Erwarten Sie, dass ich sofort unterschreibe?" Die einen entgegnen Dinge wie „Nein, selbstverständlich sollten Sie alles gründlich überlegen", die anderen meinen: „Wenn ich Sie wäre, würde ich auch noch eine Nacht darüber schlafen". So oder ähnlich. Dummes Zeug! Eine wirklich unkluge Sache, so zu handeln. Immer wieder sagen mir erfolgreiche Verkäufer, dass sie auf die Frage „Erwarten Sie, dass ich sofort unterschreibe?" einfach „Ja!" oder „Selbstverständlich!" sagen. Dann schweigen sie. Sie schweigen, weil es außer diesem klaren Ja nichts weiter zu sagen gibt.

Übernehmen Sie Ver*Antwort*ung!

Gute, umsatzstarke Verkäufer sagen „Ja!" oder „Selbstverständlich!", weil sie als Verkäufer felsenfest von der eigenen Botschaft überzeugt sind. Gute Verkäufer äußern unmissverständlich: „Ja, ich will Ihnen mein Produkt heute verkaufen!"

Test

Persönlicher ASC – Abschluss-Sicherheits-Check

Wie sicher fühlen Sie sich bei Ihren Abschlüssen? Kreuzen Sie einmal Ihre persönliche *Einstellung* an:

Ich fühle mich...

- ❑ sehr sicher
- ❑ sicher
- ❑ eher unsicher
- ❑ sehr unsicher

In der Abschlussphase zählt Ihre Dringlichkeit! Die Dringlichkeit Ihrer Botschaft! In der Abschlussphase zählt, ob Sie spürbar und zu 100 Prozent Ihre Botschaft vertreten. Hieraus ergibt sich eine sehr einfache Schlussfolgerung: Wenn Sie – offen und ehrlich – über sich denken „Ich glaube nicht an mich" beziehungsweise wenn Sie sich in der Abschlussphase sehr unsicher fühlen, spürt auch der Kunde „Er glaubt nicht an sich" und denkt – bewusst oder unbewusst – „Ich glaube nicht an ihn". Strahlen Sie selbstsicher eine spürbare „Ich glaube an mich"-*Einstellung* aus, wird der Kunde das spüren und denken: „Er glaubt an sich! Ich glaube an ihn!"

☛ ***Die alles entscheidende Botschaft lautet:*** *Übernehmen Sie die VerAntwortung! Es ist Ihre Aufgabe, sich Ihrer Botschaft und Ihres Produkts derart sicher zu sein, dass Sie dieses deutliche „Ja!" oder „Selbstverständlich!" sagen können. Wer hier beim Abschluss zweifelt, zweifelt an seinem gesamten Verkaufsgespräch. Wer zögert, dokumentiert eindeutig seine Neurose.*

Die Kunst des perfekten Abschlusses

Wer eine einwandfreie Leistung als Berater bietet, wer seine Kunden mit Top-Information und Top-Wissen überzeugt, der braucht keine großen Abschluss-„Techniken". Das ist die eine Sichtweise. Auf der anderen Seite gilt: Wenn es einen Weg gibt, etwas besser zu machen, finde ihn. Ich habe im Lauf der Jahre zahlreiche „Verkäufer" kennen gelernt, die regelrecht vor solchen Abschluss-„Techniken" Halt machen. Die erschreckt zurückweichen und sagen: „Das kann ich nicht!", „Ich finde das unglaubwürdig!", „Ich manipuliere keine Kunden!". Und ähnliches. Dummes Zeug! Erfolgreiche Abschluss-„Techniken" sind nur aus einem Grund erfolgreich: Sie bringen Erfolg! Sie sichern den Erfolg! Ich nenne Ihnen zwei Beispiele:

- „Möchtest du monatlich oder quartalsweise investieren?"
- „Möchtest du Mitte des Monats oder zum Ende des Monats investieren?"

Was passiert in diesen Sekunden, wenn Sie Ihre Frage derart stellen? Wir gehen davon aus, dass es nicht mehr um das *Ob*, sondern um das *Wie* geht. Es geht nicht mehr darum, ob ein Kunde überhaupt investiert. Es geht um das „Wie investiert er?". Eine ebenfalls in Zusammenhang mit der Abschlussphase stehende Frage, die ich bis heute für eine der unübertroffenen Formulierungen halte, lautet:

- „Spricht aus Ihrer Sicht noch grundsätzlich etwas gegen meinen Vorschlag?"

Sie ahnen an dieser Stelle, wie schwer es dem Kunden fällt, diese Frage mit „ja" zu beantworten. Geschweige denn, ein „Ja" ohne Begründung zu äußern. Und spätestens dann, wenn es eine Begründung gibt, sind Sie wieder an Bord. Letztlich sind diese Strategien nichts Neues. Sie sind seit Jahren bekannt. Doch nur wenige wenden diese Techniken und Strategien konsequent an.

So gehört zu den ältesten Abschlusstechniken im Fall stockender Gespräche die Benjamin-Franklin-Methode. Sie funktioniert folgendermaßen: Sie nehmen ein leeres Blatt Papier, ziehen einen senkrechten Strich, während Sie gleichzeitig sagen: „Ich ziehe jetzt einen Strich. Auf die eine Seite schreiben wir Ja, auf die andere Seite schreiben wir Nein. Lassen Sie uns alle Gründe zusammentragen, die für die eine oder die andere Seite sprechen."

Ja	Nein

Die Benjamin-Franklin-Methode

Die alles entscheidende Botschaft lautet:
Wer solche Techniken nicht anwendet, wer auf solche Techniken verzichtet, verzichtet im Zweifel aufs Geschäft. Oder macht es sich zumindest schwerer als nötig.

Die „Nach-Abschluss-Phase"

Verkaufsgenies beginnen die wichtigste Phase nach Abschluss eines Geschäfts. Ich meine hier nicht Empfehlungen, die werden an anderer Stelle besprochen. Ich meine etwas ganz anderes. Lassen Sie mich an dieser Stelle meine eigene Geschichte erzählen:

> *Irgendwann – es war noch recht früh zu Beginn meiner „Vertriebslehre" – dachte ich, es kann doch nicht sein, dass ein Verkauf mit einem Abschluss und einer Empfehlung endet und man geht auseinander. Mir persönlich fehlte etwas. Bis ich darauf kam, was es war: mein persönliches „Arbeitszeugnis" seitens meiner Kunden. Also die Antwort auf die Frage: „Wie habe ich aus Ihrer Sicht gearbeitet?" Noch besser: „Wieso schließen Sie bei mir ab, obwohl es doch Dutzende anderer Verkäufer gibt und sicherlich schon so mancher versuchte, mit Ihnen ins Geschäft zu kommen?"*

Wenn ich diese Vorgehensweise in meinen Verkaufstrainings schildere, ernte ich hin und wieder ein Kopfschütteln. Was wohl heißen soll: „Wie kann man das machen?" Ich verrate Ihnen etwas. Stellen Sie ab heute, ganz zum Ende, wenn der Abschluss perfekt und die Empfehlungen erfolgreich notiert sind, die folgende Frage, und Sie werden nochmals einen zusätzlichen Kick erleben. Die Frage lautet:

- „Im Gespräch erzählten Sie mir, mit wem Sie schon alles über Geld und mögliche Investitionen sprachen. Was mich interessiert, ist, wieso Sie gerade bei mir heute Ihre Finanzdienstleistung gekauft haben? Warum Sie bei mir Ihren Fondssparplan (oder auch Lebensversicherung, Fondspolice, Bausparvertrag ...) gekauft haben?"

Jetzt schauen Sie Ihren Kunden an und ... schweigen. Je mehr Ihr Kunde erzählt, desto besser. Je weniger Sie sagen, desto besser. Auf diese Weise verkauft sich der Kunde seine eigene Entscheidung quasi selber noch einmal. Und Sie sorgen auf diese Weise für persönlichen und finanziellen Erfolg. Für persönlichen Erfolg, weil diese Meinung Ihrer Kunden, diese Begründung, wieso man bei Ihnen „kaufte", dazu führt, dass Sie immer besser und besser werden. Und für beruflichen Erfolg, weil auf diese Weise die nun getroffene Entscheidung zusätzlich gesichert wird.

Die alles entscheidende Botschaft lautet:
Nach dem Abschluss ist vor dem (nächsten) Abschluss. In Form von gutem Gefühl auf Seiten des Kunden, möglichst vielen Empfehlungen und so weiter. Dokumentieren Sie mit Ihrer Nachfrage, wieso ein Kunde gerade bei Ihnen kaufte, Ihre Sicherheit. Dokumentieren Sie auf diese Weise Ihre Souveränität. Außerdem: Nutzen Sie diese Möglichkeit, um noch besser zu werden. Optimieren Sie auf diese Weise Ihre Wirkung!

Kapitel 35

Empfehlungen, Empfehlungen, Empfehlungen!

Enten legen ihre Eier in aller Stille. Hühner gackern dabei wie verrückt.
Was ist die Folge? Alle Welt isst Hühnereier!
Henry Ford, amerikanischer Automobilhersteller

Stellen Sie sich vor: Sie sind ein wirklich guter Verkaufsprofi. Sie verfügen über das notwendige Wissen, über Verkaufstalent und eine sichere Abschlusstechnik. Sie starten so richtig durch. Haben einen großen Freundes- und Bekanntenkreis. Lernen immer wieder neue Menschen kennen, mit denen Sie über Geld reden. Die Sache hat nur einen Haken: Sie beherrschen das Empfehlungsgeschäft nicht. Das bedeutet: Sie beginnen, nachdem Sie bestehende Namenslisten abgearbeitet haben, immer wieder bei Null. Verstehen Sie: bei Null! Ihre Geschäft läuft niemals automatisch. Sie riskieren, dass Sie auch einmal mit null Kunden dastehen. Die einzige Rettung: Kaltakquise. Damit zu der alles entscheidenden Frage, die Sie bitte selbst beantworten:

Was ist Ihnen lieber:
Empfehlungsgeschäft oder Kaltakquise?

Die meisten von Ihnen werden jetzt Kaltakquise gewählt haben. Richtig? – Spaß beiseite: Bis auf sehr, sehr wenige Ausnahmen entscheiden sich bei dieser Frage alle für Empfehlungsgeschäft. Wird es jedoch konkret, geht um das Training von Empfehlungstechniken und Empfehlungsstrategien, dann herrscht nicht selten große Zurückhaltung. Die Frage ist also: Wieso halten sich die meisten bei einer Sache, die sie sich wünschen, in der Praxis zurück? Die Erklärung liegt auch hier im Bereich *Ein*-Stellung und Emotion. Über zwei Jahre befragte ich Seminarteilnehmer, wieso sie nicht nach Empfehlungen fragen würden. Die beiden häufigsten Antworten:

1. Ich will zum Schluss nicht betteln.
2. Ich glaube nicht, dass man mich empfiehlt.

Nochmals: Einerseits ist das Thema Empfehlungen auf der Wunschliste in Sache Training und Weiterbildung bei der Masse ganz oben angesiedelt, andererseits wird das Empfehlungsgeschäft praktisch so gut wie nie konsequent umgesetzt. Jeder Verkäufer weiß um die Vorteile des Empfehlungsgeschäfts. Nur ein Bruchteil jedoch wendet Techniken und Strategien des Empfehlungsgeschäfts konsequent an. Sollten Sie wider Erwarten zu diesen Typen gehören, machen Sie sich, bevor Sie weiterlesen, noch einmal sehr, sehr deutlich: Sie haben die Wahl zwischen Empfehlungsgeschäft und Kaltakquise. Oder Sie greifen zu keiner der beiden Varianten. Dann sind Sie auf Dauer ohnehin erledigt. Begreifen wir das! Begreifen *Sie* das!

Das falsche Bild des Bittstellers

Viele Verkäufer, die mit mir sprachen, äußerten folgende Ansicht:

- „In einem Beratungsgespräch bin ich der Profi. Ich führe das Gespräch. In dieser Rolle fühle ich mich wohl. Es liegt mir nicht, zum Ende des Gesprächs um Empfehlungen bitten zu müssen ..."

So oder ähnlich. Was hier fehlt, ist das *Selbst-bewusst-sein* der Masse der Verkäufer. Das bedeutet: Sich nicht als Versicherungsvertreter oder Finanzfuzzi zu fühlen, sondern mit dem Bewusstsein zu arbeiten, dass man eine erstens wichtige und zweitens sehr kompetente Dienstleistung erbringt. Finanzberatung ist Lebensberatung! Ist Lebenshilfe! Worunter natürlich eine kompetente, seriöse Finanzberatung verstanden wird. Nochmals: Finanzberatung ist Lebenshilfe. Was angesichts der desolaten Sozialsyteme, hier insbesondere des desolaten gesetzlichen Rentensystems, mehr als jemals zuvor gilt! Wer die Sache so sieht, dem fällt es leichter zu denken:

- „Meine Kunden können froh sein, dass ich mir Zeit für Sie nehme!"

Begreifen wir das! Verstehen Sie das! Das ist eine wichtige Botschaft für das eigene Selbstbewusstsein. Die meisten denken: „Ich kann froh sein, dass der Kunde sich Zeit für mich nimmt!" Zum Teufel mit dieser falschen Bescheidenheit! Zum Teufel mit dieser falschen *Ein*-Stellung. Ein einfaches Beispiel:

> *Angenommen, Sie sind schwer erkrankt. Ein Spezialist, ein absoluter Profi unter den Chirurgen muss her. Nun stellen Sie sich vor, dieser Arzt erscheint und sagt: „Oh, ich bin froh, dass Sie mich gewählt haben. Es gibt ja noch viele andere!" Oder er würde sagen: „Guten Tag! Na denn, seien Sie froh, dass Sie*

noch einen Termin bekommen haben!" Entscheiden Sie selbst! Welche der beiden Varianten hinterlässt den besseren Eindruck?

Nicht umsonst heißt es: „Sie haben keine Chance für den zweiten Eindruck!" Zurück zu der „Meine Kunden können froh sein, dass ich mir Zeit für sie nehme"-Einstellung!

Die alles entscheidende Voraussetzung für ein perfektes Empfehlungsgeschäft ist einmal mehr die richtige *Ein*-Stellung. Was bedeutet: Sie müssen zum Thema Empfehlungen eine Stellung beziehen. Und die Einstellung der Gewinner lautet: „Seien Sie froh, dass ich Ihren Freunden und Bekannten die Chance gebe, dass diese mit mir über Geld sprechen können!" „Oh", sagen Sie jetzt vielleicht, „ist der aber arrogant". Oder: „Der ist aber überzeugt von sich. So etwas kann doch nicht funktionieren!" Leute, die so urteilen, haben noch nie richtig verkauft! Sie sind womöglich gute Verkäufer und Berater. Doch sie sind keine Profis! Profis wissen, dass wirkliche Verkäufertypen sich hundertprozentig zu ihrem Beruf bekennen. Diese Typen sind Sieger! Sind hundertprozentig von Ihrem Beruf und seiner Wichtigkeit überzeugt! Erinnern Sie sich: *Finanzberatung ist Lebenshilfe!* Die alles entscheidende Frage an dieser Stelle lautet: Glauben Sie selbst, dass Finanzberatung Lebenshilfe ist? Antworten Sie mit Ja, sind Sie in der richtigen Branche. Antworten Sie mit „Äh ..." oder mit einem „Nein", wechseln Sie sehr, sehr schnell die Branche!

! *Identifizieren Sie sich mit dem Beruf des Finanzverkäufers. Ausnahmslos! Seien Sie als Finanzverkäufer stolz auf Ihren Beruf! Das müssen Sie sein! Dabei gilt: Niemand macht aus einem „Ich bin nicht stolz auf mich"-Verkäufer einen zufriedenen, begeisterten, vor Selbstbewusstsein strotzenden Verkäufer. Das ist eine Sache von Zeit, persönlicher Entwicklung und immer wieder neuem Training. Wer etwas anderes verspricht, ist ein Scharlatan, will nur Ihr Bestes, nämlich Ihr Geld. Sonst nichts. Ein guter Trainer hingegen setzt Impulse, liefert Ansätze. Liefert den richtigen Anstoß für Bewegung und Veränderung.*

Empfehlungen und der richtige Zeitpunkt

Worüber ich noch mit Ihnen sprechen will, ist der richtige Zeitpunkt für die Empfehlungsfrage. *Den* richtigen Zeitpunkt gibt es nicht. Die Zeit für die Empfehlungsfrage ist immer richtig. Natürlich ist es hilfreich, Empfehlungen dann zu erfragen, wenn der Kunde spürbar den Punkt der höchsten Überzeugung erlangt hat. Eben der Überzeugung, dass Sie für ihn der richtige Berater und Verkäufer sind. Das kann bereits zum Zeitpunkt des ersten Gesprächs sein (in Strukturen und Organisationen, die mit der Systematik mehrerer Termine arbeiten). Das kann der Zeitpunkt sein, wenn ein Finanzstatus oder eine so genannte Finanzanalyse erarbeitet wird. Es kann der Zeitpunkt sein, zu dem die Ergebnisse des ausgewerteten Finanzstatus oder der Finanzanalyse mit dem Kunden besprochen werden. Es kann jedoch auch bereits nach 20 Minuten der richtige Zeitpunkt sein, etwa im Fall eines schnellen Verkaufsgesprächs mit Abschluss, wenn der Kunde spürbar überzeugt ist.

Empfehlungstechniken und Empfehlungsstrategien

Meine feste Überzeugung ist, dass sich jeder Verkäufer seine individuelle Empfehlungstechnik erarbeiten muss. Hilfreich ist es dabei, sich an eine Grundstruktur der Empfehlungsnahme zu halten. Vor allem dann, wenn diese Grundstruktur aus der Praxis für die Praxis erarbeitet wurde. Im Folgenden stelle ich Ihnen die wesentlichen Bestandteile meiner Empfehlungsstrategie vor. Sozusagen die Grundstruktur meiner Empfehlungstechnik. Dabei gilt: Ebensowenig, wie Sie zu einem gläubigen Menschen werden, weil Sie eine Kirche besuchen, ebensowenig werden Sie zum Empfehlungsnahme-Profi, weil Sie diese Zeilen und Seiten lesen. Niemand, ich betone *niemand* wird Ihnen Empfehlungen schenken. Der einzige Weg, Empfehlungen zu bekommen, ist, nach Empfehlungen zu fragen!

! *Das Prinzip Gewinnen lautet wie eh und je: Tun! Begreifen Sie das! Sie müssen das, was Sie nun lesen, tun. In die Tat umsetzen. Immer und immer wieder. Dann und nur dann entwickeln Sie Ihre persönliche Empfehlungstechnik Gespräch für Gespräch.*

Von Klaus-J. Fink, Autor von „Empfehlungsmarketing“, stammt die im Folgenden skizzierte Vorgehensweise, ergänzt um einige wirkungsvolle Elemente der Verkaufsrhetorik. Schritt 1 ist gedacht für alle Kundengespräche, bei denen nicht – aufgrund bereits bestehender persönlicher Kontakte – ohnehin von späteren Empfehlungen ausgegangen werden kann. Probieren Sie es aus. Das ist alles.

Auf das erste Blatt Ihres Gesprächsprotokolls notieren Sie oben rechts in einem Kreis ein großes E.

Jetzt beginnen Sie Ihr Gespräch! Gute Verkäufer können warten. Können schweigen. Schweigen auch Sie. Erfahrungsgemäß dauert es nur sehr kurze Zeit, bis die Kundin oder der Kunde fragt: „Was ist denn das E in dem Kreis?" Oder ähnlich. Nun folgt der zweite, rhetorisch sehr wichtige Teil dieses ersten Schritts. Sie antworten, nachdem die Kundin, der Kunde nachfragte, mit: „Das sind Ihre Empfehlungen, da komme ich später drauf zurück. Einverstanden!"

Wichtig ist: Fragt ein Kunde nicht nach der Bedeutung des „E", malen Sie es auf die zweite Seite wieder auf. Ich habe in Tausenden von Verkaufsgesprächen noch keinen Kunden erlebt, der diese Frage nicht stellte. Für diesen Satz: „Das sind Ihre Empfehlungen, da komme ich später drauf zurück. Einverstanden!" dürfen Sie nicht mehr als drei Sekunden brauchen. Noch besser sind zwei Sekunden. Beachten Sie: Diese Vorgabe ist wesentlich für den Erfolg dieses die Empfehlungsnahme vorbereitenden Zauberspruchs. Je prägnanter und schneller Sie diesen Satz aussprechen, inklusive dem sehr wichtigen „Einverstanden!", desto besser die Wirkung. Desto sicherer der Erfolg! Sagen Sie also nicht: „Das sind Ihre Empfehlungen, da komme ich später drauf zurück ... Einverstanden?" Verwenden Sie ausschließlich und allein die Original-Formulierung. Es ist ein *Befehl!* Keine Frage! Am besten ist: Üben Sie diesen Satz immer und immer wieder. Denken Sie an die vorgegebenen zwei bis maximal drei Sekunden. Diese Zeitvorgabe müssen Sie einhalten, damit dieser Satz seine volle Wirkung erzielt. Denn: Die Antwort Ihrer Kunden wird, bei perfekter Wiedergabe, ein „Ja“ sein. Lediglich zwei Buchstaben und ein kleines Wort – dennoch von wichtiger Bedeutung.

Kommen wir zum Ende dieser äußerst wirksamen Empfehlungstechnik. Sie haben das Gespräch erfolgreich zu Ende geführt. Der Kunde will ab sofort zusätzlich oder erstmals einen entscheidenden Schritt zur privaten Vorsorge und zum Vermögensaufbau tun. Jetzt kommt der entscheidende Satz:

- „Herr/Frau XY, am Anfang sprachen wir ja über Ihre Empfehlungen, richtig! Sie erinnern sich an das E auf dem ersten Blatt, in Ordnung!“

  Bestätigung abwarten!

  „Sicherlich stimmen Sie mir zu, dass es sehr wichtig war, dass wir uns heute gemeinsam so konkret über Ihre Geldvorstellungen unterhalten haben! Für einige Ihrer Freunde und Bekannte wäre es sicherlich wichtig, dass ich auch mit ihnen derart konkret über die Themen Vorsorge und Vorsorgelücken spreche, ja! Wer fällt Ihnen aus Ihrer Nachbarschaft, aus Ihrem Freundes- und Verwandtenkreis denn ein?“

Achtung: Um jedes Missverständnis zu vermeiden. Ich verspreche Ihnen nicht, dass ein von sich und seiner Botschaft selbst nicht überzeugter Verkäufer ein Beratungsgespräch nun mittels dieser Methode erfolgreich beenden kann. Ich spreche von einer perfekten Vorführung! Ich spreche von einem kompetenten, perfekten Verkaufsgespräch. Ich spreche davon, dass Sie sich ohne Wenn und Aber als Finanzberater, der seinen Beruf versteht, präsentiert haben. Perfekt in Auftreten, Form, vermitteltem Wissen. Ich spreche davon, dass Sie zu den Verkäufern gehören, die Finanzberatung als Lebenshilfe verstehen. Wenn Sie auf diese Weise vorgehen und anschließend zu diesem Ziel der Empfehlungsnahme kommen, werden Sie überragende Verkaufserfolge erleben. Sie werden Ihren Umsatz in kürzester Zeit drastisch steigern.

! *Nochmals: Diese Erfolgskette beginnt nicht mit der Empfehlungsnahme. Sie* ***endet*** *mit der erfolgreichen Empfehlungsnahme, als wichtige und alles entscheidende Voraussetzung für neue Termine, Verkaufsgespräche, Abschlüsse und Empfehlungen.*

Jahrelang habe ich mit dieser Gesprächsstruktur verkauft, und ich verkaufe bis heute auf diese Weise. Wenden Sie diese Vorgehensweise – kombiniert mit einem perfekten Verkaufsgespräch – an, und Sie haben Erfolg! Sie sorgen für dauerhaften persönlichen und finanziellen Erfolg.

☛ ***Die alles entscheidende Botschaft lautet:***
Je häufiger Sie diesen einfachen, wirkungsvollen Baustein für Ihre Empfehlungen anwenden und den Erfolg erleben, umso besser werden Sie jedes Detail trainieren. Sie werden manches Detail verbessern, mit zusätzlichen Äußerungen ergänzen, weiter optimieren. Sorgen Sie so für Ihre eigene, unschlagbare Empfehlungstechnik.

Werden Sie ein Empfehlungsnahme-Profi

Es gibt nur zwei Möglichkeiten: Sie setzen auf Empfehlung, oder Sie setzen auf Kaltakquise. Was ist Ihnen also lieber? Im Folgenden verrate ich Ihnen goldene Fragen und Tipps rund um das Empfehlungsgeschäft. Stellen Sie diese Fragen. Sie dokumentieren auf diese Weise spürbares Selbstbewusstsein. Je deutlicher Sie über das Thema Empfehlungen sprechen, desto mehr Spaß wird es Ihnen künftig machen. Nun zu den Musterfragen, die Sie stellen sollten:

- „Wen darf ich zuerst ansprechen?"
- „Wen darf ich zuerst ansprechen und warum?"
- „Was können Sie mir zu diesen von Ihnen empfohlenen Personen noch sagen?"
  und ähnliche Fragen ...

Alle diese Fragen signalisieren: „Für mich sind deine/Ihre Empfehlungen das Normalste auf der Welt." Verstehen Sie das! Verstehen Sie das und wenden Sie diese Formulierungen an. Ihre Kunden merken Ihr ernsthaftes Interesse. Sie vermeiden auf diese Weise jedwedes „Bittsteller-Gefühl". Sie zeigen: *Ich bin Profi.* Sie zeigen Stärke und führen selbst in dieser vorläufigen Schlussphase das Gespräch in Ihrem Sinne. Auf den Punkt gebracht: Sie gewinnen auf der ganzen Linie!

Das Ganze ist umso wichtiger, wenn Sie Top-Kunden gewinnen wollen. Ich kenne keinen Top-Kunden, der Schwächlinge akzeptiert. Top-Kunden verdienen in der Regel Top-Geld, weil sie starke Persönlichkeiten sind. Solche Typen akzeptieren Stärke und spürbare Persönlichkeit. Je eher Sie diese Wahrheit akzeptieren, desto besser.

❗ *Merken wir uns:*
Früh krümmt sich nur, wer ein Würmchen werden will. Begreifen wir das! Begreifen ***Sie*** *das! Top-Leute, potenzielle Top-Kunden mögen keine Würmchen. Top-Leute akzeptieren Mut, Stärke, Persönlichkeit.*

Übertragen auf das Thema Empfehlungen bedeutet das: Nur Versager und Verlierer haben „Angst" vor der Frage nach Empfehlungen. Gewinner-Typen wissen, dass die einzig entscheidende Erfolgseigenschaft als Voraussetzung für immer wieder neue Empfehlungen die Eigenschaft *Mut* ist! Ohne Mut keine konsequente Frage nach Empfehlungen. Ohne konsequente Frage nach Empfehlungen kein Erfolg. Zumindest kein dauerhafter Erfolg! Was mich an dieser Stelle immer wieder belustigt, ist die Tatsache, dass viele Verkäufer lieber darüber nachdenken, was sie ihren Empfehlungsgebern alles schenken werden, wenn diese eine Empfehlung aussprechen. Das Dumme ist nur: Diese Typen sprechen über Schritt B, bevor sie Schritt A gegangen sind. Eine wirklich dumme und wenig ertragreiche Vorgehensweise.

Nun gibt es einige Verkäufer, die einwenden: „Aber bei meinen Freunden lasse ich das mit den Empfehlungen außen vor!" Zum Teufel mit dieser Verlierer-Einstellung! Würden Sie vor Ort eine neue Top-Pizzeria kennen lernen, würden Sie diese Pizzeria Ihren Freunden gerne empfehlen, richtig? Oder würden Sie Ihren Freunden die Top-Pizzeria vorenthalten und statt dessen diese Pizzeria nur Außenstehenden, Dritten empfehlen? Wohl kaum! Also: Gibt es irgendeinen Grund, wieso Sie eine Super-Geldanlage, eine wirklich kompetente Finanzplanung und Finanzberatung Ihren Freunden und Bekannten nicht empfehlen sollten? Die Antwort liegt auf der Hand: Es gibt keinen Grund für unterlassene Empfehlungsnahme.

❗ *Es gibt* ***keinen*** *Grund! Es gibt* ***keinen*** *Grund für irgendwelche Ausnahmen. Fragen Sie ab sofort und konsequent nach Empfehlungen. Trainieren Sie die in diesem Buch genannten Formulierungen, Tipps und rhetorischen Tricks zur optimalen Empfehlungsnahme. Dann handeln Sie! Das ist alles!*

☛ ***Die alles entscheidende Botschaft lautet:***
Fragen Sie mutig, konsequent und ausnahmslos nach Empfehlungen. Dann überlegen Sie, wie Sie sich bei erfolgreichen oder grundsätzlich bei an Sie herantretenden Empfehlungen bedanken.

Kapitel 36

Rhetorische Highlights, die überzeugen

Je stärker ein Verkaufsgespräch als wirklicher „Glücksfall“,
als eine besondere Gelegenheit empfunden wird,
desto größer der Einfluss und Erfolg des Verkäufers.
Oliver Leslo, Trainer

In den vergangenen Jahren habe ich eine Reihe von rhetorischen „Weisheiten“ sowie kleinen und auch etwas härter klingenden verkäuferischen Tricks zusammengetragen. Mancher Gedanke stammt aus meiner eigenen Verkaufspraxis, mancher Gedanke von anderen Profis. Sollte es jemanden geben, der sich als Quelle einer Formulierung wiedererkennt, bedanke ich mich an dieser Stelle im Voraus. Für Sie als Leser gilt: Betrachten Sie die folgende Sammlung als ein kleines Juwel. Den einen oder anderen Punkt aus den vorangegangenen Kapiteln habe ich nochmals bewusst herausgegriffen. Eines ist mir besonders wichtig: Als Verkäufer, als Finanzverkäufer ist es Ihre oberste Pflicht *authentisch zu bleiben.* Das müssen Sie sein. Sie müssen die zu Ihnen passenden Methoden, rhetorischen Tricks und Kniffe herausfinden. Nur dann, wenn Sie sich bei Anwendung einer speziellen Methode wohl fühlen, sicher fühlen, haben Sie Erfolg! Finden Sie eine Methode, die Ihnen gefällt, wenden Sie sie an. Sie müssen es *tun.* Dann entscheiden Sie, ob es passt oder nicht. Urteilen Sie nicht, bevor Sie es versucht haben. Nochmals: Lesen Sie unvoreingenommen. Ihnen gefällt eine Methode? Gut, wenden Sie diese Methode an. Das ist alles. Der Erfolg wird Sie in vielen Fällen überraschen.

Methode Nr. 1: Unbewaffnet zum Kunden gehen!

Gehen Sie immer „unbewaffnet“ zum Kunden. Optimal: Ihre Prospekte oder Unterlagen stecken Sie in einen DIN A4-Umschlag. Das sieht schlichtweg ungefährlich aus. Stellen Sie sicher, dass Sie Ihren Finanztaschenrechner dabei haben. Das ist alles! Mehr brauchen Sie nicht. Stellen wir uns die beiden folgenden Bilder vor:

Eine Kundin bekommt Besuch von einem Finanzberater. Einmal in der einen, dann in einer anderen Version. In der ersten Version schleppt der Berater seinen dicken Aktenkoffer heran. Dazu trägt er in der anderen Hand den Laptop. Böse Zungen behaupten ja sogar, es gäbe einen Trend zum Zweit-Laptop, damit alles sicher ist und nichts, wirklich nichts schief gehen kann. Auf den Punkt gebracht: Dieser Berater der ersten Variante erscheint regelrecht bewaffnet. Achten Sie mal drauf: Es kann wirklich bedrohlich aussehen, wie der eine oder andere Berater auf der Matte erscheint. Der zweite Berater kommt mit einem DIN A4-Umschlag. Das ist alles. Stellen Sie sich beide Typen sehr genau vor. Welcher Berater macht den sympathischeren Eindruck? Bei welchem Berater hätten Sie eher das entscheidende und wichtige Gefühl: „Er ist wie ich"?

☛ ***Die alles entscheidende Botschaft dieser ersten „Methode" lautet also:*** *Gehen Sie unbewaffnet zum Kunden! Ihr Ziel im ersten Schritt muss die Emotion „Er/Sie ist wie ich!" sein. Sichern Sie sich auf diese Weise von Beginn an die größten Erfolgschancen.*

Methode Nr. 2: „Zuviel gespart hat noch keiner, einverstanden!"

Sie haben die Kapitel dieses Buches aufmerksam gelesen. Dann kennen Sie auch diesen Zaubersatz. Ich wiederhole also: Dieser Satz klingt banal, wirkt jedoch extrem.

„Zuviel gespart hat noch keiner, einverstanden!"

Um die Wirkung dieses im wahrsten Sinne des Wortes magischen Satzes zu erleben, müssen Sie diese Methode einsetzen. Sie werden erleben, wie Ihre Kunden lächeln. Sie werden erleben, wie ein noch etwas verstockter Kunde unweigerlich ebenfalls freundlicher aussieht. Optimal ist, Sie kombinieren diesen Satz mit anderen. Ich nenne Ihnen meine liebsten Beispiele aus der 7-Schritte-Verkaufsstrategie. Beispiele, die ich so oder ähnlich immer wieder verwende:

- „Mit welcher Zusatzrente im Alter sollen wir dann rechnen? Sie wissen ja: 365 Tage Urlaub im Jahr, und zuviel gespart hat noch keiner, einverstanden!"

- „Mit welchem Zins in der Entnahmezeit sollen wir rechnen? Gehen Sie lieber auf Nummer sicher, zuviel gespart hat noch keiner, einverstanden!“

- „Mit welchem Zins in der Ansparzeit sollen wir rechnen? Kalkulieren wir lieber ein wenig vorsichtig. Zuviel gespart hat noch keiner, einverstanden!“

Dabei gilt: Setzen Sie diesen magischen Satz sehr dosiert ein. Zuviel des Guten ist am Ende immer schlecht. Ein-, zwei-, maximal drei Mal, und es ist gut.

☛ ***Die alles entscheidende Botschaft lautet:***
Trainieren Sie diesen magischen Satz. Bekräftigen Sie das „... einverstanden!“ zum Ende stets mit einem kurzen, jedoch deutlichen Nicken. Ich verspreche Ihnen: Die Wirkung dieses Satzes wird Sie überraschen.

Methode Nr. 3: „Haben Sie mal einen Stift und ein Blatt Papier!“

Die Vorgehensweise ist denkbar einfach: Sie kommen, wie wir eben beschrieben haben, unbewaffnet zu Ihrem Kunden. Sie setzen sich an den Besprechungstisch. Nach den ersten Worten und dem ersten Austausch kommt Ihr Einsatz dieser Methode. Sie legen den DIN A4-Umschlag mit den Antrags- oder Produktunterlagen auf den Tisch. Jetzt sagen Sie zu Ihrem Gesprächspartner:

- „Hätten Sie mal einen Stift und drei Blatt Papier für mich!“

Was geschieht? Ohne Worte machen Sie auf diese Weise deutlich, wer das Gespräch dirigiert. Sie verschaffen sich – ohne dass es auffällt – einen psychologisch kleinen, jedoch wichtigen Vorsprung. Für alle hartgesottenen Verkäufer, die mal gerne die ein oder andere neue Variante ausprobieren, die gerne einmal Grenzen ausprobieren wollen, gilt: Sagen Sie, nachdem man Ihnen einen Stift und Papier brachte, durchaus mal den Satz:

- „Hätten Sie noch einen anderen Kuli für mich!“

Im Fall, dass man Ihnen beim ersten Mal einen mit blauer Mine schreibenden Kugelschreiber überreichte, sagen Sie einfach:

- „Hätten Sie noch einen schwarzen Kugelschreiber!“

Es gibt noch weitere Möglichkeiten. Angenommen, man brachte Ihnen ein Blatt mit Kästchen, dann sagen Sie:

- „Hätten Sie noch Blätter ohne Linien und Kästchen!"

Verstehen Sie das! Setzen Sie diese Varianten sehr, sehr dosiert ein. Es gibt Kunden, da sind solche Varianten sehr wichtig. Es gibt Kunden, da wären solche Handlungen schlichtweg überflüssig. Entscheiden Sie jeweils selbst.

☛ ***Die alles entscheidende Botschaft lautet:***
Ihre Kunden werden Ihnen anmerken, wie sicher Sie sind. Wer so handelt, wer so deutlich von Beginn an sagt, was er will, muss seiner Sache sicher, sehr sicher sein. Nochmals: Sie allein entscheiden, wann Sie solche Methoden und Varianten der Gesprächsführung einsetzen. Denken Sie daran: Zuviel des Guten ist stets schlecht. Diejenigen jedoch, die solche Methoden trainieren und – hin und wieder – anwenden, werden über den Erfolg regelrecht verblüfft sein. Die einzige Möglichkeit, diese Verblüffung zu erleben ist: Tun Sie es!

Methode Nr. 4: „Wo wohnen Sie? – Warum?"

Diese Methode ist eine von mir so genannte Knack-Methode. Knack-Methode, weil Sie mit dieser Methode den einen oder anderen sehr hartnäckigen, verschlossenen Gesprächspartner knacken und so manches ins Leere laufende Gespräch retten können. Sie merken, ein Termin entwickelt sich nicht wie gewünscht. Sie wollen dennoch gewinnen. Sie versuchen irgendwie an den Kunden heranzukommen. Gut. Stellen Sie zu irgendeiner passenden Gelegenheit die Frage:

- „Wo wohnen Sie?" – *(Antwort abwarten)* – „Warum?"

Immer wieder bin ich verblüfft, wenn ich diese Knack-Methode einsetze. Sie bringen mit dieser Frage, die sehr locker und quasi nebenbei gestellt werden muss, jeden Kunden – den einen mehr, den anderen weniger – aus dem Gleichgewicht. Der zweite Teil der Frage, die Frage nach dem „Warum?" bringt jeden Kunden ins Grübeln: „Warum lebe und wohne ich in Wiesbaden?" „Warum lebe und wohne ich in Köln?"

☛ ***Die alles entscheidende Botschaft lautet:***
Mit der Knack-Methode bringen Sie Ihren Gesprächspartner aus dem Gleichgewicht. Die Frage „Wo wohnen Sie? – Warum?" ist unerwartet, passt irgendwie gar nicht ins Konzept – und ist gerade deswegen ein so großer Erfolg!

Methode Nr. 5: „Wann ist Ihre nächste Geschäftsführer-Sitzung?"

Jeder Verkäufer, jeder Finanzverkäufer hat schon ein- oder mehrmals erlebt, dass Kunden sagen:

- „Alles klar! Lassen Sie die Unterlagen hier. Ich verstehe das schon. Ich melde mich bei Ihnen!"

So oder ähnlich. Sie wissen schon, was ich meine. Das sind diese Kunden, die uns deutlich machen wollen, dass sie alles beherrschen. Sie kennen vermeintlich (besser: angeblich) die neuesten Gesetze, die steuerlichen Besonderheiten, den genauen Ablauf einer Kapitalanlage, eines Vorsorgeprodukts. Auf den Punkt gebracht: Sie wissen alles. Wir wissen wenig. Sie wissen sogar, wie unser Beruf funktioniert. Indirekt sagt uns ein solcher Kunde: „Ich bin ohnehin besser als du." Sie kennen solche Kunden? Sie hatten bereits mit solchen Kunden zu tun? Gut. Dann sage ich Ihnen: Gehen Sie auf volles Risiko. Geben Sie kein bisschen nach. Solche Typen verstehen Härte. Solche Typen akzeptieren Autorität(en). Solche Typen wollen keine Wischi-Waschi-Typen, die sich ihrer Sache unsicher sind.

Nun zur Methode, wie Sie solche Typen „knacken" können. Angenommen, Sie haben mit einem Geschäftsführer irgendeines technischen Betriebs zu tun.

Berater:
„Herr Kunde! Wann ist Ihre nächste wichtige Sitzung? Wann entscheiden Sie über die nächsten wichtigen Projekte?"

Kunde:
„Ja, also kommenden Freitag ..."

Berater:
„Würden Sie mir die Uhrzeit verraten? Es interessiert mich einfach!"

Kunde:
„Ich weiß zwar nicht, wieso, aber gut: 10 Uhr!"

Berater:
„In Ordnung. Ich werde kommenden Freitag Punkt 10 Uhr da sein!"

Kunde (wird irritiert sein):
„Bitte, wieso sollen Sie kommenden Freitag um 10 Uhr dabei sein?"

Berater:
„Ich mache Ihren Job. Einfach so. Ich übernehme an diesem Tag Ihre Aufgaben. Das kann wohl nicht so schwierig sein!"

Jetzt schweigen Sie! Sagen kein Wort. Lächeln Sie dabei. Aber schweigen Sie! Erleben Sie die verblüffende Wirkung dieser Gesprächsführung. Sehr gut anwendbar ist diese Methode bei Ärzten. Für jeden Berater, für jeden Finanzverkäufer sind Ärzte eine wichtige, lukrative Zielgruppe. Nehmen wir einen Zahnarzt.

Berater:
„Herr Kunde! Wann haben Sie die meisten Patienten diese Woche?"

Kunde:
„Jeden Tag! Es gibt keine Ausnahmen!"

Berater:
„Wann beginnen Sie morgen? Wann also kommt morgen beispielsweise der erste Patient?"

Kunde:
„Ich weiß zwar nicht, wieso, aber gut: 9 Uhr!"

Berater:
„In Ordnung. Ich bin morgen früh Punkt 9 Uhr hier!"

Kunde (wird irritiert sein):
„Was soll das? Ich arbeite morgen um 9 Uhr! Da wird sich kein Termin für uns finden!"

Berater:
„Es geht mir nicht um einen Termin. Ich komme morgen früh um 9 Uhr. Dann mache ich Ihren Job. Das wird wohl nicht so schwierig sein. Also: Keine Sorge. Ich bin morgen Punkt 9 Uhr in der Praxis!"

Wiederum gilt: Schweigen Sie jetzt! Lächeln Sie freundlich und ehrlich, offen. Doch schweigen Sie. Einmal mehr gilt: Wenden Sie solche Methoden nur an, wenn Sie die innere Festigkeit, das richtige Auftreten haben. Es bringt nichts, wenn Sie solche Methoden schüchtern und unsicher anwenden. Sie werden verlieren. Sie gewinnen aber, wenn Sie diese Methoden völlig selbstsicher anwenden. Das müssen Sie tun. Zumindest versuchen Sie es in einem der nächsten „Härtefälle".

Die beste Methode, Zähne zu zeigen, ist ein Lächeln. Jetzt wenden Sie noch die oben beschriebene Methode an. Das Ergebnis wird Sie in den wenigen Fällen, in denen Sie zu solchen zugegeben „härteren" Methoden greifen, immer wieder überraschen. Ich selbst erlebte viele Dutzend Male in den ersten Jahren meiner Verkaufstätigkeit, wie mich Kunden plötzlich nach solch einer Attacke im wahrsten Sinne mit „anderen Augen" sahen. Ein Kunde, er war und ist noch erfolgreicher Unternehmer eines alten Familienbetriebs, sagte, nachdem kurze Zeit Schweigen herrschte: „Sie gefallen mir! Das habe ich noch nicht erlebt! Legen Sie los, ich höre zu!" Dieses Gespräch endete mit einem Abschluss mit fünfstelliger Provision für mich. Es brachte mir die gesamte Firma als Kunden und mittlerweile sind wir echte Freunde geworden. Was nie passiert wäre, wenn ich „klein" beigegeben hätte. Begreifen Sie das! Manchmal wirkt nur die harte Tour. Lesen Sie einmal das Buch von Christian Altmann „Kunden kaufen nur von Siegern". Wenn Sie können. Es ist ein sehr, sehr empfehlenswertes Buch. Altmann berichtet von ähnlichen Begebenheiten und Beispielen. Was einmal mehr zeigt: Es funktioniert!

☛ ***Die alles entscheidende Botschaft lautet:***
Früh krümmt sich, wer ein Verkäufer-Würmchen werden will! Verstehen wir das! Verstehen Sie das! Also: Nicht immer so nett sein! Klar, Sie sollen als Verkäufer nett und zuvorkommend sein – aber nicht immer und ausnahmslos.

Methode Nr. 6: „Kennen Sie die Picasso-Geschichte?"

Hin und wieder gibt es Kunden, die vor einem Abschluss, vor einer Unterschrift versuchen zu handeln. Plötzlich wollen sie Provision – zumindest einen Teil davon. Manche sagen dann: „Sie verdienen mit meiner Unterschrift eine Menge Geld für so ein kurzes Gespräch!" Oder ähnliches. Für solche Gelegenheiten prägen Sie sich meine Picasso-Geschichte ein. Das sollten Sie tun. Diese Geschichte lautet wie folgt:

> *Picasso malt ein Bild anlässlich einer Picasso-Ausstellung in Amerika. Es soll versteigert werden. Picasso malt etwa 50 Minuten an diesem Bild. Die Versteigerung bringt zwei Millionen Dollar. Nach der Versteigerung kommt eine Journalistin auf Picasso zu und meint: „Das ist aber viel Geld für 50 Minuten Arbeit!" Worauf Picasso entgegnet: „Sie irren! 30 Jahre und 50 Minuten!"*

☛ ***Die alles entscheidende Botschaft lautet:***
Setzen Sie diese Geschichte ein, wenn ein Kunde mit Ihnen handeln will. Sie werden feststellen, diese Geschichte zeigt stets ihre Wirkung. Sie erzählen nur die Geschichte. Alle wissen, was gemeint ist!

Methode Nr. 7: „Darf ich solange Ihre Toilette benutzen?"

Die folgende „Methode" wirkt banal. Sie ist es auch, aber dennoch sehr wirkungsvoll. Einmal mehr – das liegt mir bei dieser Methodik sehr am Herzen – gilt: Keine Methode gilt für jeden Kunden gleichermaßen. So, wie ein guter Arzt den einen Kunden härter, den anderen weicher und den nächsten regelrecht sanft „anfassen" muss, beherrschen geniale Verkäufer die unterschiedlichen Varianten. Jede der in diesem Kapitel beschriebenen Methoden ist praxiserprobt, praxistauglich. Für jede dieser Methoden gibt es hin und wieder den – ich nenne es – Einsatzbefehl. Hinter allen Methoden steht: Die Spitzen-Verkäufer steuern das Verkaufsgespräch und akzeptieren nicht, dass die Kunden führen (Ausnahmen bestätigen die Regel). Zur Sache: Stellen wir uns vor, ein Beratungsgespräch ist zu Ende. Es wurde über alles gesprochen. Der Kunde bekam alle Fragen zur vollsten Zufriedenheit beantwortet. Nun sagt er dennoch:

- „Gut! Dann überlege ich es mir!"

Jetzt kommt Ihr Einsatz dieser etwas ungewöhnlichen Methode. Sie sagen lediglich:

- „Prima, darf ich solange Ihre Toilette benutzen?"

Und noch während Sie diesen Satz aussprechen, stehen Sie auf und gehen – wenn Sie bereits wissen oder ahnen, wo sie sich befindet – in Richtung Toilette. Andernfalls müssen Sie fragen:

- „Prima, darf ich solange Ihre Toilette benutzen? Wo ist sie denn?"

Wirkungsvoller ist jedoch die erste Variante. Wichtig ist: Verlassen Sie so schnell wie möglich den Raum. Sie sagen Ihren Spruch, dann stehen Sie auf und verlassen den Raum. – Ich versichere Ihnen: Ihr Kunde wird alles erwartet haben, das jedoch nicht. Als er sagte: „Gut! Dann überlege ich es mir!", dachte er an Tage oder gar Wochen der Entscheidung. Sie übergehen diese Einstellung quasi wortlos und sagen Ihren Spruch. Sie erhöhen auf diese Weise stillschweigend den Entscheidungsdruck bei Ihrem Kunden. Wenn Sie nach kurzer Zeit wieder erscheinen, schweigen Sie. Warten Sie, bis der Kunde redet. Sie müssen schweigen! Sie treten wieder auf die Bildfläche mit der Ausstrahlung eines Menschen, der sich sicher ist, dass der Kunde *jetzt* entscheidet. Schließlich hat er soeben kurze Zeit überlegt!

☛ ***Die alles entscheidende Botschaft lautet:***
Probieren Sie die Variante „Darf ich solange Ihre Toilette benutzen!" unbedingt einmal aus. Irgendwann wird es bei Ihnen ein Verkaufsgespräch geben, wo der Einsatz dieser Methode sehr, sehr gut passt! Probieren Sie's dann aus. Sie werden sehr verblüfft sein. Und Sie werden sich sehr gut fühlen.

Zu dieser Methode gibt es im Übrigen kleine Varianten. Angenommen, ein Kunde sagt:

- „Ich glaube, ich muss mir das alles noch einmal überlegen!"

Auch jetzt schlägt – leicht abgewandelt zur oben genannten Methode – die Stunde eines genialen Verkäufers. Verlierer-Typen unter den Verkäufern sagen: „Selbstverständlich. Sie melden sich dann" oder ähnliches. Das Ergebnis: Kaum einer meldet sich wieder. Die Folge: Das Vertrauen, der Spaß, die Motivation sinken in den Keller. Ein genialer Verkäufer denkt weiter daran, dass er das „Verkaufsspiel" spielt, um zu gewinnen. Eine hervorragende Möglichkeit ist die folgende Reaktion:

- „Das ist absolut richtig. Überlegen Sie in Ruhe. Lassen Sie sich ruhig alle Vorteile durch den Kopf gehen. Wenn Sie dann Fragen haben, legen Sie los. Um alles das zu klären, bin ich schließlich heute hier!"

Jetzt heißt es einmal mehr *Schweigen!* Das wichtigste Wort dieser Antwort des genialen Verkäufers ist das Wort *heute*. Damit signalisiert der geniale Verkäufer, ohne dass er direkt darauf hinweisen muss, dass er davon ausgeht, dass der Kunde ebenfalls meint: „Ich glaube, ich muss mir das alles jetzt (heute) noch einmal überlegen!"

Denken Sie immer daran: Zum Vermögensaufbau gibt es lediglich zwei grundlegende Wege: Entweder viel Zeit × wenig Geld oder wenig Zeit × viel Geld. Gute und kundenorientierte, am Wohl ihrer Kunden interessierte Finanzverkäufer beherrschen solche oben beschriebenen rhetorischen Mittel. Ich wiederhole: Zum Vorteil ihrer Kunden. Ich nenne Ihnen ein Beispiel.

Da spricht ein Finanzverkäufer mit irgendeiner Person über das Thema Altersvorsorge. Diese Person ist 28 Jahre jung. Es sind also bis zum Alter von den angenommen 60 Jahren noch 32 Sparjahre. Im Gespräch errechnet der Finanzberater, dass der Kunde eine Zusatzrente 350 000 Euro ansparen müsste. Ausgehend von angenommen effektiv 6 Prozent Sparzins bedeutet das eine monatliche Investition von rund 310 Euro. Jetzt handelt es sich beim Kunden um einen dieser „Ich glaube, ich muss mir das alles noch einmal überlegen!"-Typen. Gleichzeitig (1. Variante) haben wir einen schlechten, unsicheren Verkäufer, der schließlich keinen Kunden überreden will. Der stets Verständnis hat, wenn Kunden monatelang mit einer Entscheidung zögern. Der noch nie den Satz „Wenn du es nicht machst, macht's ein anderer, und der macht's richtig gut!" gehört hat. Also hat unser Verlierer-Typ Verständnis. Das Gespräch endet – ohne Abschluss. Der Kunde meldet sich lange Zeit nicht. Der Finanzverkäufer denkt: „Oh, er wird sich schon melden. Ich lasse ihm alle Zeit!" Nach zwei Jahren treffen sich beide, also Kunde und Finanzverkäufer, zufällig wieder. Noch immer hat der Kunde das gleiche Vorsorgeziel, die 350 000 Euro. Hierfür muss er nun bei ansonsten gleichen Bedingungen, also bei wiederum effektiv 6 Prozent Anlagezins, monatlich bereits 360 Euro investieren. Eine wirklich dumme Sache. Denn: Der Aufwand über 30 Jahre beträgt in der Summe 129 295 Euro. Der Aufwand über 32 Jahre – also bei sofortigem Sparbeginn – dagegen lediglich 119 040 Euro. Eine wirklich einfache Frage: Was ist günstiger? Eine Entscheidung, die 129 295 Euro, oder eine Entscheidung, die 119 040 Euro kostet? Verstehen Sie das! Machen wir es besser! Machen ***Sie*** *es besser!*

„Ja, aber...." werden (vermeintlich) besonders kluge Köpfe womöglich jetzt einwenden. Und: „Im zweiten Fall spart der Kunde jedoch die ersten beiden Jahre". Irrtum! Großer Irrtum! Wer so denkt, dokumentiert auf höchst eindrucksvolle Weise – entschuldigen Sie diese Offenheit – dass er (oder sie) von Finanzen, von der Wirkung des Zinses und des Zinseszinses keine Ahnung, wirklich keine Ahnung hat. Ich will es Ihnen erklären: Vergleicht man den Barwert beider Entscheidungen (abgezinst mit 4 Prozent), beträgt der auf den heutigen Tag abgezinste Wert einmal (Entscheidung heute = 32 Jahre Investitionsdauer) 67 699 Euro. Im zweiten Fall, also bei der um zwei Jahre aufgeschobenen Entscheidung (Investitionsdauer 30 Jahre) beträgt der Barwert 70 323 Euro. Barwert ist in diesem Zusammenhang der Betrag, den der Kunde in dem einen oder anderen Fall Stand heute aufbringen muss, um sein Ziel, hier die 350 000 Euro, zu erreichen. Die letzte und entscheidende Frage lautet nun: „Wer zahlt weniger? Jemand, der heute 67 699 oder derjenige, der 70 323 Euro bezahlt?“

Begreifen wir das! Verstehen wir das! Setzen wir dieses Wissen ein! Der geniale Verkäufer (2. Variante) wird also bei den Themen Kapitalaufbau und Altersvorsorge immer darauf drängen, dass *heute* eine Entscheidung fällt. Ausgehend davon, dass es sich um ein gutes und leistungsstarkes Finanzprodukt handelt, gibt es keinen besseren Zeitpunkt als *heute:* Jeder Tag Zögern bedeutet einen Verlust für die Kunden. Wer zögert, verliert. Wer handelt, gewinnt. Für Sie gilt: Begreifen Sie das! Es ist nicht damit getan zu sagen: „Oh, ich will aber, dass meine Kunden frei entscheiden!“ Zum Teufel mit dieser Einstellung! Verändern Sie blitzartig Ihr Denken. Sie sind ein Finanzverkäufer. Gut! Dann gehört die Kenntnis der Finanzmathematik dazu. Ich meine praxisorientierte Finanzmathematik. Dann müssen Sie wissen, dass die Entscheidung, *heute* zu investieren, angesichts eines gleichen Ziels immer und ausnahmslos besser ist, als morgen zu investieren. Sagen Sie das Ihren Kunden.

Zum Schluss: In besonders hartnäckigen Fällen, wenn also ein Kunde beispielsweise sagt: „Ich schlafe immer eine Nacht über alle Entscheidungen. Ich mache hier keine Ausnahme!“, beenden Sie dennoch sehr konkret das Gespräch. Sagen Sie in diesem Fall:

- „Ich kann das bestens verstehen. Ich handhabe das bei wichtigen Entscheidungen ebenso. Am besten ist: Wir sehen uns morgen wieder. Wann passt es Ihnen denn besser: am frühen Nachmittag oder am Abend?“

Was auch immer Sie tun: Beenden Sie solche Gespräche immer und ausnahmslos mit einem konkreten Termin der Wiedervorlage. Meiden Sie jede Form unverbindlichen Geschwätzes wie: „Gut, ich melde mich dann!“ oder: „Gut! Melden Sie sich, wenn Ihnen danach ist!“ So sprechen Verlierer. Gewinner beherrschen die Wiedervorlage.

Methode Nr. 8: Der Umgang mit „Ich gebe aus Prinzip keine Empfehlungen“-Typen

Wer als Finanzverkäufer große Erfolge erreichen will, braucht viele Kontakte, viele Kunden. Und diese bekommt man nur über Empfehlungen oder Kaltakquise.

Sie haben ein Verkaufsgespräch mit Erfolg zu Ende geführt. Nun, dann geht es jetzt um Empfehlungen. Da gibt es dann hartgesottene Typen unter den

Kunden, die beispielsweise behaupten: „Ich gebe aus Prinzip keine Empfehlungen." Alles, was Sie in diesem Fall tun sollten, ist, sich noch einmal zu vergewissern. Sagen Sie also: „Ich habe Sie richtig verstanden. Sie geben aus Prinzip keine Empfehlungen?" Bestätigt dieser Kunde nun, dass dem so ist, haben Sie wiederum zwei Möglichkeiten: Entweder gelten Ihre Regeln, oder es gelten die Regeln des Kunden. Gewinner wissen: „Gib du die Regeln vor, niemand sonst." Sie wollen gewinnen! Gut! Geben Sie Ihre Regeln vor. Niemand sonst.

Eine Ihrer Regeln muss lauten: Ohne Empfehlungen ist das Verkaufsgespräch nicht mit Erfolg durchgeführt. Empfehlungen sind Ihr wichtigstes, Ihr größtes Kapital. Wenn Sie nun wissen, dass Sie zu den Besten Ihrer Branche gehören, wenn Sie nun wissen, dass Sie es – wie man so salopp gerne sagt – tatsächlich „drauf" haben, dann bleiben Sie dabei und machen Sie aus Prinzip keine Geschäfte mit Leuten, die aus Prinzip keine Empfehlungen geben. Haben Sie das verstanden! Ich weiß, das klingt hart. Manche von Ihnen werden nun denken: „So kann ich mit meinen Kunden aber nicht umgehen!" Irrtum! Großer Irrtum! Wenn Sie zu den Besten Ihrer Branche gehören, dann geben Sie die Regeln vor.

Gehen wir davon aus, Sie gehören zu den Besten. Sie sind ein wirklicher Sieger-Typ. Wie können Sie nun mit solchen „Ich gebe aus Prinzip keine Empfehlungen"-Typen umgehen? Ich sage Ihnen, was meine Methode bis heute ist.

> *Hat ein Kunde seinen Antrag bereits unterschrieben und sagt er nun einen Satz ähnlich wie „Ich gebe aus Prinzip keine Empfehlungen", nehme ich bis heute den Antrag, zerreiße ihn ruhig. Lege die Schnipsel auf den Tisch. Schweige. Das Ganze geschieht ohne Hektik, ohne Eile. Bei bester Laune. Mir geht es tatsächlich blendend bei dieser Handlung, die ich – zugegeben – bislang in über zehn aktiven Vertriebsjahren lediglich ein gutes Dutzend Mal angewandt habe. Das Ergebnis war in allen Fällen ausnahmslos dasselbe: Auf der anderen Seite herrschte Erstaunen bis hin zu Sprachlosigkeit. In drei Fällen wurden die Kunden, die soeben erlebt hatten, wie ihr Antrag in der Luft zerrissen wurde, regelrecht sauer. Auf die Nachfrage: „Was soll das jetzt?", antworte ich ausgeglichen, ruhig und lächelnd: „Ich mache aus Prinzip keine Geschäfte mit Leuten, die aus Prinzip keine Empfehlungen geben!" Dann schweige ich wieder.*

Ich verspreche Ihnen: Sollten Sie jemals in eine Situation kommen, in der Sie zu dieser zugegeben sehr drastischen Methode greifen wollen, wird der Erfolg – bis auf sehr, sehr wenige Ausnahmen – auf Ihrer Seite sein.

☛ ***Die alles entscheidende Botschaft lautet nochmals:***
Früh krümmt sich, wer ein Finanzverkäufer-Würmchen werden will. Seien Sie eine Autorität! Das ist alles. Geben Sie Ihre Regeln vor! Niemand sonst. Eine Ihrer Regeln muss sein: Empfehlungen erhalten! Empfohlen werden! Trennen Sie sich von solchen Kunden, die aus Prinzip hier nicht mitmachen.

Methode Nr. 9: „Hätten Sie mal eine Zeitung für mich zum Unterlegen?"

Die folgende Methode verriet mir ein Teilnehmer der äußerst spannenden und lehrreichen AMIS-Seminare. Dieser Teilnehmer erzählte, wie einer seiner Freunde, ein sehr erfahrener Verkäufer, seit vielen, vielen Jahren zum Zeitpunkt der Unterzeichnung eines Vertrags stets die gleiche Methode anwandte. Er sagte in diesem Moment zu seinem Neukunden:

- „Hätten Sie mal eine Zeitung für mich zum Unterlegen!“

Eine wundervoll subtil wirkende Methode. Stellen Sie sich vor, Sie wären der Kunde. Wenn Sie nun eine alte Zeitung suchen und unterlegen, signalisieren Sie damit nichts anderes als „Mache ruhig weiter. Ich will den Vertrag!“ Meiden Sie Formulierungen wie: „Hätten Sie zum Unterzeichnen des Vertrags mal eine alte Zeitung?“ Oder ähnlich. Meiden Sie dabei die Betonung in Form einer Frage. Es handelt sich um keine Frage. Es handelt sich um eine Aufforderung!

Erlauben Sie mir hierzu eine Bemerkung. Der eine oder andere wird dieses Buch lesen und denken: „Solche Mechanismen sind unseriös. Das sind unsaubere Machenschaften.“ Ich sage Ihnen: Es sind Methoden, die in die Ausbildung eines jeden Verkäufers gehören. Gute, seriöse Verkäufer bleiben auch dann gute, seriöse Verkäufer, wenn sie diese oder ähnliche Methoden anwenden.

Nehmen wir wieder das Beispiel eines Chirurgen. Exzellent ausgebildet, kann er zum perfekten Mörder werden. Richtig: Er kann es werden. Dann jedoch lag es nicht an der Ausbildung. Dann lag es am Charakter und den Eigenschaften eines solchen Menschen. Wäre dieser Mensch nicht Chirurg geworden, würde er mit anderen Mitteln anderen Menschen Schlimmes antun.

Begreifen wir das! Begreifen *Sie* das! Meiden Sie jede Form von „Das kann man doch nicht anwenden"-Gedanken. Sie alleine entscheiden, ob Sie solche Methoden zum Guten, zum Wohle Ihrer Kunden anwenden.

Nehmen wir ein weiteres Beispiel: Da gibt es einen Kunden, der von einem qualifizierten, gut ausgebildeten Vermittler von hohen Sparverträgen überzeugt wird. Der qualifizierte Vermittler in diesem Beispiel weiß, dass der Kunde sich diese hohen Sparraten leisten kann. Er weiß sogar, dass der Kunde sehr viel sparen und mit hohen Beträgen vorsorgen muss, will er den gewünschten Lebensstandard im Alter halten. Handelt es sich um einen zurückhaltenden, sehr vorsichtigen und zudem sehr unschlüssigen Menschen, ist es von großem Vorteil für den Kunden, wenn der in diesem Fall beratende Vermittler die Kunst der Rhetorik, die Kunst des Überzeugens in allen Facetten beherrscht.

☛ ***Die alles entscheidende Botschaft lautet:***
Die Methoden in diesem Kapitel sind alle gute, sehr, sehr wirkungsvolle Methoden. Entscheidend ist, wie der Einzelne solche Methoden einsetzt. Ihre Aufgabe lautet: Machen Sie sich das ganze Repertoire zu Eigen. Je mehr Spielarten und Varianten Sie für die vielen unterschiedlichen Kundentypen beherrschen, desto besser. Trainieren Sie nun die eine oder andere Methode. Mal mehr, mal weniger. Die meisten Finanzverkäufer wollen zu Reichtum, zumindest zu Wohlstand gelangen. Der kürzeste Weg zu Reichtum und Erfolg ist, als Finanzverkäufer Finanzprodukte zu verkaufen!

Kapitel 37

Gesammelte Fragen von Topverkäufern

Wenn du nicht weißt, was du verkaufst,
kannst du sicherlich nicht das verkaufen, was du willst.
K. Walter, amerikanischer Erfolgspsychologe

„Wer fragt, der führt". Diese wohl älteste, bekannteste und wichtigste Erfolgsregel für Topverkäufer spielt in diesem Buch eine wichtige Rolle. Über viele Jahre habe ich Fragen von Finanzverkäufern gesammelt, die der wirklichen Verkaufselite angehören. Einmal mehr gilt: Sie werden zu einem noch besseren, noch erfolgreicheren Verkäufer, wenn Sie die Strategien und Techniken von erfolgreichen Topverkäufern übernehmen. Anwenden. Das ist alles. Das müssen Sie *tun.* Nun zu den typischen Fragen. Sie finden diese unkommentiert oder mit nur einem kurzen Kommentar in Einzelfällen untereinander aufgelistet.

- „Was interessiert Sie an diesem Produkt im Detail?"
- „Welche Vorteile machen dieses Produkt für Sie interessant?"
- „Welche Finanzprodukte im Bereich Vorsorge und Vermögensaufbau interessieren Sie besonders?"
- „Mit welchen Kollegen welcher Unternehmen hatten Sie bereits Kontakt?"
- „Haben Sie die Vorteile dieses Vorsorgeprodukts im Detail verstanden?"
- „Welche Gründe gibt es, die Sie abhalten, heute Ihre Entscheidung zu treffen?"

Insbesondere bei allen „Ich will mir das noch einmal überlegen"-Typen eignen sich Fragen wie:

- „Ist es eine Frage der Laufzeit?"
- „Ist es eine Frage der monatlichen Investition?"
- „Ist es eine Frage Ihres finanziellen Budgets?"

Spüren Sie, dass ein Kunde unsicher ist, verwirrt wirkt, greifen Sie auf Fragen zurück wie:

- „Gibt es etwas Grundsätzliches, was Sie nicht verstanden haben?"
- „Gibt es etwas Grundsätzliches, was ich Ihnen nicht genau erklärt habe?"

Die Schlüsselwörter in diesen beiden Beispielen lautet „grundsätzlich" und „genau".

Ebenfalls fast magische Fragen sind Varianten wie die folgenden:

- „Sie wollen für später vorsorgen! Warum?"
- „Sie wollen monatlich sparen und investieren. Warum?"
- „Sie interessieren sich nach Ihren Worten für Fondssparen. Warum?"

Diese letzten Fragen wenden tatsächlich nur Profis an. Verlierer-Typen erkennen Sie daran, dass diese Typen, wenn ein Kunde sagt: „Ich will in Fonds investieren!", überglücklich – Hurraaaa, endlich ein Kunde! – die ganze Palette der Fonds ausbreiten. Sie erinnern sich an die Frage: „Wo wohnen Sie?" – Kunde: „Frankfurt." – Berater „Warum?" Eine derart gestellte Frage bringt jeden Kunden „von der Rolle". Noch wichtiger ist: Ihr Kunde begründet auf diese Weise – klug geführt von einem genialen Verkäufer – wieso er handeln, kaufen will. Das kleine Wörtchen „Warum" bringt einen höchst interessanten Rollentausch. Nicht der Verkäufer argumentiert, wieso der Kunde kaufen soll. Die Kunden argumentieren auf diese Weise selbst, wieso sie kaufen wollen! Ein grundlegender, entscheidender Unterschied.

☛ ***Die alles entscheidende Botschaft lautet:***
Trainieren Sie die Kunst dieser und ähnlicher Fragen. Lesen Sie Bücher wie „Unlimited Selling Power" von Donald Moine und Kenneth Lloyd. Oder „Die Magie des Fragens" von Grochowiak und Heiligtag. Wenn Sie können!

Kapitel 38

Die Kunst der Wiederbelebung

Erfolge bringen Erfolge hervor.
So, wie das Geld das Geld vermehrt.
Nicolas de Chamfort, französischer Schriftsteller

Eine der besten Methoden lehrte mich ein Mentor, den ich vor Jahren besuchte. Seit rund 40 Jahren in der Trainingsbranche, wurde er mir in den letzten zehn Jahren zu einem sehr wichtigen, wertvollen Freund. Bei diesem Besuch kam er auf die Methode der so genannten Wiederbelebung zu sprechen. Es ist eine rhetorische Möglichkeit, ein Gespräch emotional zu führen beziehungsweise für die richtigen Emotionen zu sorgen. Dabei gilt wie bei allen Methoden: Wenden Sie diese Technik gezielt bei einzelnen Gesprächen an. Wenn Sie sehr aufmerksam verkaufen, werden Sie spüren, wann Sie diese Methode der Wiederbelebung einsetzen sollten. Aus dem, was mir mein Mentor vermittelte, möchte ich Ihnen ein Beispiel nennen. Lernen Sie dieses Beispiel – möglicherweise ergänzt um eigene Formulierungen – auswendig. Und in der richtigen Situation greifen Sie darauf zurück. Nehmen wir das Thema Altersvorsorge. Sie sprechen mit einem Kunden über einen Vorsorge-Sparplan. Beispielsweise, wenn der Kunde eher konservativ, sicherheitsorientiert ist, über eine private Rentenversicherung. Sie können nun über die künftigen Vorteile reden. Wirkungsvoller ist: Beleben Sie eine Situation wieder, die einer möglichen Armut im Alter sehr nahe kommt. Ein Beispiel:

Finanzverkäufer:
„Erinnern Sie sich noch an die Ausbildung nach der Schulzeit, den ersten kleinen Job?“

Kunde:
„Ja, das war damals in der Lehre zum ...“

Finanzverkäufer:
„Erinnern Sie sich noch an das Gefühl, wie es war, dass Sie einerseits Ihr erstes Geld verdienten, der geringe Betrag jedoch vorne und hinten zu knapp war? Wie Sie also jeden Geldschein dreimal umdrehen mussten, bevor Sie ihn ausgaben."

Kunde:
„Klar, es war ja auch wenig Geld!"

Finanzverkäufer:
„Das ist es. So werden Sie sich fühlen, wenn eines Tages im Ruhestand das Geld vorne und hinten wieder nicht ausreicht. Wir alle wissen: Das Rentenniveau sinkt und sinkt. Dazu kommt noch die zunehmende Besteuerung der Renten, einverstanden!"

Wer so argumentiert, hat als Verkäufer die Emotionen des Kunden auf seiner Seite. Plötzlich ist die drohende Altersarmut nicht irgendwas, was in ferner Zukunft auf einen wartet und wofür man kein rechtes Gefühl hat. Plötzlich ist drohende Altersarmut ein Gefühl, das Ihr Kunde kennt, was er bereits einmal erlebt hat. Garantiert will er dieses Gefühl nicht nochmals verspüren. Das ist die Kunst der Wiederbelebung!

Schmerzen vermeiden ist – neben der Gewinnung von Lust – eine der beiden Hauptmotivationen im Leben. Wir alle wollen Schmerzen vermeiden und möglichst viel Lust genießen. Wiederbeleben Sie den Schmerz, finanziellen Schmerz. Steigern Sie auf diese Weise die Emotionen. Steigern Sie auf diese Weise Ihren Erfolg! Manche werden nun denken: „Das ist aber unmoralisch" oder ähnliches. Die Zauber-Antwort lautet: Erstens: Zuviel gespart hat noch keiner, einverstanden! Zweitens: Wenn du es nicht machst, macht's ein anderer, und der macht's richtig gut!

☛ ***Die alles entscheidende Botschaft lautet:***
Setzen Sie diese Methode der Wiederbelebung gezielt, bei den Gesprächen, in denen es passt, ein. Steigern Sie auf diese Weise den Anteil der Emotionen im Verkaufsgespräch. Holen Sie so ein fiktives Gefühl der Zukunft „Alter in Armut" über das Erlebte der Vergangenheit in die Gegenwart.

Teil IV

Verkaufstraining & Psychologie

Wer verkauft, beeinflusst andere Menschen. Die Überzeugungskraft der Verkäuferpersönlichkeit ist für den Erfolg im Verkauf wichtiger als alles andere. Und diese Überzeugungskraft wächst mit der Kenntnis der richtigen Verkaufspsychologie.

Kapitel 39

Das HEEK-Modell©

Der Wurm, der an der Angel hängt, muss nicht dem Angler schmecken, sondern dem Fisch.
Beate Uhse, Unternehmerin

Die vier entscheidenden Faktoren in jedem Verkaufsgespräch lauten:

- Harmonie
- Einmaligkeit
- Erlebnis
- Kompetenz

Beginnen wir mit dem Faktor *Harmonie*. Die alles entscheidende Voraussetzung für Erfolg ist: Stimmt die Chemie oder stimmt sie nicht? Stimmt die Chemie nicht, gehen Sie sehr, sehr schnell in die Offensive. Sagen Sie beispielsweise:

- „Herr Kunde! Irgendwie stimmt etwas nicht. Entweder sind Sie in Gedanken woanders. Oder es passt Ihnen etwas anderes nicht. In jedem Fall: Irgendetwas stimmt nicht. Ich freue mich, wenn Sie mir sagen, was das sein könnte ..."

Immer wieder erlebe ich in Coachings, bei denen ich einzelne Teilnehmer bis hin zu Kundengesprächen begleite, wie diese Ehrlichkeit in der ersten Phase fehlt. Entweder ist es die Angst vor einer ehrlichen Antwort des potenziellen Kunden. Oder es ist die Angst, sich einen möglichen Abschluss kaputt zu machen. Wie auch immer, was auch immer: Nur die Sieger-Typen gehen hier bereits in der ersten Phase direkt und konkret voran. Nochmals: Die alles entscheidende Frage lautet: Stimmt die Chemie? Stimmt sie nicht? Stimmt die Chemie nicht, lautet die Frage „Was genau ist es, was stört?" Finden Sie heraus, was stört. Das ist Ihre Aufgabe in dieser ersten Phase.

Stimmt die Chemie, stimmt sie wieder, geht es in die zweite Phase. Sie müssen ein einmaliges Erlebnis vermitteln. Was zählt, ist Ihre Einmaligkeit.

Gehen Sie davon aus, dass ein Kunde, dass ein guter Kunde sicherlich im Lauf seines Berufslebens bereits von mindestens einem Dutzend Finanzverkäufern aufgesucht wurde. Alle wollten nur sein Bestes, meint er. Sein Geld. Das zu glauben, ist das gute Recht eines jeden (potenziellen) Kunden.

! *Machen wir es anders. Machen **Sie** es anders! Dokumentieren Sie in der Kombination aus Auftreten, Sprache, Wissen, Information und Handeln **Einmaligkeit**! Das müssen Sie tun!*

Eng verbunden mit dieser zweiten Phase ist die dritte Phase des HEEK-Modells. Diese dritte Phase bedeutet: Bieten Sie Ihren Interessenten ein Erlebnis. Dieses Ziel haben Sie dann im wahrsten und besten Sinne erreicht, wenn Ihre Interessenten während des Gesprächs beispielsweise sagen:

- „Wow! So etwas habe ich ja noch nie erlebt!“

Erfolgreiche Verkäufer berichten immer wieder von solchen Aussagen, berichten von begeisterten, ja faszinierten Interessenten. Das meine ich, wenn ich schreibe: Ihre Kunden müssen mit Ihnen etwas *erleben*. Dafür zu sorgen, ist Ihre Aufgabe.

Viertens und letztens folgt die Phase, folgt der Faktor Kompetenz. Seit vielen, vielen Jahren ziehe ich diese vierte Phase des HEEK-Modells vor. Ich beginne also meine Beratungs- und Verkaufsgespräche mit den Worten:

- „Eines vorab, Frau Kundin. Geldentscheidungen, kluge Geldentscheidungen haben immer auch mit Zahlen zu tun. Für Sie gilt: Was auch immer Sie künftig in Sachen Geld entscheiden wollen, rufen Sie mich an. Es gibt nichts, was wir nicht gemeinsam knacken können. Ich werde Ihnen zu jedem Kapitalanlage- Modell meine Meinung sagen. Das ist meine wichtigste und erste Botschaft an Sie!“

Damit sage ich nichts anderes als sinngemäß:

- „Seht! Ich beherrsche meinen Beruf mit aller verfügbaren Kompetenz! Welche Frage zum Thema Kapitalaufbau und Altersvorsorge auch immer ansteht, ich weiß, ich kann sie beantworten!“

Soweit die vier Phasen des HEEK-Modells. Zum Thema Erlebnis noch eine Anmerkung, die mir sehr am Herzen liegt. Das Erlebnis mit Ihnen muss so einprägsam sein, dass Ihre Kunden in Gesprächen mit Freunden und Bekannten, in denen es um Geld geht, sofort an Sie denken. Ihre Kunden müssen dann spontan sagen:

- „Da muss ich Euch was erzählen. Ich hatte letzte Woche Herrn X, seines Zeichens Finanzberater, zu Besuch. Dieser Typ war unglaublich. In wenigen Minuten brachte er alle Entscheidungen auf den Punkt. Mühelos erklärte er mir die Nachteile und Vorteile verschiedener Geldprodukte. Als ich eine Frage zu unserer anstehenden Hausfinanzierung hatte, rechnete dieser Kerl doch glatt in kürzester Zeit durch, wozu meine Bank Tage gebraucht hatte. Also ich sage Euch: Dieser Herr X versteht wirklich was von seinem Beruf!"

☛ ***Die alles entscheidende Botschaft lautet:***
Der beste Beweis, dass Sie Erlebnisse bieten, ist, wenn Sie in den Köpfen Ihrer Kunden und Interessenten zur unschlagbaren Nr. 1 werden. Wenn Sie die unschlagbare Nr. 1 sind. Das zu erreichen muss Ihr Ziel sein. Ab sofort!

Kapitel 40

Überzeugen – Sechs Grundprinzipien nach Cialdini

Man muss es immer dahin bringen,
dass man zurück gewünscht wird.
Baltasar Gracián y Morales, spanischer Schriftsteller

In diesem Kapitel möchte ich mich vorab bei Robert B. Cialdini bedanken. Es war Anfang 1992, als ich durch Zufall in einem Antiquariat auf die Originalausgabe seines Buches „Influence – How and why people agree to things" stieß. Der Titel faszinierte mich sofort. Das Buch war gekauft. Es war – im Nachhinein betrachtet – eine der besten Investitionen meines Lebens. 1993 erfuhr ich, dass zwischenzeitlich die deutsche Übersetzung in der zweiten Auflage erschienen war. Der deutsche Titel lautete „Überzeugen im Handumdrehen". Später wurde der Titel geändert in „Die Psychologie des Überzeugens". Sichern Sie sich ein Exemplar dieses Werkes. Lesen Sie es. Wenn Sie können! Es ist eine Schatztruhe für jeden Verkäufer. Für alle Menschen, die davon leben, dass sie andere Menschen überzeugen wollen/sollen/müssen. Cialdini spricht über sechs Grundprinzipien der Psychologie des Überzeugens. Es handelt sich um:

- Vergeltung
- Verpflichtung & Konsequenz
- Soziale Bewährtheit
- Sympathie
- Autorität
- Knappheit

In diesem Buch ist sehr viel von Autorität die Rede. Sie müssen als Verkäufer autoritär sein (können). Sie müssen eine Autorität sein. Im Folgenden werde ich Ihnen aus Cialdinis Sicht die wichtigsten Gründe nennen, wieso der Faktor „Autorität" derart wichtig ist. Als Finanzverkäufer, überhaupt als Verkäufer, halten Sie sich nur im Geschäft, wenn Sie die Menschen dazu bringen, aus Überzeugung ein deutliches *Ja* zu sagen. Das ist die alles entscheidende Voraussetzung für Verkaufserfolg. Hier unterscheidet sich der Journalist, der seine Beiträge verkaufen will, nicht von der Bäckersfrau (sie will ihre Brötchen verkaufen), vom Arzt (er will seine Geräte einsetzen und Dienstleistungen verkaufen), vom Steuerberater (er will seine steuerlichen Kenntnisse verkaufen), vom Finanzverkäufer (er will seine Finanzprodukte und sein Wissen verkaufen). Die Voraussetzung für Verkaufserfolg ist ein *Ja* auf seiten der Kunden. Wem es nicht gelingt, dass die Menschen zu seinen Vorschlägen *Ja* sagen, ist als Verkäufer – gleich in welcher Branche – unweigerlich eines Tages am Ende. Das Ganze ist nur eine Frage der Zeit. Auf Dauer sind diejenigen, die keine oder zu wenig *Ja* erhalten, am Ende. Sind erledigt! Enden als Verlierer. Kommen wir damit zum ersten Prinzip.

1. Das Prinzip der Vergeltung

Cialdini beschreibt in seinem Buch das Experiment eines Universitätsprofessors. Dieser schrieb an irgendwelche wildfremden Leute Weihnachtskarten. Die Resonanz: Er bekam von zahlreichen, wildfremden Leuten zahlreiche Postkarten zurück, in den überwiegenden Fällen Karten, die die Leute aus ihrem nächsten Urlaub schickten. Die Erklärung: Die Postkarte des Professors löste wohl bei vielen angeschriebenen Personen ein „Klick – Postkarte zurückschreiben" aus. Dieses „Eine Hand wäscht die andere"-Prinzip ist nach Untersuchungen des Soziologen Alvin Gouldner in allen Gesellschaften gleichermaßen verbreitet.

Cialdini beschreibt ebenfalls ein Experiment, das Professor Denis Regan von der Cornell University durchführte. In diesem Experiment sollten Teilnehmer Gemälde hinsichtlich deren künstlerischer Gestaltung beurteilen. Es waren jeweils zwei Teilnehmer im Raum. Einer war der Assistent des Professors. Dieser verließ nun in der Zeit, in der gemeinsam das Gemälde betrachtet wurde, den Raum. Anschließend kehrte er mit zwei Flaschen Coca-Cola zurück. Er gab eine Erklärung in den Sinne ab: „Ich habe nachgefragt, ob ich mir eine Cola mitnehmen kann. Der Versuchsleiter meinte, das sei in Ordnung. Ich habe Ihnen dann auch gleich eine mitgebracht!" Bei anderen Versuchsteilnehmern ging der Assistent des Professors ebenfalls in die Pause. Kehrte jedoch ohne etwas mitzubringen zurück. Nun folgte der spannende zweite Teil des Experiments. Der Assistent des Professors trat jeweils nach dem Experiment an den Versuchsteilnehmer heran. Er erzählte ihm, dass er Lose verkaufen würde. Beim Erreichen einer bestimmten Zahl verkaufter Lose bekäme er eine Prämie, die er wiederum für einen neuen Wagen, den er sich kaufen wollte, sehr gut gebrauchen könne. Nun bat er den Versuchsteilnehmer, ihm doch einige Lose für 25 Cent abzukaufen. Sie ahnen, wie dieses Experiment ausging. Die Versuchsteilnehmer, die zuvor eine Cola mitgebracht bekamen, kauften deutlich mehr Lose ab als die Teilnehmer, denen der Assistent des Professors nach der Pause nichts mitgebracht hatte.

Bitte bedenken Sie: Diese Regel „Eine Hand wäscht die andere“, diese Verpflichtung, ein Geschenk mit einem Gegengeschenk zu vergelten, wird uns von Kindestagen an beigebracht. Wer gute Dinge annimmt, ohne Gutes zurückzugeben, wird – zumindest auf Dauer – „schief“ angesehen. Geniale Verkäufer wenden dieses Prinzip im Zusammenhang mit der Psychologie des Überzeugens im Finanzverkauf exzellent an. Und zwar aus folgendem Grund: Angenommen, ein Kunde lehnt aus guten und nachvollziehbaren, faktisch nicht widerlegbaren Gründen die Investition in ein Finanzprodukt ab. Selbstbewusste Verkäufer, die sich der Bedeutung von Empfehlungen bewusst sind, wissen, dass nun eine zweite Ablehnung für den Kunden schwieriger ist. Sie stellen also Fragen wie: „Wenn Sie heute diese Investition selbst nicht tätigen können, können Sie mir dann einige Empfehlungen nennen, mit denen ich einmal so, wie Sie es heute erlebten, über Geld und Finanzen sprechen kann? Wer von den Menschen, die Sie kennen, käme dann grundsätzlich in Frage?“

Für Sie gilt: Wenden Sie dieses Gesetz der Verpflichtung an. Beschenken Sie Ihre Kunden. Unerwartet und mit unerwarteten Dingen. Natürlich von Herzen kommend und aus innerer Überzeugung. Vertrauen Sie – auch wenn es einzelne Ausnahmen geben wird – auf die universale Gültigkeit dieses Gesetzes der Verpflichtung. Wer gibt, dem wird gegeben! Das ist alles.

2. Das Prinzip der Verpflichtung & Konsequenz

Besser bekannt als „Wer A sagt, muss auch B sagen“. Die zweite Version ist vielen von uns regelrecht eingetrichtert worden. Auf den Verkauf übertragen bedeutet das: Bezieht ein Kunde einmal einen klaren Standpunkt in Form eines Nein oder – besser – eines klaren Ja, ist es sehr, sehr schwer, ihn von diesem Standpunkt abzubringen. Beim Thema Geld geht es jedoch nun einmal um Fakten. Daher ist es äußerst wichtig, dass Ihr Kunde immer wieder zustimmt. Immer wieder seinen Ja-Standpunkt bekräftigt (vergleiche hierzu die JOERS-Methode).

Wieso nun ist Konsequenz solch ein starkes, psychologisches Element im Zusammenhang mit der Psychologie des Überzeugens? Die Erklärung ist denkbar einfach: Wischi-Waschi-Typen mag keiner. Typen, die heute ja, morgen nein sagen, sind nicht gern gelitten. Wer ständig inkonsequent von einer Meinung zur nächsten wechselt, gilt – auf den Punkt gebracht – als charakterschwach. Die übertriebene negative Ausprägung von Konsequenz ist Sturheit. Die alles entscheidende Kunst genialer Verkäufer besteht nun darin, sich den Kunden im Gespräch quasi selbst verpflichten zu lassen. Hier verweise ich nochmals auf die in diesem Buch beschriebene Rhetorik zur 7-Schritte-Verkaufsstrategie. Der überaus große Erfolg bei all denen, die nach dieser Strategie arbeiten, liegt darin begründet, dass die Kunden bei dieser Strategie selbst ihren Bedarf benennen. Im Rahmen der 7-Schritte-Verkaufsstrategie beziehen die Kunden einen Standpunkt, nennen die Höhe der gewünschten Zusatzrente und ihre persönliche Einschätzung hinsichtlich der angenommenen Zinssätze. Das macht die 7-Schritte-Verkaufsstrategie zu einem perfekten Kaufgespräch. Wer beispielsweise zu Beginn dieser Strategie als spätere Wunschrente (private Zusatzrente) 1 300 Euro angibt und sich später eine monatliche, notwendige Investition von sagen wir 500 Euro in der verbleibenden Sparzeit ergibt, wird sich nur sehr schwer von seinem Standpunkt „Ich will 1 300 Euro an privater Zusatzrente“ trennen.

Lassen Sie den Kunden den Antrag selbst ausfüllen!

Eine eigentlich altbekannte, dennoch offensichtlich in Vergessenheit geratene oder zumindest nur noch selten angewandte Verkaufshandlung besteht darin, Kunden einen Antrag bei Abschluss selbst ausfüllen zu lassen. Wer lediglich antwortet, wenn der Verkäufer die Fragen zum Antrag stellt und die Antworten einträgt, kann diese Handlung später um ein Vielfaches leichter leugnen (im Sinne „Eigentlich wollte ich ja gar nicht unterzeichnen“), als jemand, der seinen Antrag selbst ausgefüllt hat. Zumindest bei den Feldern, wo es problemlos möglich ist. Wer als Kunde seinen eigenen Antrag mit ausfüllt, erklärt mit jedem Buchstaben: „Ja, das ist mein Antrag!“ In wissenschaftlichen Studien wurde bewiesen, dass die eigene Konsequenz umso größer ist, je größer die „Anstrengung“ war, um zu einer Sache zu gelangen. Je mehr „Arbeit“ investiert wurde.

Zurück zum Thema Verpflichtung: Die Macht der Verpflichtung als psychologisches Element wirkt zweifach. Erstens machen wir uns selbst den Druck. Wir wollen grundsätzlich konsequent sein, konsequent erscheinen. Zweitens wollen wir, dass andere uns als konsequente Personen wahrnehmen. Bei alledem gilt für das Verkaufsgespräch: Die zunehmende Verpflichtung durch geschicktes Anwenden beispielsweise der JOERS-Methode muss quasi nebenbei erfolgen. Das ist eine wichtige Voraussetzung für Ihren Erfolg.

3. Das Prinzip der sozialen Bewährtheit

In diesem Buch geht es unter anderem um das rhetorische Element des Geschichten Erzählens. Oder nehmen wir die EEE-Methode® (Empfinden, Empfunden, Entdeckt). Lesen Sie das entsprechende Kapitel gegebenenfalls nach. Eine entscheidende und sehr wichtige Tatsache ist: Je mehr Menschen eine bestimmte Entscheidung treffen (getroffen haben), desto eher erachten wir ein Ja zu dieser Entscheidung ebenfalls als richtig. Dabei gilt: Dieses Prinzip der sozialen Bewährtheit muss ebenfalls – wie alle übrigen psychologischen Elemente – sehr behutsam eingesetzt werden. Besonders entscheidend: Das Prinzip der sozialen Bewährtheit, besser die Wirkung des Prinzips der sozialen Bewährtheit, lässt sich dadurch verstärken, wenn diejenigen, die als „Beweis" für die soziale Bewährtheit herangezogen haben, Ähnlichkeiten mit uns haben. Ich nenne Ihnen ein Beispiel.

Ein genialer Verkäufer sitzt bei einem Ehepaar mit zwei Kindern. Das eine Kind ist zwei, das andere fünf Jahre jung. Soziale Bewährtheit in Verbindung mit dem wichtigen Element Ähnlichkeit kann der geniale Verkäufer nun wie folgt einsetzen: Er greift zurück auf eine Erfahrung mit einem anderen Ehepaar, das auch zwei Kinder hatte. Jetzt sagt er:

„Ich weiß, wie Sie empfinden. Zwei meiner besten Kunden, es ist ebenfalls ein Paar mit zwei Kindern, haben ebenso empfunden. Und dann haben wir gemeinsam entdeckt, was einem Kind tatsächlich so alles passieren kann ..."

Verstehen Sie das! Hier werden soziale Bewährtheit und Ähnlichkeit in gelungener Weise kombiniert.

4. Das Prinzip der Sympathie

Geniale Verkäufer wissen: Um zu verkaufen, müssen zwei Bedingungen erfüllt sein. Erstens: Der Kunde muss den Verkäufer mögen (vergleichen Sie das Kapitel „Das BWK-Dreieck des magischen Erfolgs", hier: Beziehung). Zweitens: Der Kunde muss den „Preis" mögen, muss den „Preis" akzeptieren. Hier wiederum greift die 7-Schritte-Verkaufsstrategie. Ergebnisse, die mittels dieser Strategie gemeinsam erarbeitet werden, muss der Kunde grundsätzlich mögen (vgl. Prinzip der Konsequenz). Es sind nämlich Ergebnisse aufgrund seiner eigenen Wünsche und Vorgaben. Nochmals: Verkaufserfolg stellt sich ein, wenn Kunden erstens den Verkäufer mögen und zweitens den „Preis" des Finanzprodukts. Das ist alles. Sie brauchen also keine zentimeterdicken Hochglanzprospekte. Sie müssen sich mit Ihren Kunden nicht stundenlang an Prospekten festbeißen. Sorgen Sie dafür, dass Ihr Kunde Sie mag. Sorgen Sie dafür, dass er den Preis akzeptiert. Das sind die Erfolgsschritte eins und zwei.

Sie beherrschen diese Erfolgsschritte. Gut! Sie haben Erfolg! Nochmals: Geniale Verkäufer sorgen dafür, dass die Kunden sie mögen. Nichts anderes war das Rezept von Joe Girard – im Guiness-Buch der Rekorde als „erfolgreichster Autoverkäufer" der Welt geführt. Der Grund: Von 1966 bis 1977 war er jedes Mal „Verkäufer Nr. 1". Durchschnittlich verkaufte er pro Tag die nahezu unglaublich klingende Zahl von fünf Autos. Sein Erfolgsrezept bestand aus der perfekten Kombination des sympathischen Verkäufers (in Person von Joe Girard) und einem sympathischen Preis. Das ist alles! Das ist das ganze Geheimnis.

Es gibt keine zweite Chance für den ersten Eindruck

Sehr eng verbunden mit Sympathie ist die Attraktivität eines Menschen. „Oh", sagen die Verlierer-Typen, „ich bleibe wie ich bin. Die Leute sollen mich akzeptieren, wie ich bin!" Manche tragen weiter eigenartiges Outfit, kleiden sich höchst unattraktiv, behängen sich mit merkwürdigen, fremd wirkenden Gegenständen. Verstehen Sie mich nicht falsch! Sie können tun und lassen, was Sie als Mensch tun und lassen wollen. Als Verkäufer jedoch müssen Sie diese Gesetzmäßigkeiten von Sympathie, Attraktivität und Image beachten. Die Kurzform bringt Cialdini auf den Punkt. Er schreibt: „Einige dieser Konsequenzen dieser unbewußten Annahme ‚gutaussehend gleich gut' machen mir Angst."

Nehmen wir die kanadischen Bundeswahlen von 1974. 73 Prozent der Befragten einer Folgeuntersuchung, so Cialdini, wiesen entrüstet von sich, die Attraktivität eines Kandidaten könnte die eigene Wahl beeinflussen. Lediglich 14 Prozent konnten sich vorstellen, dass die Attraktivität einen möglichen Einfluss ausüben könnte. Das Ergebnis der Bundeswahlen zeigte jedoch deutlich: Attraktive, „gutaussehende Kandidaten bekamen 2 ½ mal mehr Stimmen" als unattraktive Kandidaten. (Quelle: Cialdini)

Ein anderes Beispiel: Ist Ihnen in den Medien schon einmal aufgefallen, dass selbst übelste Verbrecher bei den Verhandlungen sehr, sehr häufig fein herausgeputzt erscheinen? Auch hier setzt die Verteidigung auf das Prinzip „Gut aussehend gleich gut". Zu Recht. Cialdini beschreibt die Ergebnisse einer Studie, die in Pennsylvania durchgeführt wurde. Immerhin vierundsiebzig männliche Angeklagte wurden vor Prozessbeginn hinsichtlich ihrer körperlichen Attraktivität bewertet. Später verglich man die Urteile, also die Höhe der verhängten Strafen, mit dem jeweils ausgewerteten Attraktivitätsniveau. Das Ergebnis: Für die weniger gut Aussehenden war die Wahrscheinlichkeit, ins Gefängnis zu kommen, doppelt so hoch. Auch in den Fällen, wo es um finanziellen Schadensersatz ging, begünstigten die Geschworenen eindeutig nachweisbar die attraktivere Partei, ganz gleich, ob es sich um Täter oder Opfer handelte.

Begreifen wir das! Begreifen *Sie* das! Kunden mögen solche Menschen, die ihnen ähnlich sind. Kunden mögen – ebenso unbewusst wie die Wähler bei den oben beschriebenen Bundeswahlen oder die Geschworenen in Pennsylvania – attraktive Verkäufer. Nutzen Sie diese Chance!

☛ ***Die alles entscheidende Botschaft lautet:***
Akzeptieren wir diese Gesetzmäßigkeit. Akzeptieren Sie das Prinzip „Sympathie". Sorgen Sie dafür, dass Sie attraktiv erscheinen. Sichern Sie sich auf diese Weise zusätzlich die Sympathie Ihrer Kunden.

5. Das Prinzip Autorität

Das wohl beeindruckendste und auch am nachdenklichsten stimmende Experiment zum Thema „Autorität" führte ein Psychologieprofessor namens Milgram durch.

Es ging darum, dass geworbene Testpersonen in einem Versuch Lehrer spielen sollten. Die „Schüler" sollten bei falschen Antworten mit Elektroschocks bestraft werden. Bei jeder falschen Antwort erhöhte sich die Stärke des Schocks, und zwar um 15 Volt. Die letzte Stufe, der höchste Schock, lag bei immerhin 450 Volt. Nachdem die Modalitäten des Tests bekannt gegeben worden waren, fragten die Testpersonen, die Lehrer „spielen" sollten, beim Versuchleiter (grauer Laborkittel, Schreibtafel) nach möglichen Schäden und äußerten Bedenken. Die Antwort lautete: Es gäbe – auch wenn die Stromstöße schmerzhaft seien – keine dauerhaften Gewebeschäden. Diese banale Antwort genügte. Die Testpersonen, die Lehrer sein sollten, legten los. Der ganze Versuch lässt sich kurz zusammenfassen: Die Testpersonen in der Rolle des Lehrers sollten, instruiert von einer „Autorität" in Form eines Versuchsleiters, anderen Personen (den Schülern) Schmerzen zufügen. Und zwar immer höhere Schmerzen. Die Spannung war groß, wie viel Leid derart autoritär beeinflusste Testpersonen anderen Menschen antun würden. Das Ergebnis: Zwei Drittel der „Lehrer" gingen bis an die äußerste Grenze der 450 Volt! Die Grenze war die Technik. Nicht mehr, nicht weniger. Noch schlimmer: Keiner der „Lehrer" band die angeschnallten Schüler los. Auch wenn diese darum baten. Die Lehrer erfüllten die ihnen von einer „Autorität" übertragende Aufgabe. Eine Minderheit unter den „Lehrern" hielt inne, als bei den 300-Volt-Stromschlägen einige „Schüler" nur noch schrien, sie würden keine Fragen mehr beantworten. Milgram kam, zitiert von Cialdini, zu folgendem Ergebnis: „Es ist die extreme Bereitschaft Erwachsener, aufgrund eines Befehls einer Autorität fast alles zu tun. Es ist das wichtigste Ergebnis der Untersuchung."

Dabei gilt: Wir alle machen Autorität an Inhalten und an Symbolen fest. Symbol kann ein Titel, aber auch Kleidung sein. Wie entscheidend Titel wirken können, beweist ein Experiment, das in fünf australischen Schulklassen durchgeführt wurde (ebenfalls nach Cialdini):

Ein Mann wurde als Besucher der Universität Cambridge vorgestellt, allerdings wurde seine Stellung in jeder Klasse anders angegeben. Die Varianten waren: Student, wissenschaftlicher Assistent, Dozent, angehender Professor, ordentlicher Professor. Nach Verlassen des Raums wurde jede Klasse gebeten, den Besucher hinsichtlich seiner Körpergröße zu schätzen. Das Ergebnis: In seiner Funktion als ordentlicher Professor wurde die Person sechs Zentimeter größer eingeschätzt als in der Funktion des Studenten. Durchschnittlich stiegt die Einstufung je nächsthöherer Position um einen Zentimeter.

Nehmen wir ein anderes Beispiel: Da gab es einen Versuch, in dem einmal (Variante 1) ein Mann in einem eleganten Maßanzug bei Rot die Straße überschritt. Im anderen Fall (Variante 2) lief diese Person in üblicher Arbeiter-Kleidung – ebenfalls bei Rot – über die Straße. Nun beobachteten die Wissenschaftler, wie viele Leute wohl folgen würden. Dem Mann im Maßanzug folgten – trotz roter Ampel – dreieinhalb mal so viele Leute wie der Person in Arbeiter-Kleidung.

Sie wollen an Top-Kunden heran. Sie wollen mit Top-Leuten reden. Sie wollen Top-Geschäfte mit Top-Kunden machen. Ihre Provisionseinnahmen auf diese Weise steigern. Nun: Top-Leute lieben Stärke. Top-Leute haben mit Schwächlingen nichts zu tun. Wollen mit Schwächlingen nichts zu tun haben. Kunden fasziniert nie ein Produkt. Kunden fasziniert ein faszinierender Verkäufer, eine faszinierende Persönlichkeit! Auf den Punkt gebracht: Eine Autorität!

☛ ***Die entscheidende Botschaft lautet:***
Immer wieder wird in diesem Buch davon gesprochen, dass geniale Verkäufer als Autorität auftreten, autoritär sind. Natürlich in einem sympathischen, angenehmen Rahmen und ohne Übertreibung. Dennoch gilt: Sie müssen eine Autorität sein! Das muss Ihr Ziel sein.

6. Das Prinzip Knappheit

Ein alter und oft zitierter Spruch lautet: „Willst du was gelten, mach dich selten!" Ein Verkäufer, der immer und überall für seine Kunden zu erreichen ist, der vor allem immer und überall zu jeder Zeit einen Termin frei hat, wirkt auf jeden Kunden so, als habe er nichts besseres zu tun. Als hätte er sonst keine Kunden. Das bedeutet nicht: Lassen Sie sich niemals blicken, und Kunden werden Ihnen die Türe einrennen. Darum geht es nicht! Die Regel lautet vielmehr: Meiden Sie ständige Präsenz und ständige Verfügbarkeit. Geniale Verkäufer wissen, dass es manchmal besser ist, einen Termin für eine Dreiviertelstunde zu vereinbaren. Also am Telefon zu sagen: „Gut, ich werde um 15 Uhr 15 kommen. Wir brauchen dann eine Dreiviertelstunde." Statt – übertrieben ausgedrückt – zu sagen: „Wir brauchen dann drei Stunden."

Die Wirkung des Prinzips der Knappheit ergibt sich aus folgendem Zusammenhang: Üblicherweise sind Dinge, die wir schwer erreichen, besser oder wertvoller als andere Dinge. Das bedeutet: Das Knappheits-Prinzip spielt in unserem Alltag eine nicht zu unterschätzende Rolle. Wir erleben das auch in folgenden Situationen:

Irgendeinen Partner zu finden, wird niemals das Problem sein. Schwieriger ist es jedoch, einen wirklich geeigneten Partner, eine wirklich geeignete Partnerin zu finden. Irgendein gebrauchtes Auto zu kaufen, wird niemals das Problem sein. Ein ganz spezielles Auto mit einer ganz speziellen Ausstattung zu kaufen, wird schon schwieriger.

Da gibt es Menschen, die berichten noch nach Jahren, dass sich der Chef ihres Unternehmens einmal drei Minuten Zeit für ein persönliches Gespräch genommen hat. Wir wissen oder meinen zu wissen, wie knapp die Zeit unseres Chefs ist, und schon steigt die uns gewidmete Zeit enorm in ihrer Wertigkeit. Anlagebetrüger nutzen dieses Prinzip Knappheit, wenn sie sagen: „Wir haben nur noch wenige Stückzahlen dieser Aktien. Sind die gekauft, ist die große Chance vorbei." Oder, typisch für die Immobilienbranche: „Die Wohnungen in diesem herrlichen Komplex sind nahezu alle verkauft. Sie müssen sich beeilen. So eine Chance kommt so schnell nicht wieder!" Geniale Verkäufer in der Immobilienbranche wissen um die Wirkung von Sätzen wie: „Sie haben sich ja für das Haus interessiert. Ich will Ihnen nur mitteilen, dass es nun noch einen sehr ernsthaften Interessenten gibt. Es ist ein Arzt, der mit seiner Familie hierhin ziehen wird!"

Begreifen wir: Diese sechs Prinzipien sind universal gültige Prinzipien. Es gibt Typen, die jetzt womöglich sagen: „Pah! Das habe ich alles nicht nötig!" Dummes Zeug! Geniale Verkäufer denken anders: Wenn es einen Weg gibt, Verkaufen noch besser zu machen, machen sie es noch besser! Das ist alles. Nochmals: Lesen Sie zusätzlich zu den oben genannten Ausführungen das Buch von Cialdini! Das müssen Sie tun.

☛ ***Die alles entscheidende Botschaft lautet:***
Prägen Sie sich diese Gesetzmäßigkeiten sehr, sehr gut ein. Überlegen Sie nun, wie Sie diese Prinzipien in welchen Situationen, in welchen ganz persönlichen Varianten einsetzen können! Entwickeln Sie Ihre eigene Vorgehensweise. Berücksichtigen Sie dabei diese sechs Prinzipien. Mal mehr, mal weniger.

Kapitel 41

Einwände und die EEE-Methode©®

Um Dinge zu verändern, müssen Sie sich verändern!
Um Dinge zu verbessern, müssen Sie sich verbessern!
Suchen Sie die Fehler nie bei den anderen,
beginnen Sie immer bei sich selbst!
Dragan Manzano, Buchautor

Insbesondere Networker lernen diese von mir so genannte EEE-Methode zu Beginn ihrer Verkaufstätigkeit. Unter anderem Paula Pritchard beschreibt diese Methode auf andere Weise in ihrem Buch „Wie Sie sich selbst besitzen". Mit der EEE-Methode können Sie auf nahezu magische Weise jeden Einwand entkräften. Wobei einmal mehr gilt: Jeder Kunde ist unterschiedlich. Bei manchen Kunden helfen andere Techniken und Strategien besser. Dennoch gilt: Trainieren Sie die im Folgenden beschriebene Methode. Sie muss Ihnen „in Fleisch und Blut" übergehen. Wenn Sie diese Methode anwenden, muss es Ihre Sprache sein. Meiden Sie alles Künstliche. Nun zu den Einzelheiten dieser Methode, die sich im Übrigen in jeder Situation einsetzen lässt, in der eine Person eine andere überzeugen will. Die drei Zauberworte der EEE-Methode lauten:

- *Empfinden*
- *Empfunden*
- *Entdeckt*

Ich will Ihnen ein Beispiel geben. Da gibt es einen Kunden, der sagt: „Fondssparen ist mir zu gefährlich!" Der geniale Verkäufer antwortet wie folgt (mit bestem Dank an Paula Pritchard):

- „Ich weiß genau, was und wie Sie empfinden. Ich habe vor einigen Jahren genauso empfunden wie Sie. Doch dann entdeckte ich, dass meine Bedenken grundlos waren ..."

Oder ähnlich. In jedem Fall in der vorgegebenen Reihenfolge *Empfinden, Empfunden, Entdeckt.* Trainieren Sie diese Methode. Wenden Sie diese

Methode an. Sie werden überrascht sein. Die Wirkung dieser Einwandbehandlung ist enorm.

Nehmen wir ein weiteres Beispiel. Da sagt eine noch recht junge Kundin:

- „Vermögensaufbau interessiert mich nicht. Ich will leben ..."

Der geniale Verkäufer antwortet möglicherweise:

- „Ich weiß, was Sie empfinden. Ich habe vor Jahren ebenso empfunden. Doch dann habe ich entdeckt, was für einen Fehler ich mache ..."

Nehmen wir ein letztes Beispiel. Ein Kunde äußert:

- „Oh. Hebelgeschäfte liegen mir nicht. Da bin ich mir unsicher ..."

Der geniale Verkäufer entgegnet:

- „Ich weiß genau, was Sie empfinden. Ich habe, als ich dieses Produkt erstmals kennen lernte, ebenso empfunden. Doch dann habe ich entdeckt, dass es eine sehr lukrative Anlageform bei begrenztem Risiko und somit ein wirklich gutes Geschäft ist!"

Entdecken Sie die Faszination der EEE-Methode. Erzählen Sie womöglich in Zusammenhang mit dieser Methode eine Geschichte von anderen Leuten. Das kann wie folgt klingen:

- „Ich weiß, wie Sie empfinden. Einige meiner heute besten Kunden haben zu Beginn auch so empfunden. Doch dann haben diese Kunden die Vorteile dieses Produkts entdeckt ..."

Nehmen wir an dieser Stelle das Produkt der Berufsunfähigkeitsversicherung. Eine der existenziell wichtigsten Versicherungsprodukte. Sagt ein Kunde beispielsweise:

- „Ich denke, das brauche ich noch nicht",

sagen Sie als genialer Verkäufer:

- „Ich weiß, wie Sie empfinden. Zwei meiner heute besten Kunden haben auch so empfunden. Doch dann haben diese beiden Kunden entdeckt, dass sie im Falle einer Berufsunfähigkeit lebenslang ruiniert wären ..."

Das Geheimnis im letzten Fall: Sprechen Sie als genialer Verkäufer auf diese Weise über die Erkenntnis anderer, dann steigern Sie das Bedürfnis nach dem Produkt, ohne für den betroffenen Kunden selbst „schwarz zu malen". Sie wissen, was ich meine. Es macht einen gravierenden Unterschied, ob Sie einem Kunden direkt schlimme Folgen eines Nicht-Handelns zeigen oder davon sprechen, wie es andere Kunden gesehen haben. Zudem besitzen wir alle nahezu ausnahmslos die Fähigkeit, uns Geschichten mit eigenen Bildern vorzustellen. Dabei gilt: Erzählen Sie Geschichten, die möglichst nahe an der persönlichen Situation des jeweiligen Kunden sind. Ich will Ihnen noch eine Technik verraten, wie Sie diese EEE-Methode – je nach Situation – noch wirkungsvoller anwenden. Es geht um die Kombination aus EEE-Methode und Vertrautheit.

EEE-Methode und Vertrautheit

Wirkliche Spitzenverkäufer mit rhetorischer Begabung steigern das Empfinden ihrer Kunden durch Geschichten, indem sie auf „vertraute" Personen zurückgreifen, wahlweise auch auf vertraute Orte oder sonstige vertraute Beschreibungen. Ich gebe Ihnen ein Beispiel:

- „Ich weiß, wie Sie empfinden. Einer meiner besten Kunden, er arbeitet übrigens in der gleichen Branche wie Sie, Herr Kunde, hat ebenso empfunden. Doch dann hat er entdeckt, was ihm eine positive Entscheidung zu meinem Vorschlag an Vorteilen bringt ..."

Hat Ihr potenzieller Kunde Kinder, und geht es beispielsweise um das Thema Ausbildungsversicherung, bietet sich die folgende Variante an:

- „Ich weiß, wie Sie empfinden. Ich habe es, als meine Kinder wohl so alt waren wie Ihre, ebenso empfunden. Doch dann habe ich entdeckt, was eine Ausbildung eines Tages wirklich kostet ..."

Sie fragen sich, wieso diese Kombination aus EEE-Methode und Vertrautheit derart gut funktioniert? Die Erklärung ist sehr einfach: Uns beruhigt, was uns vertraut ist. Uns beunruhigt, was uns neu ist. Stellen Sie sich vor: Sie steigen in ein neues, hochmodernes Auto und sollen von A nach B fahren. Sie werden beunruhigt sein. Ihnen fehlt die Vertrautheit des alten Wagens. Sie lernen einen neuen Partner kennen. Der erste Abend mit offenem Ende steht an. Ihr Herz klopft ohne Ende. Sie sind aufgeregt. Die Begründung: Die oder der Neue beunruhigt – in positiver Hinsicht.

Hinsichtlich Konsum gilt dasselbe: Wir greifen zu bekannten Marken, zu Dingen, die uns vertraut und sicher erscheinen. Da kann hin und wieder im

Regal das um die Hälfte billigere Produkt (bei angenommen gleicher Qualität) neben der altbekannten Marke stehen. Wir greifen – kaufmännisch völlig unklug – zu der uns bekannten Marke.

☛ ***Die alles entscheidende Botschaft lautet:***
Trainieren Sie die EEE-Methode. Das müssen Sie tun! Schreiben Sie sich selbst einige Geschichten auf, in denen Sie die EEE-Methode mit Vertrautheit kombinieren. Passend zu dem Produkt, zu der Dienstleistung, die Sie verkaufen. Lernen Sie diese Geschichten auswendig. Wenden Sie die EEE-Methode an, ob mit oder ohne zusätzliche vertraute Fakten.

Kapitel 42

Das BWK-Dreieck des Erfolgs©

Der eine wartet, dass die Zeit sich wandelt.
Der andere packt sie kräftig an und handelt.
Dante, italienischer Dichter

Verkaufen ist im Wesentlichen das Ergebnis des Zusammenspiels aus Beziehung, Wirkung, Kommunikation. Diese drei Faktoren ergeben Erfolg. Oder auch nicht. Das Ganze lässt sich sehr leicht darstellen: Da gibt es einen Verkäufer, der zu keinem Zeitpunkt eine Beziehung zu seinen Kunden aufbaut. Hinsichtlich der Emotionen, hinsichtlich der Chemie herrscht völliger Stillstand. Die Folge dieser mangelnden Beziehung ist eine eher schlechte bis sehr schlechte Wirkung. Die Folge der schlechten Wirkung ist eine verkrampfte, unglückliche Kommunikation. Je schlechter die Kommunikation, desto mehr geht von der möglicherweise ohnehin sehr gering aufgebauten Beziehung weiter verloren. Je mehr verloren geht, desto schlechter die Wirkung und so weiter. Umgekehrt gilt es ebenso. Gleich, an welchem Punkt Sie ansetzen.

Nehmen wir den Faktor Wirkung. Da gibt es jemanden, der wirkt schlichtweg. Sein Auftreten als Verkäufer ist perfekt. Seine Wirkung auf die Kunden ist spürbar. Die Kunden spüren das Selbstbewusstsein dieses Finanzverkäufers. Diese positive Wirkung verstärkt in positivem Sinne die Kommunikation. Die gute Kommunikation führt zu einer guten Beziehung. Die gute Beziehung verstärkt die Wirkung, die dieser exzellente Verkäufer in unserem Beispiel auf den Kunden ausübt und so weiter.

! *Begreifen wir das! Begreifen **Sie** das. Das Zusammenspiel dieser drei Faktoren ist eine universal gültige Gesetzmäßigkeit. Die Kenntnis dieses BWK-Dreiecks des Erfolgs ist eine entscheidende und wichtige Voraussetzung für genialen Verkauf.*

Nehmen wir an, die Kommunikation stimmt nicht so recht zwischen einem Verkäufer und einem Kunden. Ist dem Verkäufer die Gesetzmäßigkeit des BWK-Dreiecks des Erfolgs bekannt, weiß er, dass er das Gespräch sowohl über die Beziehung als auch über die Wirkung zum Erfolg führen kann. Nehmen wir an, es handelt sich um einen Teilnehmer meines Vertriebs- und Rechentrainings. Wie gesagt: Aus irgendeinem Grund leidet die Kommunikation. Nehmen wir an, es handelt sich bei dem Kunden um einen recht arroganten Steuerberater – was vorkommen soll. Der Steuerberater signalisiert ständig: „Ich bin ohnehin besser als du kleiner Verkäufer!" Unser genialer Verkäufer erkennt die Situation. Er weiß, er kann über die beiden Faktoren Beziehung und Wirkung das Gespräch zum Erfolg wenden. Er bringt das Gespräch auf das Thema Lebensversicherungen. Der Steuerberater trumpft sofort auf. Begründet umfangreich, wieso der Verkäufer mit solch langweiligen Angeboten gar nicht erst kommen muss. Überhaupt, so der Steuerberater, kämen Lebensversicherungen wegen der sinkenden Überschüsse nicht in Frage. Das sei, so endet er, schließlich Betrug. Unser genialer Verkäufer hört sehr aufmerksam zu, nimmt ein Blatt Papier und rechnet in wenigen Sekunden anhand eines Beispiels vor, wieso sich der Abschluss einer Kapital bildenden Lebensversicherung trotz sinkender Überschüsse lohnt. Der Steuerberater bleibt stur. Beitragsfrei stellen sei die einzig richtige Lösung. Wieder hört der geniale Verkäufer aufmerksam zu. Dann rechnet er in kürzester Zeit anhand eines Musterfalls vor, wieso gerade diese Meinung „Beitragsfrei stellen ist immer besser als kündigen!" fachlich regelrecht falsch sei. Und plötzlich dreht sich das Gespräch. Der Steuerberater spürt: „Oh, er beherrscht seinen Beruf!"

Die selbstsichere Vorgehensweise des genialen Verkäufers zeigt seine Wirkung. Jetzt greift die Magie des BWK-Dreiecks des Erfolgs. Die Erfolgskette sieht nun wie folgt aus:

1. Die Wirkung des genialen Verkäufer steigt und steigt.
2. Die Kommunikation wird besser und besser.
3. Die Beziehung wird besser und besser.
4. Die Wirkung des genialen Verkäufers steigt und steigt.

... und so weiter!

Für Sie gilt: Erinnern Sie sich bei schwierigen Verhandlungen, bei schwierigen Gesprächen, bei schwierigen Verkaufsgesprächen an die Wirkung dieses magischen Dreiecks.

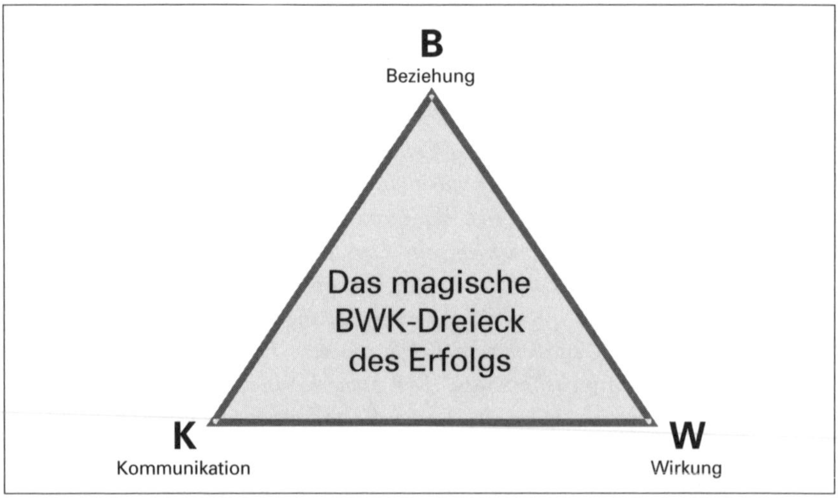

© Bernd W. Klöckner

Das BWK-Dreieck des Erfolgs

☛ ***Die alles entscheidende Botschaft lautet:***
Die positive Verstärkung eines der drei Faktoren führt zu einer positiven Veränderung der übrigen beiden Faktoren innerhalb dieses magischen Dreiecks. Alle drei Faktoren hängen voneinander ab. Je besser die Kommunikation, desto besser die Beziehung, desto besser die Wirkung. Je besser die Beziehung, desto besser die Wirkung, desto besser die Kommunikation. Und je besser die Wirkung, desto besser die Kommunikation und letztlich die Beziehung. Begreifen wir dieses universal gültige Prinzip!

Kapitel 43

Die beste und dabei kostenlose Ausbildung

Man muss manchmal viele Austern öffnen,
ehe man eine dieser wundervollen Perlen findet.
Oliver Leslo, Trainer

Sie wollen Erfolg? Sie wollen den beruflichen Super-Erfolg als Finanzverkäufer? Gut! Besuchen Sie Kunden! Wenn Sie das getan haben: Besuchen Sie Kunden! Und wenn Sie das auch noch getan haben: Besuchen Sie Kunden! Das ist das ganze Geheimnis, wie gute Verkäufer zu genialen Verkäufern wurden. Zumindest alle die, die ich für dieses Buch als Vorbereitung interviewte. Um Ergebnisse zu erzielen, muss ein Verkäufer Besuche machen. Der beste, effizienteste, härteste Trainer ist *der Kunde.* Da gibt es einige Finanzberater, die sich in alle mögliche Verkaufsliteratur einlesen. Sie wissen alles über die verschiedenen Kundentypen nach den verschiedenen Einstufungen. Reden von roten, blauen, grünen Typen. Sprechen von visuellen Typen, von auditiven Typen und Kinästheten. Diese Berater haben eines gemeinsam: Die meisten von ihnen haben noch nie oder wenn, dann garantiert zu wenige Kunden besucht. Die Kurzformel für Erfolg, so der legendäre Finanzverkäufer-Trainer Axel J. Bertling, lautet ZK! Was soviel bedeutet wie *zum Kunden!* Wer einen Kunden nach dem anderen besucht, wer dazu sein Wissen immer weiter vertieft, wer alles liest, was es zu lesen gibt, und wer dann wieder Kunden besucht, Kunden besucht, Kunden besucht, wird am Ende unweigerlich sehr, sehr großen Erfolg haben. Alle genialen Finanzverkäufer haben eines gemeinsam: Sie werden von Kunde zu Kunde immer besser und besser. Was, meinen Sie, ist der Unterschied, wenn Sie mit einem oder mehreren Kunden pro Tag sprechen? Ich will es Ihnen erklären. Bei einem Kunden werden Sie reichlich motiviert sein. Beim dritten, vierten oder fünften Gespräch am Tag werden Sie innerlich brennen. Sie werden von Kundenbesuch zu Kundenbesuch immer motivierter, selbstsicherer, beschwingter!

☛ ***Die alles entscheidende Botschaft lautet:***
Gehen Sie zum Kunden! Kundenbesuche sind das beste und effektivste Training für Ihren Erfolg.

Kapitel 44

Eigenschaften & Verhaltensweisen von Sieger-Typen

Der Preis für Größe heißt Verantwortung'.
Sir Winston Churchill, englischer Politiker

In diesem Kapitel will ich noch einmal die Eigenschaften und Verhaltensweisen der Sieger zusammenfassen. Stellen Sie selbst fest, wo Sie sich einordnen (müssen). Gibt es einen Punkt, den Sie besser machen können, lautet die alles entscheidende Botschaft: Machen Sie es besser! Das ist alles!

Verschiedene Untersuchungen dokumentieren als typische Eigenschaften von Gewinner-Typen unter den Verkäufern folgende:

- Selbstvertrauen
- Überzeugungskraft
- Intelligenz
- Fachwissen, Information
- Interesse und Motivation
- Ehrgeiz und Disziplin
- Gesundheit

Bezüglich des unterschiedlichen Verhaltens zwischen Gewinner- und Verlierer-Typen gelten unter anderem die folgenden Kriterien. Ich habe Tausende von Fragebögen im Rahmen verschiedener Studien auswerten lassen. Typisch für Gewinner ist: Sie ...

- sind neugierig und wollen dazu lernen,
- investieren in Fort- und Weiterbildung,
- stellen Fragen und gestehen sich Fehler ein,
- suchen die Schuld immer zuerst bei sich selbst,
- vergeuden niemals Zeit mit Rechtfertigungen,
- meiden jeden Hochmut,
- sind ausdauernd und geduldig,
- sind mobil,
- halten ihre Finanzen in Ordnung,
- halten grundsätzlich die Dinge in Ordnung,

- kontrollieren ihre Entscheidungen,
- sorgen für erfolgreiche Statistiken,
- sitzen gerne in der ersten Reihe,
- kennen genau ihr(e) Ziel(e),
- treffen gerne Entscheidungen
- geben Fehler zu,
- akzeptieren andere, die besser sind,
- lernen von den Besten,
- akzeptieren Stärke und Macht,
- arbeiten nach Plan,
- beherrschen Termine und Wiedervorlage,
- führen die Dinge mit Erfolg durch,
- machen sich erfolgreiche Handlungen bewusst,
- wiederholen erfolgreiche Handlungen,
- sind ehrlich, direkt und kommen auf den Punkt,
- lesen, lesen, lesen,
- übernehmen ausnahmslos selbst Verantwortung,
- haben Visionen, träumen gerne und oft,
- geben nie, nie auf,
- bleiben – auch bei größten Erfolgen – auf dem Boden,
- erledigen Unangenehmes stets zuerst,
- handeln immer, jammern nie,
- suchen bei Problemen die Lösung,
- beherrschen den Verkauf von der Pike auf,
- bleiben sich selber treu.

Damit sind wir wieder bei der Selbstanalyse vom Beginn dieses Buches. Der Kreislauf des Wissens, den wir in diesem Buch, angefangen von persönlichen Eigenschaften über Rhetorik hin zur Verkaufspsychologie, durchlaufen haben, schließt sich. Sie allein wissen, wie gut Sie sind. Sie allein wissen, was und wieviel Sie lernen müssen. Gleich aus welchem Bereich dieses Buchs, welche Methode, welche Frage, welche Vorgehensweise. Überprüfen Sie, welche Gewinner-Eigenschaften Sie besitzen. Stellen Sie fest, was fehlt. Dann handeln Sie. Trainieren Sie die Eigenschaften, die fehlen! Machen Sie besser, was Sie noch besser machen können! Ein kluger Mensch sagte einmal: „Der Nachteil der Intelligenz besteht darin, dass man immer wieder dazu lernen kann.“ Lernen Sie dazu. Mit Spaß! Mit Begeisterung! Immer und immer wieder! Dokumentieren Sie damit eine wichtige und entscheidende Voraussetzung für den größtmöglichen Zustand persönlichen und finanziellen Erfolgs. Das ist alles!

Persönliches Schlusswort

Die beste Art, als Finanzverkäufer seine Zukunft
vorherzusagen, ist, sie selbst zu gestalten.
Abgewandelt nach *Alan Kay*, Wissenschaftler

Meine alles entscheidende Botschaft zum Ende dieses Buches lautet: Verkaufen ist die wundervollste Tätigkeit, die es gibt und in den nächsten Jahren geben wird. Verkäufer sein, ist die wunderbarste Sache der Welt. Insbesondere für Führungskräfte gilt: Diese Botschaft müssen Sie vermitteln! Das ist Ihre Aufgabe.

Pygmalions Gesetz – Führen Sie Ihre Verkäufer und Verkaufsteams zu Spitzenleistungen

So wird die Geschichte des Königs Pygmalion erzählt:

> *Pygmalion war König von Kypros. Er verliebte sich in das Elfenbeinbild der Aphrodite. Er verlor keinen Gedanken ans Heiraten, so sehr war er von der schneeweißen Elfenbeinstatue gefangen. Die Statue stellte die vollkommen unbekleidete wie ebenso vollkommen gestaltete Aphrodite dar. Pygmalion, der nicht nur König, sondern auch Bildhauer war, hatte derart mit Liebe und Hingabe die Statue geschaffen, dass sie jedem Betrachter nahezu lebendig schien. Wer die Statue streichelte, wusste manchmal nicht mehr, ob seine Hand Stein oder Fleisch gestreichelt hatte. Pygmalion liebte seine Aphrodite. Er umarmte die Statue. Er küsste sie. Er nahm sie des Nachts zu sich ins Bett. Tagsüber kleidete er sie in herrlichste Gewänder, umhing sie mit den schönsten Juwelen. Dann folgte das Fest zu Ehren Aphrodites mit den Opfergaben. Pygmalion näherte sich dem Altar in tiefer Ehrfurcht und Ergebenheit. Still und aus seinem Herzen heraus bat er die Götter, ihm eine Frau zu schenken, die seiner so sehr geliebten Aphrodite möglichst ähnlich sehe. Gerne hätte er den Wunsch geäußert, es möge Aphrodite selbst sein, doch das auszusprechen, wagte*

Pygmalion nicht. Das Schicksal wollte es, und Aphrodite selbst war bei diesem Fest dabei. Sie verstand sein Flehen und sein Gebet. Sie erweckte die Statue zum Leben. Pygmalion und die von ihm geschaffene, zum Leben erweckte Elfenbeinstatue zeugten zusammen Paphos, dessen Sohn wiederum Kinyras war. Kinyras, also Sohn des Paphos, war wiederum König von Zypern. Er war zugleich Gründer der Stadt Paphos. Gemeinsam mit seiner Tochter Smyrna zeugte er Adonis.

Auch im Vertriebsalltag entscheiden die geäußerten Erwartungen über das Wohl und Wehe einzelner MitarbeiterInnen. Verlierer-Typen unter den Führungskräften gelingt es nicht oder nur selten, hohe Leistungserwartungen aufzubauen. Sie konzentrieren sich auf Nettigkeiten, auf ein gemütliches Miteinander. Bloß keine deutlichen Worte sprechen, nur keine deutlichen Forderungen stellen. Anders herum stellten Wissenschaftler fest: Hervorragende Führungskräfte besitzen die Gabe, hohe Leistungserwartungen aufzubauen. Und da Mitarbeiter – viel häufiger als gemeinhin vermutet – das tun, was erwartet wird, ist das Ergebnis dieser Führungskräfte-Taktik schnell erraten. Die hohen Erwartungen werden – soweit deutlich und klar im Vorfeld festgelegt – gerne erfüllt oder sogar übertroffen. Zum Wohle aller Beteiligten.

Zurück zum Beruf des Finanzverkäufers. Finanzverkäufer sein ist – das ist meine feste, innerste und bereits zu Beginn geäußerte Überzeugung – der derzeit beste, lukrativste und aussichtsreichste Beruf, den es gibt! Denken Sie immer und immer wieder daran: Finanzplanung ist Lebensplanung! Finanzberatung ist Lebenshilfe! Die wichtigste Fähigkeit, die Sie mitbringen müssen, ist die Bereitschaft des ständigen Lernens. Das ist alles. Sie müssen es *tun* wollen!

Meiden Sie die Charlie Brown-Mentalität

Zum Ende des Themas Ziel-Spezifikation noch eines: Legen Sie los! Verstehen Sie! Sie haben dieses Buch gekauft, weil Sie dazulernen wollten. Denken Sie dran: Sie werden kein Auto, nur weil Sie immer in einer Garage schlafen. Begreifen wir das. Begreifen *Sie* das! Sie werden kein Empfehlungsnahme-Profi, nur weil Sie etwas über Empfehlungsnahme lesen. Sie werden kein Rhetorik-Profi, nur weil Sie viele Bücher über erfolgreiche Rhetorik lesen. Und so weiter. Legen Sie los! Handeln Sie!

Meiden Sie die Charlie Brown-Mentalität. Ich will Ihnen erklären, was ich meine. Eines Tages beschwerte sich Charlie Brown bei seinem Freund Linus darüber, dass ein Verlag ihm wegen eines Manuskripts eine Absage erteilt hätte. Sein Freund Linus wollte ihn trösten und meinte: „Das ist doch nicht weiter schlimm. Es erhalten sehr viele Schriftsteller Absagen." Worauf Charlie Brown ausrief: „Ja, aber ich habe doch noch nicht einmal ein Manuskript eingeschickt."

Verstehen Sie! Viele Menschen haben viele Ziele. Viele Finanzverkäufer haben viele Erfolgsziele. So, wie Charlie Brown ein bekannter und gefeierter Schriftsteller werden wollte, so wollen viele, viele Menschen das eine oder andere persönliche Ziel erreichen. Wollen als Finanzverkäufer größeren Erfolg! Dann jedoch tun diese Leute nichts. Nichts passiert! Diese Leute senden keine „Manuskripte" ein. Sie belassen es bei einem Ziel und wundern sich, wieso eine „Absage" nach der anderen kommt. Machen wir es besser! Machen *Sie* es besser! Wenn Sie ein Schriftsteller werden wollen, schreiben Sie ein Manuskript. Dann senden Sie es ein. Sie wollen ein toller Redner werden? Gut, dann trainieren Sie Ihre Fertigkeiten, halten Sie Reden! Eine nach der anderen! Sie wollen eine gute Köchin oder ein guter Koch sein? Gut! Erwerben Sie die Fähigkeiten, die Sie benötigen, und dann kochen Sie. Ein Rezept nach dem anderen. Bis Sie selbst die kleinsten Kochtricks perfekt beherrschen. Sie wollen ein erfolgreicher Finanzverkäufer werden? Ein wirklicher Spitzenverkäufer. Nun: Trainieren Sie alles, was Sie in diesem Buch gelesen haben. Und noch mehr! Schriftsteller werden ohne zu schreiben, Redner werden ohne zu reden, Koch werden ohne zu kochen, Finanzverkäufer sein wollen ohne zu verkaufen, ohne Kunden zu besuchen und nach Empfehlungen zu fragen – das funktioniert nicht.

☛ ***Die alles entscheidende Botschaft lautet also:***
Meiden Sie diese Charlie Brown-Mentalität des „Ja, aber ich habe doch noch nicht einmal ein Manuskript eingeschickt". Legen Sie statt dessen los! Das ist alles!

Nochmals: Typen, die nichts *tun* wollen, die nichts dazulernen wollen, die sich nicht bewegen wollen, sind in dieser Branche fehl am Platz. Verkaufen ist ein eigener Beruf, ist ein eigenes Handwerk. Verkaufen ist Kommunikation! Erfolgreich verkaufen bedeutet: erfolgreich (Ver-)Bindung zu den jeweiligen Kunden aufbauen. Ich wünsche Ihnen Spaß und Motivation auf Ihrem Weg hin zu einem genialen Verkäufer. Unabhängig davon, wie gut Sie heute schon sind. Werden Sie zu einem genialen Verkäufer. Das müssen Sie tun! Kombinieren, perfektionieren Sie die Faktoren Wissen, Information, Kommunikation und Motivation. Sie haben Erfolg! Sie steigern Ihren Erfolg! Zum Ende will ich Ihnen ein chinesisches Sprichwort schenken, das Konfuzius niederschrieb:

Wenn du eine Stunde lang glücklich sein willst:
Schlafe!

Wenn du einen Tag lang glücklich sein willst:
Geh fischen!

Wenn du eine Woche lang glücklich sein willst:
Schlachte ein Schwein und verzehre es!

Wenn du einen Monat lang glücklich sein willst:
Heirate!

Wenn du ein Jahr lang glücklich sein willst:
Erbe ein Vermögen!

Wenn du ein Leben lang glücklich sein willst:
Liebe deine Arbeit!

Ich wünsche Ihnen, dass Sie durch dieses Buch Ihre Arbeit, Ihren Beruf als Finanzverkäufer noch mehr lieben lernen, als Sie es zuvor (hoffentlich) schon taten. Sie haben den wundervollsten Beruf, den es gibt. Jetzt müssen Sie nur noch eines: Kunden besuchen, sich einen Namen machen, nach Empfehlungen fragen. Sie werden Resultate erzielen! Sie werden großartige Resultate erzielen!

Viel Erfolg!

BERND W. KLÖCKNER
www.berndwkloeckner.com

Danke

Ich bedanke mich ausdrücklich bei meinen Trainingsteilnehmern und Auftraggebern in Deutschland, Österreich, in der Schweiz und in Frankreich. Über zehn Jahre gibt es nun die Bernd W. Klöckner-Trainings. Seit vielen Jahren gibt es die einzigartigen, zwischenzeitlich schon legendären Bernd W. Klöckner Vertriebs- und Rechen-Trainings. Sie alle, liebe Auftraggeber und lieber TeilnehmerInnen, haben diesen großartigen Erfolg möglich gemacht. Sie alle haben es mir ermöglicht, mein eigenes Wissen, mein Know-how, meine Trainings zu perfektionieren. Ich bedanke mich für diese Unterstützung. Ausdrücklich gilt mein Dank den Teilnehmern meiner Trainings, die mir immer wieder neue Anregungen gaben, was wie auf welche Weise nochmals und nochmals verbessert werden könnte. So manche kleine Anekdote, die mir ein Teilnehmer oder eine Teilnehmerin erzählte, findet sich in diesem Buch wieder.

Danke sage ich ebenfalls dem Team des Gabler Verlags. Mittlerweilen ist es das fünfte Buch der sehr erfolgreichen Bernd W. Klöckner-Buchreihe. Am Erfolg des Bernd W. Klöckner Vertriebs- und Rechen-Trainings hat der Gabler Verlag insoweit großen Anteil, als er diese Buchreihe zu meinen Trainings konsequent mit umsetzte und immer wieder – so auch mit diesem Buch – erweiterte. Mit diesem vorliegenden Buch gibt es nun speziell zum Bernd W. Klöckner Vertriebs- und Rechen-Training über 1 200 Seiten Know-how, Ausbildung pur, Information und praxisorientiertes Verkaufswissen.

Schließlich gebührt mein Dank meiner nächsten Umgebung. Mit Spaß viele Bücher schreiben bedeutet Verzicht für die Familie. Verzicht für die Kinder. Bedeutet: weniger gemeinsame Freizeit. Bedeutet, dass meine Familie so manchen Abend, so manches Wochenende, so manchen Sonntag auf mich verzichten musste. Das Verständnis für das Leben eines Buchautors, diese Unterstützung insbesondere durch meine Frau Bianca, ist für mich bis heute – bei aller gegenseitigen Liebe – keine Selbstverständlichkeit.

Literatur

Bach, Richard, *Illusionen*, München 1972

Bach, Richard, *Die Möwe Jonathan,* München 1972

Bertling, Axel J., *Verkaufs-Genies*, Fachverlag für Finanzen und Immobilien, 1977

Cialdini, Robert B., *Überzeugen im Handumdrehen*, München 1997

Fink, Klaus-J., *Empfehlungsmarketing*, Wiesbaden 2003

Fink, Klaus-J., *Bei Anruf Termin,* Wiesbaden 2002

Girard, Joe, *Ein Leben für den Verkauf,* Wiesbaden 2000

Girard, Joe, *Abschlusssicher verkaufen mit Joe Girard,* Wiesbaden 1998

Grochowiak, Klaus; Heiligtag, Stefan, *Die Magie des Fragens,* Paderborn 2002

Moine, Donald, *Unlimited Selling Power,* Paderborn 1994

Ohoven, Mario, *Die Magie des Power-Sellings,* Landsberg 1992

Pritchard, Paula, *Owning Yourself,* Ontario 1998

Ries, Al; Trout, Jack, *Marketing fängt beim Kunden an*, Frankfurt 1990

Ries, Al; Trout, Jack, *Die 22 unumstößlichen Gebote des Marketing,* München 2001

Tracy, Brian, *Das Gewinner-Prinzip,* Wiesbaden 1998

Tracy, Brian, *Luckfaktor*, Offenbach 2000

Tracy, Brian, *Der Weg zum Erfolg* (Audio), Bornhorst 2000

Tracy, Brian, *Das Maximum-Prinzip*, Frankfurt 2003

Der Autor

Bernd W. Klöckner, Jahrgang 1966, verheiratet und Vater von zwei Töchtern, studierte Betriebswirtschaftslehre mit Abschluss Diplom. Seit 18 Jahren ist er selbstständiger Unternehmer und Investor. Er ist Gründer und Leiter der FINANZ-INSTITUT KLÖCKNER KG, des KLÖCKNER-INSTITUTS und des Erfolg- und Geld-Verlags.

Bernd W. Klöckner ist gefragter Seminarreferent und Kongressredner. Bereits mehr als 30 000 Teilnehmer in Deutschland, Österreich, Frankreich und der Schweiz haben sein erfolgreiches, Umsatz steigerndes Vertriebs- und Rechentraining besucht. Als exzellenter Kenner der Finanzbranche ist er bekannt durch zahlreiche TV- Auftritte; er gilt als „erster Geldlehrer Deutschlands" (n-tv GELD).

Bernd W. Klöckner ist 30-facher Buch- und mehrfacher Bestsellerautor zu den Themen Geldanlage, Vermögensaufbau, Altersvorsorge und Verkaufswissen. Seine wichtigste Botschaft: Erfolgreich verkaufen kann und darf nur trainieren, wer erfolgreich verkauft.

Kontakt:
www.berndwkloeckner.com

Seminar-Modul Nr. 4

Das Verkaufs- und Argumentationstraining. Der Schwerpunkt liegt – je nach Auftraggeber – auf den verschiedenen Geldprodukten. Die Teilnehmer erfahren wesentliche Elemente der Verkaufspsychologie. In diesem Seminar trainieren Sie live die Umsetzung.

Es beinhaltet auf Wunsch dieses Ihnen jetzt vorliegende Buch zum Training. Mit rund 250 Seiten Basiswissen. Zum Selbststudium. Zur Erfolgskontrolle.

Seminar-Modul Nr. 5

Die Magie des Erfolgs – Ihr Weg zu persönlichem und finanziellem Erfolg. Das Seminar wird als zweitägiges Seminar durchgeführt. Im Mittelpunkt steht die „Leistungs-Psychologie" der Teilnehmer. Sie erfahren alles über die wichtigen, entscheidenden Zustände des Erfolgs. Sie lernen alles über die Gesetzmäßigkeiten zur Veränderung. Selbstmotivation, Leistungsdisziplin. Erfolgsregeln sind wesentliche Inhalte. Sie erfahren alles über die entscheidenden Kernkompetenzen. Als Voraussetzung für persönlichen, beruflichen und finanziellen Erfolg!

Es beinhaltet auf Wunsch das Buch wie die CD zum Training. Rund 220 Seiten sowie 78 Minuten der CD sorgen für den optimalen Erfolg.

Buchen Sie jetzt eine Trainingsserie für Ihre Leute, die Leute Ihrer Organisation. Sorgen Sie auf diese Weise für mehr Umsatz, mehr Spaß, Motivation, Kunden und Empfehlungen. Nutzen Sie dieses ganzheitliche Trainingskonzept.

Infos unter: www.berndwkloeckner.com